D1640669

MIT KATZENZUNGEN

Geschichten * Anthologie
Herausgegeben von Sylvia Treudl

Bibliografische Information Der Deutschen Bibliothek
Die Deutsche Bibliothek verzeichnet diese Publikation in der Deutschen Nationalbibliografie; detaillierte biografische Daten sind im Internet über http://dnb.ddb.de abrufbar.

Lektorat: Sylvia Treudl
Covergestaltung: Milena Verlag
Layout: Vera Zwiauer
Druck und Bindung: Rema Print, Wien

A-1080 Wien, Lange Gasse 51
www.milena-verlag.at

ISBN 3-85286-059-8

INHALT

Ricarda Bilgeri

MEIN IST DIE WEISHEIT, SPRACH DER HERR!

**** **Kater Mischa** wurde von Ricardas Sohn Andreas vor dem Ertränken gerettet; Mischa liebte Andreas abkaterisch und mochte Ricarda in erster Linie als Futtertrog; es entstand folgende Trinität als Hierarchie: Gott Kater, Gott Sohn, Gotts-Schmatz-Geliebte.*

Wissen Sie, was das heißt, einen schlechten Ruf zu haben, wenn von einem gesagt wird, man sei vulgär, man hätte keine Manieren und liefe mit gefärbten Haaren herum?

Ich bitte Sie, wer läuft heute nicht mit gefärbten Haaren herum! Ich sage Ihnen, ich kenne Leute, diese Kids da zum Beispiel; heute sind sie grün, morgen gelb, und die Mütter von denen, was soll ich dazu sagen, so wie die herumlaufen, würde ich nicht mal nachts vor die Haustür gehen, ich würde mich buchstäblich genieren – genieren vor meinem eigenen Charakter.

Charakter zu haben, ist heutzutage auch aus der Mode, Charakter zu haben, ist praktisch eine griechische Tragödie für einen selbst, für die Umwelt ist es so etwas wie Krätze im Gesicht. Im Laufe der Jahre wird man freilich, wie Klaus sagen würde, „locker vom Hocker“, wobei Klaus derjenige ist, der wenig zu sagen hat und fleißig für die Piepen sorgt; für die Piepen, damit die Kids und die Mama sich die Haare färben können. Klaus hat „eigenes Haar, kein Toupet“, man kann es unter der Nummer Sowieso erfahren, wie das geht, wenn man nämlich zuerst mit einer Glatze herumläuft und plötzlich einem Freund mit eigenem Haar begegnet. Als die Kids noch Kinder waren, meine Güte, war das noch eine Zeit, aber seit sie Kids sind und nur herumlümmeln und fernsehen zu jeder Tages- und Nachtzeit, wie ihre Mama sich beklagt, seither hat sich auch mein Leben von Grund auf verändert; auch ich kann aggressiv sein – und mir zumindest meinen Teil denken. Bei Wutanfällen ist aber an faire Austragung überhaupt nicht zu denken; seit der Kids-Ära zieh' ich den Kürzeren, ob ich nun im Recht bin oder nicht.

„Der Klügere gibt nach", ist die Standardaussage von Klaus, was ich ja entsetzlich finde, daß ein Mann seines Kalibers einfach den Schwanz einzieht und in den Keller basteln geht. Hat man so was schon gehört, geht in den Keller basteln und Bier saufen und sagt, der Klügere gibt nach! Der Klügere, würde ich sagen, wenn ich was zu sagen hätte, der Klügere haut mal richtig auf den Putz, der taucht sie einmal gründlich in Sodawasser und stellt sie hinaus auf den Balkon, auf den siedendheißen, und sperrt ab für die nächsten paar Stunden. Und mit dem Bier, das er dann ja nicht zu saufen bräuchte, könnte seine liebe Helga eine gescheite Haartönung vornehmen, damit sie einmal halbwegs aussähe wie andere Leute auch! Gar nicht zu reden von den Kids, die würd' ich nach dem Balkon ins Bett schicken – und zu fressen, würd' ich sagen, kriegen die erst, bevor sie wieder zur Schule müssen. Und wenn ich Klaus wäre, kämen mir in alle Kanapees und Polsterstühle vor und um den Fernseher „Fuffzigernägel", und überhaupt würde ich nicht gleich davonlaufen. Wenn ich's genau betrachte, hat die Helga ja in vielem recht: „Du kommst heim", sagt sie zum Klaus, „und bei jedem kleinen Furz läufst du in den Keller! Was glaubst du, wie es aussähe, wenn ich bei jeder Kleinigkeit im Keller verschwinden würde für ein paar Stunden? Natürlich", klagt sie dann, „der Bub will doch auffallen, glaubst, der färbt sich die Haare rot, weil ich ihn ausschelte? Der will, daß du endlich den Mund aufmachst, daß du ihn richtig ansiehst und vielleicht fragst, warum, warum machst du das, so blödes rotes Haar? Und die Kleine, wann hast du sie das letzte Mal umarmt?"

Bei so dicker Luft verzupf' ich mich, da geh' ich allem und jedem aus dem Weg, aber ich hab' natürlich auch meinen Stolz und meinen Zyklus, und meine roten Haare sind weiß Gott nicht zum Bleichen da. Und sie sollen nicht meinen, ich wüßte nicht, was sie denken. Sie denken nämlich, ich würde mit allen wie eine läufige Kuh herumvögeln, die vergessen ganz Gottes Ratschläge, die da lauten, man solle sich mehrmals im Jahr vermehren und nicht, man soll sterilisieren, kastrieren, Pillen oder Kondome nehmen und beim größten Lustgefühl, beim Orgasmus, gar noch die Lippen zusammenklemmen!

Die haben von nichts, haben die, eine Ahnung, und wenn ich das schon höre: *Katzen würden Whiskas kaufen*, wenn ich das schon höre! Bei meiner Herrschaft wird manchmal blutig gekocht, diese Steaks nämlich, da muß ich mich manchmal fast zu Tode lecken, bis mir jemand eine Flachse zuwirft, aber trotzdem: *Whiskas* nur im Notfall, auch wenn die Rede davon geht, daß arme Menschen drüber froh wären; ich bin kein armer Mensch und möchte nie ein armer Mensch sein, warum auch? Ich möchte überhaupt kein Mensch sein; laufend zum Friseur rennen müssen, Kleider, Hosen, Röcke und Schuhe anziehen müssen – ein grauenhafter Gedanke! Am Morgen an, am Abend aus, und auf Stühlen sitzen müssen und an Tischen essen, mit diesen Geräten da und Tüchern um den Hals gebunden – jede Freiheit wäre beim Teufel, jede Individualität!

Und unter die Dusche müssen oder in die Badewanne – was soll unsereins in der Badewanne? Wir sind laut Statistik die saubersten Lebewesen überhaupt. Wir putzen am Tag mindestens zehnmal auch die Mimi, bei jedem Wetter und zu jeder Jahreszeit. Und die Kids da, die werden dann angeschrien: *Habt's die Hausaufgabe gemacht, die Schuhe ausgezogen, die Nägel geputzt; raus aus den Federn, rein in die Federn!* Herrgottsackundzugenäht, was ist das für ein Verein! Es ist zum Verstandverlieren, zum Aus-der-Haut-fahren, zum Überschnappen! *Gerade sitzen, aufessen, nicht wippen, mit vollem Mund nicht reden, überhaupt nicht reden beim Essen*, so geht das ständig.

Kid sein ist noch entsetzlicher, als Klaus oder Helga sein. Die Vorstellung, ich müßte mit Kleidchen und Söckchen und Pantöffelchen kerzengerade auf dem Stuhl am Tisch sitzen und mit einem Löffel *Whiskas* essen und aus einem Glas Wasser trinken, ich ginge schier in die Luft! Mit einer einzigen Bewegung würde ich alles zu Boden fetzen und dann *normal* fressen und *normal* Wasser lecken!

Und dann heißt's, *wer hat übers WC gepinkelt und Zahnpasta herumgekleckst? Wieso ist der Wäschekorb schon wieder voll, und wer hat meine Tampons gesehn, meine Wimperntusche, wieso ist das Handtuch blutig? Wer hat außer mir unwohl zu sein?*

Wenn ich das alles bewältigen müßte ... und wohin gehören überhaupt Tampons und wozu? Und was bitte sind Tampons?

Und die Kids, am Abend, wenn sie die Zähne putzen, das ist ja ein Horror, eine reine Katastrophe ist das, sagt Helga, und sie müsse, sagt Helga, ständig hinterherputzen; müßte sie nicht, sagt Klaus, aber Helga verliert dann ihre Nerven und schreit, hinter ihm müsse sie doch auch herputzen! So, müsse sie, er wüßte nicht, daß das im Ehekontrakt stünde.

Ein einziger Biß in einen Mausnacken, und alle hätten dieses leidige Thema auf der Stelle gelöst!

Also so etwas wie meine Herrschaft sein, und ich hätte diese sogenannte Neurose, die Helga ihrer Schwiegermutter andichtet: *Deine gnädige Frau Mama hat abgesagt, weil sie heute ihre Neurose hat. Sie meine wohl MIGRÄNE.*

Ja schon, aber die gnädige Schwiegermutter habe diese Migräne, weil sie eine Neurose habe.

Ich jedenfalls würde diese Neurose abschaffen, denn Migräne möchte ich auch keine, das soll, sagt Helga, eine Reicheleutekrankheit sein, denn in ihrer Wohnung sehe sie keinen Schilling zuviel herumliegen, im Gegenteil, jeden Schilling müsse sie zuerst dreimal umdrehen; akkurat wie ich, ich muß die Mäuse auch x-mal herumdrehen!

Einer meiner Freunde, denk' ich, hat auch diese Neurose, der geht nämlich zum Scheißen heim, ich find' das, wie Helga immer sagt: *dekadent!*

Geht doch dieser Depp mit vollem Arsch die Stiege hinauf und muß an der Türe kratzen, damit er überhaupt scheißen kann. Und warum finde ich das dekadent, weil Helga nämlich sagt, die ganze Verwandtschaft ihres Mannes sei ein dekadenter Scheißhaufen. Das ist einer der Sätze, bei denen Klaus stundenlang im Keller verschwindet, und wonach er am Abend nicht potent ist. Also das wär' mir schnurzegal, ob ich potent wäre oder nicht, ich geh' sowieso auf den Strich, wenn da diese Memozeit, wie Helga sagt, einsetzt. Lauter so blöde Wörter da: Eisprung und Memozeit oder Zyklusverschiebung oder wie das heißt, und dann muß ich da aufs Dach oder sonst wohin ausweichen, weil da wollen sie mich nicht einmal am Fußende schlafen lassen, diese dekadenten Dekadenten. Die sollen sich doch ihre Schweißzehen selber ablecken!

Der Bub, der jetzt gerade rote Haare hat, hat mich letzthin unterm Pullover in sein Zimmer genommen und gemaunzt: „Heut' nacht kannst bei mir schlafen. Blödes Vieh, jetzt schnurr doch nicht gleich, halt doch die Schnauze!"

Ich schnurr doch nicht mit der Schnauze, und ich schnurr überhaupt nicht, ich jubiliere: In mir ist ein kleiner Kasten, und in dem Kasten ist so eine Membran – ich kann nichts dafür, daß es so heißt, und diese Membran, wie gesagt – was wollte ich gerade sagen? Ach ja, er hätte da einen Brief von der Schule, schnurzegal sei ihm das, und die könnten ihn mal alle. Und im Bett, da konnte ich mich ganz fest an ihn drücken, und ich hab' zu ihm gesagt: „Scheiß doch auf den blöden Brief, mein Freund, der muß in die Wohnung gehen zum Scheißen, blöd, oder?"

„Ich hab' dich vernachlässigt", sagt da der Bub und drückt mich ganz fest an sich, „verzeihst du mir, Genoveva?"

Was, seit wann heiß' ich Genoveva? Na schön, weil du's bist, sag' ich, aber für meine Anbeter bin ich die Schnurli, aber derzeit, sag' ich, ist sowieso Sense. Man kann ja nicht immer, verstehst, verstehst natürlich nicht, dummer Bub, aber eines Tages, sag' ich, wirst du den Schnurlis auch nachlaufen und pfauchen und dieses Machogehabe, du verstehst schon. Na, also! Aber die roten Haare, bist du nicht braun, eigentlich?

Also wirklich, Burli, das war nicht ich, ich wischel doch nicht in dein Bett! Weißt du was, du und deine ganze Herrschaft, ihr könnt mich mal! Ist doch wahr, nicht wahr! Zuerst soll ich geschnurrt haben und jetzt das! Laß mich doch wenigstens empört sein, du dummer Bub, empört sein muß ja nicht immer ein Zeichen von Unschuld sein, sagt Klaus zu Helga, aber eine so große Lache krieg' ich trotzdem nicht zusammen. Verheerend, schreit Helga, jetzt fängt der Bub auch noch an einzunässen, in dem Alter! Verheerend!

Entschuldige, aber ich hätt's gern auf mich genommen, aber Angeberei zum Quadrat glaubt nicht einmal sie, nicht einmal Helga, und ich halte sie, verzeih, doch für ziemlich naiv, also für einfältig.

Du nicht, na schön, dann eben nicht, ich dachte bloß.

Ganz im Vertrauen, Burli, würdest du *Whiskas* kaufen? Und *Whiskas* fressen? Ich, sag' ich zu ihm, bevorzuge Steaks, aber ihr seid ja derartig *kripfig*, daß man bei Fuß verhungern muß. Und das mit eurer Glotze ist schon auch ein Problem: Kurt will Fußball sehen, Helga will einen Gemeinschaftsabend ohne Glotze, du willst einen Wildwestschinken und die Kleine möchte Heidi. Wo kommt denn schon Heidi, sagst du, und Klaus: Auf der Heide wird Fußball gespielt, und Helga sagt, wir könnten doch zusammensitzen und nichts tun. Nichtstun, sagt Klaus, macht stupid, willst du, daß deine Kinder stupid werden? Oder willst du, daß ich stupid werde? Helga schaut Klaus nur an, also sie schaut ihn nur an und sagt gar nichts.

Eins aber sag' ich dir, Burli, ich weiß nicht, was eine Familie ist, und ich will es auch nicht wissen, mir reichen schon die Pillen, die man mir ins Fressen schmuggelt. Helga glaubt da, besonders schlau zu sein, ihr ist nicht klar, daß ich das dem Kinderwegnehmen bei weitem vorziehe. Damals, es hat mir das Herz abgedrückt, alles hab' ich abgesucht und gemaunzt und geschmeichelt, sie blieben verschwunden: einer Mutter so was anzutun, grausam!

Was ist denn das für eine Humanität, nach der sie immer schreit, die Helga? Wenn in der Glotze Katastrophen gezeigt werden und zur humanitären Hilfe aufgerufen wird, sagt sie, jetzt kann die UNO einmal zeigen, wozu sie da ist – nicht bloß Milliarden einstreifen, die Kunst ist es, sie wieder loszulassen für humanitäre Zwecke!

Ja, ja, im Wohnzimmer ist es leicht, das Maul aufzureißen, und dann geht man her und versagt schon bei den Hausgenossen!

Sie gehört auch zu denen, die kein gutes Haar an Mutter Teresa läßt: „Kein Wunder, daß der Papst sie heiligsprechen will, sie hat ihm lange genug nach dem Maul (sagen wir Mund) geredet! Was sie mit ihren Abtreibungstiraden zum besten gab, hat sie dann als Ergebnis in Kalkutta unter ihre Fittiche genommen", sagt Helga ganz ungeniert, und Kurt nickt dazu, wenn nicht gerade Besuch von seiner Rasse da ist. Von denen wird Helga als Anarchistin zwar ignoriert, aber trotzdem mit Heilsarmeegeschwätz traktiert, wie sie sagt.

Bei Lady Dianas Tod hat sie laut geschluchzt - ein großes Vorbild sei sie für die Jugend gewesen. Ja, ihr Lebenswandel, hat die „gnä' Frau", also Klausens geschniegelte Mutter, gefaucht, der ihr Lebenswandel hätte zum Himmel gestunken, und sie hat den Prinz Charles als den „armen Charles" in den Mittelpunkt der Ehrsamkeit gerückt. Da hatte sich sogar Klaus eingemischt: „Mutter, ich befürchte, nun hast du doch wohl etwas verwechselt."

Die „gnä' Frau" hat den Hut aufgesetzt und den Sündenpfuhl verlassen. Die Markierungen von ihr kann ich nicht riechen, die sind *impertinent*, sagt Helga immer, sie reißt dann hinterher die Fenster auf, und Klaus zieht sich beleidigt in den Keller zurück.

Beim heutigen Getöse hätte ich mich am liebsten in ein Mauseloch verkrochen, hat doch der blöde Bub den Brief auf der Reicheleutekommode (derzeitiger Katalogpreis 123.000 öS) deponiert; das also könne er mit seinem Papa ausmachen, das da gehe sie nichts an, ihretwegen bräuchte er nicht das Gymnasium machen, aber bei den Stefanis müßte sogar der Dobermann einen Stammbaum und wenn möglich ein Doktorat vorweisen, die hätten die Titelsucht, und unter *Hofrat* oder *Medizinalrat* habe bei denen höchstens das WC eine nicht bekrittelte Berechtigung; all das habe ich unter der Kommode, die sehr gediegene Füße hat, die einer Katze den nötigen Respekt nicht verweigern – gehört. Der Bub ist herumgetrippelt und hat immer gesagt: „Hör auf, Mama, bitte hör auf, Mama!"

Aber wenn die einmal in Fahrt ist, kann sie nichts und niemand bändigen, aber dann wurde sie doch noch überboten von der Nonchalance ihres angetrauten Gatten: „Wie soll ich das bloß meiner Mutter beibringen!"

Von da ab war Helga mehr oder weniger stumm, sie bekochte ihren Bub mit seinem Lieblingsgericht, streichelte ihn, und er streichelte mich und war ganz der Alte, wie ich ihn von früher her kannte. Aber das Lieblingsgericht des Buben ist, vornehm ausgedrückt, der reinste Fraß. Man hat da nichts zu reißen oder zu teilen. Und bitte, was soll ich mit Sultaninen, wir sind doch nicht im Orient!

Das Mädel, derzeit gelbhaarig, hat mich sofort auf ihren Schoß genommen.

Ich hab' zum Bub hin geblinzelt und gesagt, auf solche Scheißbriefe würde ich scheißen und sie nicht auf die Kommode legen, aber wie immer rede ich für die Katz. Aber einen so herrlichen Tag habe ich seit langem nicht mehr gehabt, zum Schluß hat Helga mir rohe Schweinsleber in den Napf getan, rohe Schweinsleber ist saumäßig, ich könnte darin baden, mich darin wälzen, aber dafür reicht's nie.

Nach so blöden Vorkommnissen wird Klaus wieder nicht potent sein, ein Leiden, das ich überhaupt nicht kenne. Bei Vollmond, zum Beispiel, setze ich mich aufs Dach von nebenan, hocke mich auf den First und lasse mich von ihm bezirzen. Man kriegt dann ganz von selbst dieses Kribbeln im Bauch, ich wetze mich ein bißchen an den Ziegeln, kriege glitzerige Augen, würde Klaus sagen, wenn er Helga zum großen Finale auf den kitschigen Perserteppich (ein Hochzeitsgeschenk seiner hochwohlgeborenen Mutter) drapiert und mit ihr kopuliert, na, was wollte ich sagen: Also, ich krieg' dieses Glitzern und weiß mir kaum zu helfen vor Verlangen, ich kriege da diese weltumspannende Sehnsucht nach Vereinigung, so sagt man doch.

Wie gesagt, ich würde niemals mit der Herrschaft tauschen, man wird manchmal zur Seite geschoben, aber es ist nie zu vergleichen mit der großen Freiheit, die man genießt, und nie zu vergleichen mit dem Spießertum, das mich anödet.

Ich gehöre einer Art an, die sich nie korrumpieren läßt, die ihre eigenen Gesetze hat und sich niemals unterordnen wird. Meiner Herrschaft bin ich innerlich verbunden, aber alles hat seine Grenzen, bitte! Es sieht bloß so aus, als würde ich um sie herumscharwenzeln, in Wahrheit ist das die einzige Sprache, die meine Herrschaft versteht. Ich hab' doch schließlich nicht vor, mich nur mit Mäusen zu begnügen, wozu bin ich denn ein Familienmitglied? Wenn Sie mich fragen, und Sie können es mir glauben – das Oberhaupt dieser Familie ist nicht Klaus, ist nicht Helga, und sind nicht die Kids.

Darf ich mich empfehlen: MIAU!

Monika Katharina Böss

ACH, SO VIELE NAMEN ...

**** **Kater Felix**, hatte etliche VorgängerInnen und stammt wie diese aus dem Tierheim. Bei Monika-Katharina lebt er auf einem alten Weingut mit verwildertem Garten, das ein Vogelparadies ist ... Ständig fängt er sich Prügel ein, und es verwundert, daß sein Kopf noch dran ist. Wenn Besuch kommt, schmust er gern, vor allem mit einer asthmakranken Kollegin von Monika-Katharina.*

Winter ist es geworden. Still liege ich auf dem flauschigen Teppich vor dem Kamin. Der Schein des Feuers wirft unruhige Schatten. Das Knistern des Holzes schläfert mich ein.

Zehn lange Winter liegen schon hinter mir. Struppig ist mein Fell geworden, den linken Reißzahn verlor ich im Kampf. Die Menschen, vor deren Kamin ich mich ausbreite, dulden mich. Mein Napf ist immer gefüllt. Sie glauben, ich sei ihnen zugelaufen. Da irren sie sich. Ich habe sie mir ausgesucht. Jetzt, wo die Kälte beißt, freue ich mich, einen warmen Platz gefunden zu haben. *Aglaja* nennen sie mich.

Draußen höre ich die flotte Melene maunzen. Meine Rivalin beim scharfen Fritz war sie gewesen, in lauen Sommernächten. Soll sie sich nur die zarten Pfoten erfrieren. Mich kümmert es nicht. Habe schon so viele samtene Schönheiten untergehen sehen. Ein soziales Gewissen besitzen wir nicht. Behaglichkeit bedeutet uns allerdings viel.

Ich stamme von einem Bauernhof. Heimlich hatte mich die Rotgestreifte geworfen und unter Kartoffelsäcken gut versteckt. So fand der Bauer mich nicht.

Die Rotgestreifte wollte mich aber nicht mit dem einzigen brauchbaren Kater teilen. Zu quälen begann sie mich. Zeigte mir, was eine gestandene Kätzin ist. Auch entging mir das tückische Leuchten in den Augen des Bauern nicht. Seine Fußtritte hatte ich schon genügend zu spüren gekriegt. Bis weit in den Apfelgarten war ich geflogen.

– Mieze, wenn ich dich fang', bist de dran!

Ich rannte fort und direkt in die Arme eines echten Quälgeistes. *Isabella von Schwebenhausen* nannte er mich. Bäder bereitete er. Kein Jammern und Kratzen half. Ich mußte stinken. Mein angeklatschtes Fell wurde mit heißer Luft getrocknet. Dann steckte man mich in einen Korb hinein, und ab ging es in das schaukelnde Ding, das sich Auto nennt. Es läuft auf vier runden Füßen. Eindimensional bleiben meine Artgenossen zurück, wenn sie dem Ding zu nahe gekommen sind.

Mich entführte es in große Hallen, wo sich alles um meine dunkle Fellgestalt zu drehen begann. Die Preise, die ich gewann, heftete sich mein Quälgeist als Rosette an die breite Brust.

Ich lief ihm davon.

Harte Zeiten begannen. Heimtückisch kroch der Winter heran. Ich streunte umher. Meine preisgekrönte Schönheit begann sich räudig zu präsentieren. Das Fressen teilte ich mit allerhand finsterem Gesindel. Mülltonnen quollen über. Es mußten Festtage vergangen sein.

Der starke Leo, eine Kampfmaschine in Katergestalt, wurde mein Gefährte auf Zeit. Er roch wunderbar. Mein träges Katzenblut kochte über, wenn er sich anschlich. Er mußte Schichtdienst beim Lieben einlegen. Wir Katzen sind nicht empfindlich in dieser Hinsicht.

Dann wurden wir auf Kosten der Solidargemeinschaft Mensch eingefangen.

Meine neue Heimat teilte ich mit stumpfsinnigen Wesen, die zerknirscht vor Freßnäpfen lauerten.

Der starke Leo entwich durch einen geschickten Angriff während der Käfigreinigung. Gewiß führte ihn sein Weg sofort zu der Mühle am großen Fluß zurück. Dort hatten wir es getrieben im nachtschwarzen Licht.

Im Asyl rief man mich *Cleo*, was gewöhnungsbedürftig war.

Ich fand Gnade vor Menschenaugen. Man grinste mich wohlwollend an, was durchaus bedrohlich wirken kann. Doch ungenau spürte ich meine Chance und ließ für den Augenblick mein Fauchen sein.

Nur weg aus dem Gehege der Traurigkeit.

Was nun begann, paßte mir nicht ins Programm. Impfen und Entwurmen. Seit der Quälgeist mir meine Fortpflanzungsmöglichkeit rauben ließ, reagiere ich ungut auf Übergriffe dieser Art.

Angeblich geschieht das alles zu unserem Besten. Aber so ein Menschenhirn ist unergründlich, obwohl sie manchmal ähnliche Sachen machen wie wir. Sie wechseln ihre Kater und ihre Kämpfe sollen wunderbar kräftig sein. Da geht es rund. Es kann die ganze Welt abbrennen darüber. Das finde ich gut.

Die Menschenbande, unter der ich mich nun befand, bestand aus vier Köpfen mit lächerlich langen Nasen. Hoch oben, beinahe im Himmel, wohnten sie. Ein Netz hatten sie mir gespannt. Meine neue, schöne, beschnittene Welt. Aus nahen Hecken hörte ich Kater in freier Wildbahn jauchzen. Ich antwortete kläglich.

Genüßlich legte ich meine Häufchen in alle Ecken hinein. Sie schrien: „Igitt, *Paula*!" und brachten mich zurück in die Zellen vom Tierheim.

Dort galt ich als Versagerin. Schwer vermittelbar. Doch glitzerte wohl heimlich meine berühmte Schönheit aus den Fellspitzen heraus. Schon am nächsten Tag trug man mich fort.

Ein Garten war da. Angenehm. Leider erwartete mich dort auch eine fiese Kätzin. Der haute ich zur Begrüßung ein Auge aus. Da war es mit aller Zuneigung aus. Ich war nicht mehr *Mio*, sondern *das Dreckstück*, und man setzte mich einfach aus.

In den Wald.

Ich strich im Unterholz umher. Dort war der Tisch reichlich gedeckt für mich. In der Nacht hörte ich Eulen schreien und Füchse keuchen.

Als der Morgen auftauchte, fand ich mich vor einem ländlichen Gasthof wieder. Dort verspielte ich den Sommer.

Mit den Herbststürmen blieben die Gäste aus. Man klappte die Stühle hoch, und es hieß: „*Pussy*, ab!"

Auf einem nahen Wandererparkplatz sprang ich einer dummen Göre in die Augen. Sie heuchelte Liebe und erdrückte mich fast. *Suse* wurde ich gerufen.

Die Behausung der Göre war am Stadtrand gelegen. Ganz nah der Wald. Wunderbare Vogelnester erwarteten mich. Als ich den letzten Finken erlegt, wurde ich fortgejagt.

In den Hecken über der Stadt fand ich mich wieder. Schloß mich der fürchterlichen Barbar an. Weiß war ihr Fell und rot die Augen. Eine mystische Schleicherin. Breit lag sie auf dem Fels und blickte lauernd über das Land.

Mit der Zeit empfand ich ihre Allüren übertrieben und forderte sie auf zum Kampf.

Das war eine Nacht! Blitze zuckten am Firmament. Wir verbissen uns, und im Morgenrot leckten wir unsere Wunden.

Ich hockte nun auf dem hohlen Stein und blickte über das Land.

Dann erschienen die Fänger und nahmen uns mit. Als *Minni* maunzte ich gegen nackte Wände an.

Und wieder lachte mir die Freiheit.

Als *Jule* zog ich aus.

Ein seltsam buntes Federvieh traf ich in der neuen Wohnung an. Es verstand sich wichtig zu machen. Wenn ich mich ranschlich, beschimpfte es mich in einer mir unbekannten Sprache. Ich gab ihm zu verstehen, daß der Zeitpunkt nicht mehr fern sei, bis wir nähere Bekanntschaft schließen würden.

Pietätvoll habe ich das Federvieh vollkommen verzehrt. Trotzdem erhielt ich Hausverbot.

Im Tierheim begrüßten sie mich als alte Bekannte.

Einen langen Winter verbrachte ich am vollen Napf. Wärme drang aus der Wand. Heimlich gedachte ich der wilden Spiele. Wir Katzen denken immer daran.

Mit den Osterglocken fand ich hinaus. Meine Beherbergerin war gerade einsam geworden. Vom Menschenkater verlassen. Ersatz mußte her. *Feli* nannte sie mich. Ich durfte auf den weichen Kissen ihres Bettes lagern. Geflügel schwamm im frischen Blut. Zu meinem Glück ließ sie mich viel allein.

Irgendwann zog ein neuer Menschenkater ein. Er sprach vom *Vieh* und sie von Allergie.

Im Tierheim nahm man mich grimmig an.

Ohne viel zu fragen, gab man mich an einen schmutzigen Kerl ab. Nur fort mit mir. Keinen Namen erhielt ich von dem Stinker. *Mieze.* Eine Bezeichnung ohne Qualitätsnachweis ist dies. Meiner „natürlichen Bestimmung" sollte ich frönen, was da heißt „mausen".

Mir schmecken die Dinger auf Dauer nicht. Zu zäh. Das Fangen bedeutet allerdings höchsten Genuß. Wir zögern absichtlich den Höhepunkt hinaus. Nervenkitzel der feinsten Art bereiten wir so unserer Beute. Meistens verrecken sie vor Schreck. Ich beachte sie dann weiter nicht. Irgend jemand bringt sie weg.

Mein Besitzer in dem verkommenen Loch von Gartenlaube nannte mich faul, weil ich mich mit seinen Ratten nicht abgeben wollte. Sein Tritt beförderte mich ins Abseits. Über den Kompost hinweg haute ich ab.

Eine gepflegte Hand zog mich aus dem Straßengraben raus. Mit Salben wurde ich verschmiert und *Babette* genannt.

In den neuen Räumen stank es kräftig nach Hund. Ich zeigte ihm meine Verachtung. Er wehrte sich nicht. Dummkopf. Vielleicht hätten wir mit der Zeit miteinander gekonnt, wenn nur der Geruch sich verbessert hätte.

Während ich mich nach feiner Katerkörpersprache sehnte, ließ das Hundewesen seinen Pesthauch los. Fäulnis lag in der Luft.

Um dem zu entgehen, sammelte ich Mäuse und legte sie als Morgengabe vor dem Bett meiner Retterin aus. Einmal vergruben sich ihre Zehen darin.

Sie verließ mich.

Vorsichtig wollte ich die Zukunft angehen. Nicht mehr in alle Fallen tappen. Durchkämpfen mich in freier Wildbahn.

Mit einem getigerten Friedo leistete ich mir einen Sommernachtstraum.

Als der Winter nahte, wurde es beinahe ernst für mich. Früh war der Schnee gefallen. Ich irrte durch kaltes Naß.

Friedo war von einem Jäger für einen Hasen gehalten worden, und ich glaubte, auch mein Schicksal würde sich auf jenen Hügeln vollenden.

Es geschah nicht.

Ich wurde gefunden. Aufgewärmt fand ich mich in der Gesellschaft eines Aladin aus dem Perserstamm wieder. Seine ungezügelten Flöhe belästigten mich. Ganz pikant hieß ich nun *Pucky*.

Aladin sonnte sich im Glanze seines feinen Geblüts. Mein wildes Blut ruhte wie ein gefrorener See, kein Sieden, kein Brausen. Gar nichts.

Im Frühling machte ich mich davon.

Weite Straßen. Zähe Mäuse. Ein halber Wolf biß mir den Schwanz fort. Ich lahmte. Erregte Mitleid, keine Begeisterung.

So wurde ich in dieses Haus aufgenommen. Schnurre behaglich vor dem Kamin, wenn draußen die Winde mit Melene um die Wette heulen.

Jana Czipin

CARA MIA

*** ***Kater Benjamin***, *hat in seinem Erdendasein alle seine neun Leben aufgebraucht; 1980 auf einem Bauernhof geboren, mit wenigen Monaten aus einem fahrenden Auto geworfen, kam er 1981 zu Jana; trotz zahlreicher Unfälle in freier Wildbahn wurde er über 14 Jahre alt und fing Mäuse bis zuletzt.*

Ach, herrje, diese lästigen Kinder! Jetzt versuchen sie doch tatsächlich, mich mit einer Papierkugel hinter dem Ofen hervorzulocken. Kinder, die Zeiten, wo mir das gefiel, sind lange vorbei. Und dann dieses Geschrei! Wenn die Kinder einen Nachmittag da sind, dann klingen mir den ganzen Abend die Ohren. Welche Wohltat ist hingegen *ihre* Stimme. *Sie* hat mir, als *sie* noch ein Kind war, niemals die Ohren vollgesungen oder mich sonstwie gequält. *Sie* hat mich immer mit Respekt behandelt.

Ich weiß noch genau den Tag, an dem ich *ihr* zum ersten Mal begegnet bin. Es war auch der Tag, an dem mich die Mutter vom Bauernhof abholte und in diese Wohnung sperrte, aus der ich jahrelang nicht mehr rauskommen sollte.

An jenem Tag hatte ich schon ein wenig Nervenflattern. Alles roch so anders, abgestanden, staubig, die mickrigen Topfpflanzen waren nichts im Vergleich zu den Bäumen, auf denen ich Vögeln nachgejagt war. Jedenfalls hatte ich schon zu viel erlebt und war auch schon zu erwachsen, um mich feige unter einem Kasten zu verstecken. Die Mutter hatte den Korb geöffnet und war wieder verschwunden. Ließ mich alleine in der stillen Wohnung zurück. Also suchte ich mir einen Platz, an dem ich geschützt war und einen guten Überblick hatte. Nach kurzer Orientierung spazierte ich die Stufen in den oberen Teil der Wohnung rauf und ja, da war der Platz. Das Badezimmer, das zwischen den beiden Schlafzimmern lag. Der weiche Teppich tat es mir an, mein Leben lang liebte ich weiche Sachen. Da legte ich mich also hin und harrte der Dinge, die da kommen sollten. Ehrlich gesagt, ich dachte damals, das Ganze sei nur wieder so eine Gemeinheit der Menschen, wie damals, als ich erst ein paar Wochen alt war und aus einem fahrenden Auto geworfen wurde. Seitdem habe ich einen Horror vor diesen lärmenden Ungetümen und kann bis heute nicht aufhören zu schreien, wenn sie mich in so ein Ding stecken. Sehr peinlich für jemanden in meinem Alter, aber dagegen läßt sich nichts machen. Psychotherapie, wie *sie* sie jetzt macht, gibt es für Katzen eben noch nicht.

Aber dies war keine Gemeinheit, sondern Leute, die mich endgültig behielten.

Ich lag ein, zwei Stunden auf der Badematte, gelangweilt und hungrig. Allmählich wurde ich grantig, weil nichts passierte, und ich zu angespannt war, um auf die Suche nach etwas Eßbarem zu gehen. Ich roch auch nichts, was man essen hätte können. Gerade überlegte ich, wie viele meiner Leben ich wohl dem Hungern opfern mußte, als ich unten die Tür hörte. Aha, Action! Kam die Frau zurück, gab's endlich was zu essen, wurde ich jetzt wieder auf den Bauernhof gebracht?

Eine Kinderstimme rief leise und ehrfurchtsvoll: „Benjamin?"

Benjamin? Was sollte das denn sein? Fressen?

„Benjamin?" kam es noch mal, etwas lauter. Jetzt erkannte ich, daß es ein Mädchen war, das da rief. Ich spitzte die Ohren, um zu hören, was *sie* tat, und es erstaunte mich, wie vorsichtig *sie* sich bewegte. Als wolle *sie* niemanden erschrecken, als hätte *sie* Angst. Ich wurde neugierig, rührte mich aber nicht. Für ein dünnes Stimmchen gab ich meinen perfekten Liegeplatz nicht auf. Sollte *sie* nur kommen. Und da waren *ihre* Füße schon auf der Treppe. Zögernd und langsam kam *sie* hoch. Ich reckte den Kopf in die Höhe, die Vorderbeine hatte ich ausgestreckt, wie die großen Steinkatzen, die ich einmal auf einem Bild gesehen hatte. Das hatte mich beeindruckt und jetzt galt es, so hoheitsvoll wie möglich zu wirken. Hinter den Stäben des Geländers tauchten blonde Haare auf und dann ein häßliches Babygesicht, mit schmalen, blauen Augen, einer zu großen Nase und einem breiten Mund. Ich blieb cool, aber *sie* hatte einen eigenartigen Ausdruck im Gesicht. Ängstlich, glücklich, ehrfürchtig. Als *sie* sah, wo ich war, blieb *sie* stehen und starrte mich an.

„Benjamin?" Blöde Frage, wenn das mein Name sein sollte, dann konnte *sie* ja sehen, daß ich da war. *Sie* erwartete doch nicht, daß ich „Miau!" sagte, oder? Anscheinend doch, und das berührte mich irgendwie.

„Hallo!" sagte *sie*, die blauen Augen weiteten sich und begannen zu strahlen. Noch nie hatte jemand soviel Notiz von mir genommen. *Sie* ließ sich auf allen vieren nieder und kroch langsam auf mich zu. Dachte *sie* wirklich, ich würde verängstigt davonlaufen? Und wo hätte ich hinlaufen sollen, das Badezimmer hatte nur die eine Tür, vor der *sie* jetzt sitzen blieb. Ich beobachtete *sie* vorsichtig und interessiert. Wenn *sie* mir dumm kam, würde *sie* meine schnelle Pfote zu spüren bekommen. Aber nein, *sie* hob ganz langsam die Hand, so daß ich der Bewegung ganz genau folgen konnte, und hielt sie mir vor die Nase. Ich rührte mich nicht, sog aber unauffällig *ihren* Geruch ein. Süßlich war er, etwas Schweiß und Angst, aber eindeutig auch schon Spuren von den Gerüchen, die die großen Frauen normalerweise haben. Auch wenn dieser Teil des Geruchs in den folgenden Jahren immer stärker wurde, sich mit der Zeit veränderte, blieb da etwas Unverwechselbares, und ich muß sagen, daß ich *sie* damals schon gut riechen konnte, daß *ihr* Geruch das erste war, was ich an *ihr* mochte, und darum ließ ich mich auch von *ihr* streicheln. Zuerst zog *sie* langsam die Hand mit genau dem richtigen Druck über meinen ganzen Körper, hmm, tat das gut, am Bauernhof war ich nie gestreichelt worden. Fast hätte ich mich geräkelt und auf den Rücken gedreht, aber mein grundsätzliches Mißtrauen ließ das nicht zu. Als *sie* aber anfing, mich hinter den Ohren zu kraulen und unter dem Kinn, da konnte ich nicht anders, ich mußte die Augen schließen und schnurren. Als ich die Augen wieder aufmachte, sah ich in das glücklichste Kindergesicht, das ich je in meinem Leben gesehen habe, und von diesem Moment an liebte ich *sie.*

In den folgenden Monaten kam zu der Liebe auch noch eine Menge Mitleid. *Sie* lebte mit *ihrer* Mutter allein, und anscheinend war da etwas passiert. Jedenfalls hatten beide die meiste Zeit ein starres Gesicht. Nachts, wenn ich die Kleine weinen hörte, dann kam ich zu *ihr* ins Bett. *Sie* öffnete mir immer bereitwillig die Decke, ich kroch hinein, bis mich die Wärme ganz umfing, dann drehte ich mich um und schmiegte mich an *ihre* Brust und bettete meinen Kopf auf *ihren* Arm, den *sie* extra so hinlegte, damit ich es bequem hatte. Meist schnurrte ich schon deswegen, aber dann streichelte *sie* mich auch noch lange, während *ihre* Augen naß waren, und ich muß sagen, im Streicheln war *sie* ein Naturtalent.

Manche Abende schlief *sie* bei ihrer Mutter, und dann ging ich nicht rein. Ich mochte die große Frau nicht besonders, sie hatte eine kantige Stimme und verscheuchte mich immer mit einer ungeduldigen Handbewegung. Manchmal drückte sie mich ungestüm an ihre Brust, daß mir die Luft wegblieb, und ich wurde dann immer ganz naß von dem salzigen Wasser ihrer Augen. Überhaupt flennten beide ziemlich viel in der ersten Zeit, die ich bei ihnen verbrachte.

Ein Abend war ganz besonders schrecklich. Ich war lange alleine geblieben, und dann hörte ich die Mutter an der Haustür läuten und rufen, immer stürmischer und als niemand öffnete, dagegen treten. Danach war es still. Hin und wieder ging noch die Glocke, aber sonst passierte ein, zwei Stunden gar nichts. Dann erregte Stimmen am Gang, die unkontrolliert wütende der Frau und die verzweifelte meiner Kleinen. Ich verzog mich sicherheitshalber unter das Sofa. Wenn Leute sich so anhörten, war es gut, unsichtbar zu werden. Verblüfft sah ich nicht die Füße der Menschen, sondern meine Kleine am Boden landen. *Sie* weinte und bettelte: „Bitte nicht, Mama, bitte nicht, bitte, hör auf!" So etwas hatte ich noch nie gesehen, aber ich wußte, was Schuhe anrichten konnten. Der Bauer hatte mit seinen klobigen Stiefeln nach mir getreten, aber ich war ein flinkes Kerlchen, und er hatte mich selten erwischt. *Sie* konnte nicht davonlaufen, die spitzen Schuhe trafen *sie* überall hin. *Ihre* Hände waren zu klein, um sich schützen zu können, ich verstand sehr gut, warum *sie* nur versuchte, den Bauch zu decken. Das war auch meine empfindlichste Stelle, seit sie mich kastrieren hatten lassen. *Sie* wimmerte bald nur mehr und ließ *ihre* Mutter weiter treten, bis diese genug hatte und die Treppen hochstürmte. Die Kleine rührte sich eine Weile nicht, als hätte *sie* Angst, der Sturm könnte weitergehen. Ich kroch vorsichtig unter dem Sofa hervor, lauschte, ob die Mutter zurückkommen wollte, aber oben war es still. Ich schlich zu *ihr* hin und stupste *sie* an die Stirn, um *ihr* zu versichern, daß die Gefahr vorbei war. *Sie* öffnete langsam die verquollenen Augen und lächelte mich schwach an. „Benjamin", sagte *sie* seufzend, und trotz *ihrer* Schmerzen hob *sie* die Hand und strich mir über den Kopf. Ich stupste in die Hand hinein, wollte *sie* trösten, und irgendwie verschwand der erloschene Ausdruck in ihren Augen. Tja, mehr konnte ich nicht tun, und ich lief in die Küche, um wieder verbittert vor der leeren Schüssel zu stehen. Ich lief zur Tür zurück und sah *sie* fragend an. *Sie* rappelte sich mühsam hoch. „Ja, ja, ich komm' ja schon, gleich kriegst du was zu fressen." Mein Schwanz zuckte aufgeregt hin und her, schließlich hatte ich seit dem Vortag nichts mehr bekommen, und ich lief hin und her, bis *sie* es endlich geschafft hatte, eine Dose zu öffnen und mir das Futter hinzustellen. Dann ging *sie* rauf, und ich hörte die Mutter rufen. Da geschah etwas Eigenartiges. *Sie* ging tatsächlich in das Schlafzimmer der Mutter, die weinte wieder einmal, und dann legte *sie* sich in ihr Bett. Ich lauschte nur kurz an der Tür, tatsächlich, die Kleine gab einsilbige Antworten auf die flehenden Fragen der Mutter, mit lebloser Stimme, wie im Schlaf. Also ich wäre der Alten wochenlang aus dem Weg gegangen, wenn sie nach mir getreten hätte. Beleidigt verzog ich mich in *ihr* leeres und kaltes Bett.

Ich ärgerte mich über das dumme Kind, und noch Wochen danach zuckte *sie* zusammen, wenn unten die Tür zuschlug. *Sie* veränderte sich, sah aus, als hätte *ihr* jemand eine dicke Schicht Plastik über das Gesicht und den Körper gezogen. Das blieb jahrelang so. Ich will ja nicht überheblich klingen, aber ich glaube, ich war der einzige, den *sie* an sich herankommen ließ, und ich liebte *sie* dafür, daß *sie* mich nie als Selbstverständlichkeit ansah. Wenn ich gehen wollte, so hielt *sie* mich nicht zurück, wenn ich bei *ihr* blieb, belohnte *sie* mich mit ausgedehnten Streicheleinheiten. Als *sie* älter wurde, versuchte *sie* natürlich, mich zu erziehen, sah aber ein, daß ein Kater auch nicht aus seiner Haut heraus kann. *Sie* akzeptierte die zerschlissenen Polstermöbel, dafür gab ich *ihr* zuliebe auf, an den Pflanzen herumzuknabbern, bis nichts mehr von ihnen übrig war. Aber auch ich brachte *ihr* einige Dinge bei. Ich wußte genau, wenn ich nur lange genug an der Tür kratzte, ließ *sie* mich früher oder später rein. Und wenn ich raus wollte, da fand ich einen genialen Trick: Ich kratzte an der Spiegeltür des großen Kastens, und in Null Komma nichts war *sie* aus dem Bett und öffnete mir die Tür. Sehr folgsam, muß ich sagen.

Ja, und dann ging *sie* fort, und ich mußte bei der Mutter zurückbleiben. Die hatte sich mit der Zeit auch gemacht, es war mit ihr auszukommen, vor allem, als sie mit dem Mann, der *ihren* Platz im Bett der Mutter eingenommen hatte, in ein Haus zog, und ich endlich wieder nach Lust und Laune in den Gärten herumstreifen konnte, so wie in meiner Jugend am Bauernhof. Trotz des freien Lebens vermißte ich *sie*. *Sie* kam nur selten auf Besuch und egal, welcher Mann in *ihrem* Bett lag, ich beanspruchte immer den Platz auf *ihrem* Arm und *sie* hat ihn mir nie verweigert. An eine Nacht vor einigen Jahren kann ich mich auch noch ganz genau erinnern. Ich bin jetzt schon sehr alt, und das mit dem Gedächtnis funktioniert nicht mehr so gut. Manchmal weiß ich schon gar nicht mehr, wo mein Haus und mein Futter steht. Dann muß ich herumlaufen, bis ich eine heimatliche Witterung bekomme. Aber diese Nacht vergesse ich nie. Es war an einem Wochenende, die Mutter und der Mann waren weg, ich hatte das ganze Haus für mich allein. Als ich so um Mitternacht heimkam, hatte ich plötzlich einen vertrauten Geruch in der Nase. Das war *sie!* Ich stürmte in *ihr* Zimmer und blieb erschrocken stehen. Da war noch ein anderer Geruch, ich war mir plötzlich nicht mehr sicher (das Alter setzt auch meiner Nase zu) und rief: „Miauuuu!" was in *ihrer* Sprache wohl soviel heißt wie: „Bist du da, und wenn ja, warum bist du gottverdammt so lange weggeblieben?"

„Benjamin!" was in meiner Sprache soviel heißt wie: „Ich liebe dich!" Es klang erleichtert und glücklich. Anscheinend war *sie* froh, daß wenigstens einer von der Familie *sie* begrüßte. Ich flog in *ihre* Arme, *sie* hob die Bettdecke, und der Kerl neben *ihr* mußte wegrücken. Zufrieden schlief ich schnurrend (was in meinem Alter zunehmend mehr einem Traktor ähnelt als einem Mercedes) unter *ihrer* Hand ein, und zum ersten Mal in meinem Leben fragte ich mich, wie oft wir das noch erleben würden. Wir haben es seither immer wieder erlebt, aber in letzter Zeit denke ich oft, vielleicht war es das letzte Mal, DAS letzte Mal. Ich bin mittlerweile über siebzig Jahre alt, und *sie* hat noch nicht einmal graue Haare. Manchmal redet *sie* davon, mich in die große Stadt mitzunehmen, vor allem, wenn die Mutter über meine zunehmende Blasenschwäche schimpft. Die merkt nicht, daß ich immer dann in ihren Kasten pinkle, wenn sie mich zu lange allein läßt. *Sie* versteht das natürlich und bei *ihr* wäre ich auch nicht soviel allein, aber *sie* weiß, daß ich ohne die Bäume und Gärten, ohne Vogeljagd und ohne Mäuse zum Nachtisch nicht glücklich sein kann. Auch wenn ich nicht mehr der Kater bin, der früher über drei Gärten geherrscht hat, so kann ich immer noch mein Revier verteidigen. Wenn ich das auch immer seltener tue, denn die Wärme des Kachelofens ist für meine alten Knochen fast so gut wie *ihre* Hand.

So, jetzt sind die kreischenden Bälger endlich weg. Und *sie* auch. *Sie* vergißt nie, „Ciao, Benjamin!" zu rufen, wenn *sie* geht. Ich weiß, es kränkt *sie,* daß ich so selten auf *ihren* Schoß springe und mich streicheln lasse, aber es kränkt mich auch, daß DAS letzte Mal schon einige Jahre her ist. *Ihre* Kinder schlafen manchmal in *ihrem* Zimmer, aber die schlagen im Schlaf um sich, viel zu ungemütlich für ein sensibles Wesen wie mich. Tja, und damit ist der anstrengende Familiensonntag auch zu Ende. Endlich wieder Ruhe für ein paar Wochen, pffft, chrrrrrrrr.

Maja Doncsecs

KATZENJAMMER

*** ***Katze Leila*** *vom Zigeunerboden, wildfarbene Somali, geboren 1988 in Wien, lebte später auf dem Land, verstarb am 11. Mai 1998 in den Armen von Julia; der Text von Maja ist ein liebevoller Nachruf auf eine langjährige Mitbewohnerin.*

Was für ein klägliches Gemaunze tönt denn da von der Haustür her? Hört sich an wie ein verzweifelter Hilferuf nach der Mama. Julia drückt das Häufchen Elend zwar beschützend an ihre junge Mädchenbrust, streichelt, krault und beflüstert es während des Einzugs ins neue Heim – doch Menschen können unmöglich den warmen Bauch seiner Mutter ersetzen, die wilden Spiele mit den Geschwistern, die wohlige Geborgenheit im Katzenkorb.

Sie haben also wiederum ein junges Tier anschleppen müssen. Ich war schon froh, nach der Übersiedlung der Hasen ins Freigehege der einzige Vierbeiner im Haus zu sein.

Schon wieder eine Illusion weniger! Auf der Treppe im Vorzimmer sitzend, zwicke ich die Augen zusammen und beobachte das Theater unauffällig aus schmalen Sehschlitzen. „Kyros", rufen alle begeistert. „Kyros, du wunderschöner Kyros, mein liebster Kyros, mein süßer Kater!" Also ist`s ein ER. Ich sehe lange, dürre Haxerl, einen allerdünnsten Schwanz und einen spitzen Kopf. Meine Nackenhaare stellen sich auf. Nicht etwa, daß ich eifersüchtig wäre. Nein, wirklich nicht. Ich bin sogar froh, wenn nicht *ich* dauernd gestört, gerufen, gestreichelt, gelockt oder sogar herumgetragen werde. Mein Fell verträgt diese sogenannten Streicheleinheiten nicht, rede ich mir ein. Ich will nur berührt werden, wenn es mir gefällt. Niemand soll mir spontan zu nahe kommen. Schon gar nicht mit einer Bürste, um mich damit zu „pflegen", wie die Menschen sagen. Dabei rupfen, reißen und zerren sie an meinem Pelz. Ich bin keine kurzhaarige, anspruchslose Katze. In meinem Stammbaum steht, daß ich eine Somali bin, wildfarben. Und meine Haare sind nun einmal wild und fein und dicht und ziemlich lang und oft verfilzt und struppig. So unordentlich mag mich niemand in der Menschenfamilie. Doch mir gefällt's. „Leila", wird zuerst ganz sanft und lieb gerufen. „Leila, komm doch zu mir", dabei wird das Marterinstrument hinter dem Rücken versteckt. Die Mutter weiß sehr wohl, daß ich blitzschnell fortrenne, wenn ich es sehe. „Leila, schau, was ich für dich habe." Nein danke, ich kenne diesen süßlichen Unschuldston in der Stimme und das hinterlistige Augengeblinzel. Bin schon einige Male darauf hereingefallen. Jetzt bin ich vorsichtig. Wenn sie mir nicht offen zeigt, was sie in der Hand hält, verschwinde ich lieber.

Ich sehe aus wie eine Wildkatze und benehme mich auch so. Ich fauche, um mir Respekt zu verschaffen. Das tue ich mit einem durchdringenden Zischlaut, wenn mir der kleine Kater zu nahe kommt. Er will mit mir spielen. Ich will ihm weder seine Mutter noch seine Geschwister ersetzen. Ich will Ruhe haben. Die Menschenmutter lacht nur: „Hört ihr die Leila, unsere Giftspritze?" Sie hat gar keine Angst vor mir. Eigentlich mag ich sie, wenn sie mich hie und da streichelt. Manchmal bringe ich ihr eine selbstgefangene Maus von Nachbars Grundstück. Auch tote Vögel bekommt sie ab und zu, freut sich aber nie darüber. Sie ist Vegetarierin. Räumt die Geschenke nur sehr widerwillig fort, in den Mistkübel.

Wir wohnen nicht mehr in der Stadtwohnung, wo ich meistens drinnen bleiben mußte, und ... jetzt fällt mir plötzlich ein: dort wurde ich, klein und liebesbedürftig, heimgetragen, und auf der Treppe wartete ein blauäugiger Kater, der für mich einen großen Buckel machte. Jetzt weiß ich, weshalb mir die blauen Augen von Kyros so unsympathisch bekannt vorkommen. Jener Kater wurde Aramis gerufen und mir als Siamese vorgestellt. Die Mutter machte uns damals bekannt. Sie war sehr lieb zu uns, aber auch etwas zu dumm. Stellte nur einen Futterteller hin. „Freundet euch an", flötete sie, „teilt schön brav das Fressen miteinander." Aramis verschlang gierig so viel als möglich und mußte sich dafür später übergeben. Kurz nach meiner Ankunft bekam er einen lästigen Husten. Er mußte mich nur ansehen, und schon würgte es ihn. Sein Magen drehte sich um, sobald ich liebkost oder gerufen wurde. „Schaut nur den Kater an, der ist ja eifersüchtig", erklärte die Mutter ihren Mädchen Julia und Cornelia. Die ganze Familie versuchte den Aramis zu trösten und ihm zu zeigen, daß sie ihn auch noch liebhatte, nicht nur mich. Er war ja schon immer Julias Liebling, schlief sogar bei ihr im oberen Stockbett. Von unten hüpfte er zuerst auf den Wandbehang, die Arche Noah mit unzähligen Tieren darstellend, krallte sich dort fest und sprang dann ins Bett hinauf. Ich bewunderte seine Geschicklichkeit. Habe es heimlich auch versucht, doch nicht geschafft. Selbstverständlich hätte ich sowieso nicht bei einem Menschenkind schlafen wollen.

Als der Aramis dünn genug war vom Erbrechen des halbverdauten Fressens, begann er, mich etwas zu mögen. Wir machten ganz tolle Jagdspiele in der Wohnung, die auf vier Ebenen angelegt und somit ideal zum Verstecken, Rennen und Herumtoben war. Der Menschenvater war überredet worden, uns Katzen neben den Kanarienvögeln zu akzeptieren. Er gewöhnte sich nur langsam an uns, begeistert war er aber nicht.

Leider veränderte sich Aramis, nachdem ein Tierarzt an ihm herumgeschnipselt hatte. Zuerst litt er, dann wurde er träge und gelangweilt. Seine Freundinnen kamen nachts noch zwei Wochen lang vergebens vor die Terrassentür, miauten lockend, fordernd, wütend, weil er gleichgültig herumlag. Schlaflose Stunden für meine Menschenfamilie! Die gute Mutter hatte wie immer Verständnis für den Kater. „Der Katzenjammer wird schon wieder von selbst aufhören", argumentierte sie. Auch mein Verhalten verstand sie, als ich alt genug war, um meinen ersten Kater zu begehren. Der Aramis saß nur hochnäsig, desinteressiert da und drückte gelangweilt die Augen zu, wenn ich mich vor ihm hin und her rollte, mich ihm anbot, ihn miauend umwarb. Manchmal biß er mich in den Nacken, aber das war auch schon alles. Gereizt und unbefriedigt raste ich dann durch die Zimmer, sprang in die Vorhänge, zerfetzte und zerkratzte, was mir unter die Pfoten kam. Ich stillte mein Bedürfnis an Beinen: Menschen-, Tisch-, und Sesselbeinen. Ich wälzte mich auf dem Teppich und erwarb mir auf diese Weise Selbständigkeit und Unabhängigkeit. Als ich es zu bunt trieb und allzu wild wurde, immer wieder in den Garten zu entwischen versuchte, schleppte man auch mich zum Tierarzt. Der Vater hatte ein Machtwort gesprochen, die Mutter allerdings schon mit dem Gedanken an drollige Katzenkinder gespielt ...

Frei wollte ich sein, und flink mußte ich sein, denn Julias kleine Schwester Cornelia wollte mich immer zur Liebe zwingen. Ihre wilden Umarmungen mochte ich nicht. So war ich immer wieder auf der Flucht, sobald sie aus dem

Kindergarten kam, brachte meinen Pelz in Sicherheit, irgendwo unter oder hinter einem Möbelstück. In höchster Not verteidigte ich mich auch mit meinen Krallen, wenn das warnende Fauchen nichts genützt hatte. „Hörst du das Fauchen?“ „Leila sagt: ‚Nein Cornelia, laß mich in Ruhe‘“, erklärte die Mutter dem Mädchen. Natürlich wurde das Fauchen gehört, aber weder verstanden noch beachtet. Sie wollte mich zupfen und festhalten, meine Ohren untersuchen und meine Tasthaare am Maul berühren, mich drücken und tragen, in den Puppenwagen quetschen oder mit mir auf dem Schaukelpferd hutschen. Das war mir alles zu unangenehm. Ich versteckte mich vor ihr.

Die Großeltern jedoch mochte ich immer. Sie waren ruhig, ließen mir Zeit zum Annähern. Wenn ich Lust hatte, sprang ich auf einen Schoß zum Wärmen, Schnurren und Gestreichelt-, aber niemals zum Gehaltenwerden.

Nun wohnen wir schon sechs Jahre auf dem Land. Ich kann auf Bäume klettern und nachts herumstreunen. Wenn ich ins Haus will, springe ich auf ein Fensterbrett neben der Haustür und miaue durchdringend mit ganz feiner, hoher Stimme. Ich kann das sehr, sehr lange, bis sich die Menschenmutter meiner erbarmt und mich hineinläßt. Der Vater hört mich nie, dazu schnarcht er viel zu laut.

Die zwei Hasen im Gehege beim Schuppen haben mich nie interessiert, den Aramis schon. Der hat sich oft ins Heu in ihrem Stall gelegt. Der war bestimmt keine richtige Katze, er war irgendwie verdreht. Rannte laut rufend zum Gartentor, wenn seine Julia von der Schule zurückkehrte oder wenn Bekannte kamen. Hüpfte dann auf den Hinterbeinen und streckte seine Vorderpfoten hoch, wie ein Kind, das auf den Arm genommen werden will. Und das erreichte er auch damit. Ehrlich, tut das eine echte Katze? Er ließ sich von allen Menschen abgrapschen, hatte gar keinen Stolz, konnte keine Mäuse fangen und war ungeschickt beim Klettern. Er durfte nachts nicht aus dem Haus, wollte es auch nicht, schmuste lieber im Bett mit seiner Julia. Auf ihrem Schoß saß er auch tagsüber beim Aufgabenmachen und beim Fernsehen, beim Klavierspielen und beim Haareföhnen, und wenn sie krank war, hütete er mit ihr das Bett. Am liebsten hätte sie ihn in die Schule mitgenommen. Eigentlich verachtete ich ihn für sein unkätzisches Verhalten. Nicht einmal richtig schleichen konnte er. Nein, steifbeinig stakste er durchs feuchte Gras. „Wie ein neugeborenes Reh", riefen die Kinder entzückt, und „Schaut einmal", freute sich die Mutter, „er schnüffelt am Einkaufskorb wie ein junger Hund!"

Da mußte ich jeweils vor lauter Ärger fliehen, einen Stamm hochklettern, Distanz schaffen zwischen mir und diesem abartigen Kater. Vorbei waren die Zeiten, wo wir tagsüber, uns gegenseitig wärmend, auf einem Fauteuil lagen. Er war mir fremd geworden. So vermißte ich ihn auch nicht allzusehr, als er von einem Ausflug nicht mehr zurückkam. Er war zu langsam unterwegs gewesen auf der Straße, ein Auto hatte ihn erwischt. Wäre er doch im Haus geblieben oder wenigstens im Garten. Mir kann auf den Bäumen nichts Derartiges passieren.

Es war ein Drama, als Julia von der Schule kam und ihren geliebten Aramis nicht fand. Sie war ganz verzweifelt, schrie und schluchzte, zitterte und weinte still vor sich hin, wollte den Unfall nicht wahrhaben und schimpfte ganz fürchterlich auf alle Autofahrer, die so schnell fahren, daß Tiere durch ihre Schuld umkommen. Später schrieb sie Aramis einen Abschiedsbrief, legte sein Halsband neben sich auf den Kopfpolster, stellte ein Foto dazu. Sie trauerte lange um ihren Freund, der zehn Jahre lang mit ihr gelebt hatte. Mich erstaunten so heftige Gefühle. Ob meinetwegen auch einmal jemand Tränen vergießen wird …? Ganz zaghaft versuchte ich Julia zu trösten, schlich ihr nach in ihr Zimmer und blieb in ihrer Nähe. War jedoch kein Ersatz für ihn. Kratzbürstig hatte man mich einmal genannt. Das wollte ich gern bleiben und ging lieber wieder meiner Wege. „Leila, du bist so dünn geworden, du mußt mehr fressen!“ sorgte sich die Familie. Ob mir vielleicht doch der Appetit vergangen war, weil mir Aramis fehlte? Der Tierarzt sagte, ich hätte ein Ekzem und Vitaminmangel. Deshalb sollte man mich pudern und salben und mir schreckliche Medizin einflößen. Ich wehrte mich mit meinen Krallen gegen diese Behandlung. Lieber wollte ich mich kratzen und meinen fetzigen Pelz behalten. Manchmal gewannen Julia oder die Mutter den Kampf, und ich mußte schlucken und meine Haut behandeln lassen. Wie ich das haßte! Mein Hautproblem warf dann die Frage auf, ob ich deshalb Streichelhänden auswich. Wie einfach macht es sich doch der Mensch.

Hatte die Mutter eigentlich ganz vergessen, wie sie mich ignorierte, sich mir verweigerte, als ihr Bauch immer dicker wurde? „Verdacht auf Toxoplasmose“, hatte der Frauenarzt festgestellt. „Sie müssen die Katzen meiden, es könnte für das Ungeborene gefährlich werden.“ Sie blieb nur noch Futterspenderin. Damals lebte Aramis noch. Der litt nicht unter der Ablehnung, hatte ja seine Julia. Ich zog mich zurück.

Das neue Kind, wieder ein Mädchen, war uninteressant für mich, solange es in der Wiege lag, in die ich nicht springen durfte. Es wurde aber gefährlich, sobald die Kleine robben, stehen, krabbeln und zupacken konnte. Lieber ließ ich ein Haarbüschel in ihren Fingern zurück, als daß ich stillgehalten hätte. Böse war es sicher nicht gemeint von Victoria, aber ich gönnte ihr den Sieg nicht und flüchtete lieber.

Das sehe ich jetzt, wenn sie mit dem neuen Kater spielt, ihn am Schwanz zieht, ihn unter den Arm klemmt wie ein Stofftier. Ein kleines Kind hat noch zu wenig Feingefühl für eine Katze. Und der Blödel wehrt sich nicht einmal. Ist Julia zu Hause, beschützt sie ihn wie eine Känguruhmutter ihr Junges. „Schau Leila, das ist ‚Kyros a Lang Thais'. Er ist ein Siamkater, ein Red-Tabby-Point." – Na und, das macht doch keinen Eindruck auf mich. Ich bin Leila vom Zigeunerboden, eine wildfarbene Somali-Katze – ist das etwa nichts Besonderes? Mir gefällt der Neue nicht, so dünn, so ungelenk, so unsicher steigt er im Haus herum. Wenn er mit mir spielen will, mit seinen rötlichen Pfoten nach mir tapst, schrecke ich ihn buckelnd und spuckend. „Hat schon jemand eine Katze gesehen, die spucken kann?" werden Besucher gefragt. „Nein, wie macht sie das?" bekommt die Mutter dann zur Antwort. Doch ich bin kein dressierter Affe, ich wiederhole nichts, weder auf Wunsch, noch auf Befehl.

Daß dieser Kyros in mein Kisterl macht, ist grauslich. Mir ekelt vor seinen Würstchen. Aus Protest mache ich davor, daneben, dahinter. Ich werde mißverstanden und öfter in den Garten geschickt. Auch mit einem zweiten Kisterl ist die Sache nicht abgetan. Der Kerl benutzt beide für sein Geschäft, und Julia tobt, wenn sie die Bescherung wegputzen muß.

Wegen meines langhaarigen Fells macht mir der Aufenthalt im Freien auch bei Wind und Kälte nichts aus. Siamkater mit kurzen Haaren sind nicht geeignet für eine natürliche Lebensweise. Aramis, beigefarbig mit ganz dunkelbraunen Samtpfoten, Schwanzspitze, Ohren und Gesicht, ist jedermanns Liebling gewesen. Der rötliche Kyros hängt hauptsächlich an Julia. Sie redet mit ihm über alles, schüttet ihm auch ihr Herz aus. Mir erzählt man nichts.

Ich höre höchstens: Es ist verboten, die Teller im Geschirrspüler abzulecken. (Dabei ist die Tür oft so einladend offen.) Es darf nicht auf dem Eßtisch herumspaziert werden. (Dort gibt's aber viel zu riechen und zu sehen.) Auf den Fensterbrettern abgestellte Vasen und Figuren dürfen nicht heruntergeschmissen werden. (Soll doch einmal ein Mensch im Sprung eine an der Scheibe brummende Fliege fangen und gleichzeitig auf Krimskrams achten!) Auf frisch gebügelter Wäsche soll nicht geschlafen werden. (Dabei ist doch das noch warme, weiße Hemd so herrlich angenehm.) Wer versteht schon meine Bedürfnisse und achtet meine Gewohnheiten? Apropos Gewohnheiten: Veränderungen und Überraschungen gibt's laufend in diesem Haus ...

Lachen, Schreien, Singen, Trampeln und Weinen kommt neuerdings aus dem Untergeschoß. Acht kleine Mädchen und Buben verbringen dort die Vormittage. Einige sind Pampersträger, das kenne ich noch von Victoria. Sie ist auch in dieser Kindergruppe, wird aber bevorzugt, denn sie muß nicht nach ihrer Mami weinen. Diese betreut nämlich die Kleinen. Mutter ist mit Leib und Seele bei ihrer Arbeit. Julia behauptet bockig, die Zwerge würden in Mutters Kopf sitzen bleiben, auch nachdem sie von ihren eigenen Müttern nach dem Essen abgeholt würden.

Ich vermeide jeden Kontakt mit den Kleinen. Ihre Bewegungen und Taten sind unberechenbar. Ich genieße lieber die Ungestörtheit in der wunderbaren Unordnung von Cornelias Zimmer. Das ist ein unendlicher Abenteuerspielplatz mit Variationen. Alles, was normale Menschen in Kästen, Papierkörben, Schubladen, Schultaschen, Regalen und

Turnsackerln aufbewahren, liegt übersichtlich und frei zur Besichtigung auf Boden, Sessel und Bett herum. Meine Siesta kann ich wahlweise auf einem Stoß „Bravo", schmutziger Unterwäsche, Mandarinenschalen, beschneuzten Papiertaschentüchern, CDs, MCs, Batterien, zerknülltem Schokoladenpapier oder dem Strickzeug halten. Die Mutter ist eine Zerrissene. Ärgert sich in höchsten Tönen über das unhygienische Chaos, entschuldigt in der nächsten Minute alles, weil die Tochter eben pubertiert und tröstet sich damit, daß es in den Zimmern der Freundinnen ein noch viel größeres Durcheinander gäbe. Ich liege ganz gern auf den aromatischen Socken, mich stört die urige Atmosphäre nicht.

Kyros mag den Rummel unten auch nicht. Er liegt lang ausgestreckt auf Julias Bett. Dieses Zimmer sieht aufgeräumter auf, aber erst seit einigen Monaten. Ihre Schätze, Geheimnisse und Tohuwabohus sind in Kästen und Kommoden verborgen. Gehen auch niemanden etwas an. Julia ist eben verschlossener als ihre Schwester, basta!

Immer wieder höre ich den Namen „Hund", und die Familienmitglieder riechen eigenartig, wenn sie am Samstag von ihrer Ausfahrt zurückkommen. Was hat das zu bedeuten? Im Garten blühen die ersten Gänseblümchen, und da bringen sie doch wirklich einen schwarzbraunen Vierbeiner mit, der keine Katze ist. „Schau Leila, das ist die Vesta. Sie wird jetzt bei uns wohnen, sie ist ein Hovawart, ein Hofwächter, noch ganz jung und verspielt." Ja, das merke ich und denke, rette sich, wer kann. Denn der Hund düst mir nach unter den Tisch, zwischen den Stuhlbeinen durch, der Kyros flieht zu Julia. Die kleine Victoria wirft sich auf den Bauch, um näher am Tatort zu sein. Cornelia schreit: „Vesta daher, Vesta komm, Vesta bleib, Vesta, Vesta!"

Es ist ein Horror. Die aus dem großen Maul lang heraushängende Zunge schreckt mich. Dieses Tier soll erst zehn Wochen alt sein und ist schon mehr als doppelt so groß wie ich. Das kann ja heiter werden, bis es ausgewachsen ist. Kyros pratzelt nach Vestas Kopf und hüpft wie ein Heuschreck, sobald er sich aus Julias Schutz zu entfernen traut. Frech zeigt er seine rosa Pfoten und neckt den Hund mit gezielten Hieben aus der sicheren Höhe eines Sessels. Hund und Katz raufen und toben. Der Kater läßt sich eindeutig zu viel gefallen, zwicken, jagen, niederdrücken. Oft ist er unappetitlich angespeichelt am ganzen Körper. Ich fauche und spucke, wenn sie mich nicht respektieren. Wie halten meine Menschen nur so viel Wirbel aus in ihren vier Wänden?

Für mich wird nun noch weniger Zeit übrig bleiben, denn das jüngste Tier wird verwöhnt und mit Zuwendung überschüttet, die Mutter mischt ihm ganz besondere Leckerbissen in seiner Schüssel zusammen. „Topfen ist gesund für einen jungen Hund“, wird in der Küche erklärt. Nicht nur für ihn! Auch ich liebe diese Mischungen. Springe mühelos auf die Arbeitsplatte und schlecke die Plastikbecher aus. Der Kyros will auch, ist aber ungeschickt, wirft ein Glas mitsamt Löffel und Kakao um. Wir zwei werden entdeckt, beschimpft, verjagt – und der neue Liebling bekommt soviel von der Köstlichkeit serviert, daß uns die Augen fast aus dem Kopf fallen.

Das genußvolle Schmatzen und gierige Geschlabber in den Metallschüsseln ist direkt abstoßend. Kyros und ich sitzen mit tropfenden Lefzen im Hintergrund und warten höflich, aber ungeduldig, bis Vesta sich sattgefressen abwendet und wie ein Mehlsack unter den Tisch plumpst. Dann machen wir uns lautlos über den Rest her.

Ob den Kyros die vielen aufgehängten und aufgestellten Aramis-Fotos in Julias Zimmer nicht stören? Sieht er sie nicht, weil er nur Augen für Julia hat?

Es kleben aber auch noch Poster von Pferden an den Wänden. Das sind Vierbeiner, die von Julia jeden Dienstag in einem Stall besucht werden. „Ich gehe reiten, Kyrli, mein Süßer. Bald bin ich wieder bei dir", sagt sie zum Abschied. Cornelia findet dieses Gerede blöd. „Die spinnt", raunt sie ihrer Mutter zu. Die Tonart kommt mir bekannt vor. „Mama, wie gefällt dir die neue CD von den ‚Hansons'?" will sie noch wissen, bevor sie in ihrem Zimmer alte Poster von den Wänden reißt. Die „Kelly Family" scheint ihr jetzt zu kindisch. Sie begeistert sich neuerdings für Liebespaare und Superboys, was immer das bedeuten mag.

Reiten heißt, so habe ich verstanden, daß sich ein Mensch auf ein Pferd setzt und sich von ihm herumtragen läßt, obwohl er selbst zwei gesunde Beine hat. Komisch, nicht wahr? Julia ist viel größer, wenn sie im Sattel sitzt, und sie ist glücklich und stolz, wenn die Stute Olivia, so heißt ihr Reittier, macht, was sie tun soll: gehen, stehen, wenden, traben. Die Pferde müssen gehorchen, fast so wie Hunde. Laut Foto haben sie ebenfalls Lederriemen am Hals und sogar ums Maul herum. Falls sie schneller oder langsamer sind, als es die Reiterin will, wird ihnen auf die Hinterschenkel geklopft, mit einer Gerte. Julia hat ihre im Keller hängen, bei Reitstiefeln und Kappe. Ich mache darum herum einen großen Bogen. Der scharfe Geruch nach Pferd erregt mich sonderbar. Der Mutter geht es sicher ebenso, denn Julia muß sich nach ihrer Rückkehr sofort duschen und umziehen.

Vesta wächst und wächst. Inzwischen kann sie ihren Kopf bereits auf die Tischplatte legen, was natürlich verboten ist. In ganz energischem Ton gibt der Hausherr seine Befehle. Der Hund muß merken, daß das Leben nicht nur eine große Hetz ist. Wenn Vesta sich freut, wedelt sie alles weg. Alles fliegt. Mit ihrem langen Schwanz beklopft sie Türen, Kästen und Menschen, wenn sie ihre Freude zeigen will. Und sie freut sich dauernd über irgend etwas, einen Blick, ein liebes Wort, ein Streicheln, das Heimkommen eines Familienmitglieds, die Aussicht auf einen Spaziergang oder über den nichtsahnenden Kyros, dem eine Attacke bevorsteht. Natürlich fliegen ihr alle Sympathien zu. Mir nicht. Ich zeige nicht viel von meinen Gefühlen, will mich auch nicht so sehr anstrengen, um allen zu gefallen. Es würde mich auch niemals freuen, an einem Lederriemen spazierengezogen zu werden. Ich will dort gehen, wo es mir paßt.

„Herzi", rufen sie der Vesta zu und loben und belohnen sie, wenn sie gehorcht, sich unterordnet, brav frißt, sich bürsten und neuerdings einen Maulkorb überstülpen und sich anleinen läßt. Im großen Mutterherzen ist viel Platz.

Zwischen Wand, Kommode und Heizkörper ist ein Eck, dort kann mich niemand erreichen. Dort sitze ich und kann trotzdem sehen, was sich im Wohnzimmertheater abspielt.

Vater, der einzige Mann in dieser weiblich dominierten Lebensgemeinschaft, kümmert sich sehr intensiv um die Erziehung des Hundsviehs. Vesta hat's auch nötig. Sind denn alle blind, taub oder so tolerant, daß sie nicht sehen, hören, merken, wenn das schwarzbraune Riesentier sein Gebiß testet an Stuhl- und Tischbeinen, an Türen und Kastenecken? Und der Verschleiß an Schuhen, Hauspatschen und Stiefeln?

Vorgestern war ein toller Tag voll Harmonie. Die Vesta, der Kyros und ich waren uns einmal einig. Alle Zweibeiner außer Haus, die Wohnzimmertür ganz und die Schiebetür zur Küche einen Spalt offen. Hunger hatten wir, oder vielmehr Gusto auf irgend etwas Leckeres. Vesta schob die Küchentür mit ihrer spitzen Schnauze ganz auf, und da standen wir dann enttäuscht in einer vollkommen ordentlich zusammengeräumten Küche. Nichts Freß- oder Schleckbares in Maulweite. Doch wir wissen, daß in der Speisekammer allerhand Köstliches aufbewahrt wird. Abwechselnd unternahmen wir Hochsprünge auf die Türklinke. Sogar der verwöhnte Kyros strengte sich an. Endlich schafften wir's, die Tür zu öffnen.

Die bekannten *Sheba*-Dosen waren leider zu. Auch *Chappy* hatte geschlossen. Ich fand jedoch eine angebrochene Packung gesundes Birchermüesli, die ich mit leichtem Pfotenschlag vom Regal runterstoßen konnte. Am Plastikdeckel der großen Packung mit Trocken-Hundefutter biß Vesta solange herum, bis er zu Boden fiel, und der Kyros in die Dose springen konnte. Tischlein deck dich! Mir kam die Idee, wir könnten alles gemeinsam feiern: unsere Geburtstage, unsere Freundschaft und die sturmfreie Bude. Der Kater fand noch einige Kau-Würste, für Vesta bestimmt, auf die wir uns nach den süßen Müesli-Flocken gierig stürzten und samt Zellophanumhüllung vertilgten. Auf das trockene Zeugs bekamen wir großen Durst, der mit dem ausgeschütteten Himbeersaft nicht gelöscht werden konnte. Ungeschickterweise hatte irgendwer von uns die Flasche umgeworfen. Vom Blumenwasser in der Gießkanne erwischte Vesta am meisten, dank ihrer langen Zunge. Mit dicken Bäuchen schlichen wir dann befriedigt ins Zimmer. Schreckten erst aus dem Traum vom Schlaraffenland, als wir das Gewitter in der Küche hörten: Blitz und Donner und Hagel gleichzeitig. So ausfällig, unfein und lautstark hatte sich die Mutter noch nie mit uns unterhalten. Schlußendlich mußte sie aber doch lachen, als sie uns friedlich vereint neben der Ledercouch liegen sah.

Ist es nicht unfair? Die Menschen futtern, wann immer sie Lust haben. Ich höre, wenn sie den Kühlschrank, die Keksdosen, diverse Flaschen öffnen - und das nicht nur zu den offiziellen Essenszeiten. Auf unsere Linie achten sie. Was für uns gut ist, das wissen sie. Mit uns sind sie hart, konsequent, sogar stur. Aber bei sich selbst sind sie weich, halten sich an keine Regel. Da sind sie großzügig und nicht verlegen um Ausreden. Knacken zwischendurch Schokolade, lutschen Zuckerl, kurieren Magenschmerzen mit Medizin aus Schnapsgläsern. Ich höre das Knuspern von Pommes-Chips und sehe sie an Colaflaschen nuckeln, wann immer es ihnen gefällt. Ich rieche auch Rauch rings um Vaters Körper, weil er außer Haus den Zigaretten nicht immer widerstehen kann. Mich kann man nicht täuschen.

Zweibeinig müßte man sein und Vater oder Mutter. Dann ist vieles erlaubt. Kinder dürfen auch noch nicht alles, sie tun aber manches heimlich, naschen unbemerkt. Wir Tiere können das nicht. Wir sind auf Bedienung angewiesen.

Vesta wirkt nicht lange niedergeschlagen, wenn sie laut und energisch zur Ordnung gerufen wird. Sie versucht auch immer sofort, ihren Herrn oder Mutter gütig und versöhnlich zu stimmen. Mir soll einer so kommen, mich am Nacken packen und schütteln, wie es der Chef mit der Vesta tut, falls sie macht, was ihr beliebt, ihm aber mißfällt. In der Hundeschule hat er's gelernt, der Hundemutter abgeschaut, die ihre Welpen auf diese Art bestraft. Katzenmütter halten ihre Jungen nur an der Genickfalte, um sie zu transportieren. Aber sie tun es sanft und schütteln uns nicht bösartig hin und her. Hunde sind wahrscheinlich eher geschaffen, um zu gehorchen und sich unterzuordnen, und das bringen ihnen schon ihre Mütter bei. Wir Katzen haben es besser.

Ich komme und gehe, wann und wenn ich will, husche durch den Türspalt ins Freie, schleiche durchs Blumenbeet zum Nußbaum, klettere hinauf und beobachte vom zweiten Ast das Haus, in dem meine Menschen wohnen. Ich gehöre nicht ganz zu ihnen. Ich gehöre vor allem mir selbst.

Maleen Friese

KREATUREN

**** **Kater Otto**, geboren 1986 im Dortmunder Hafen, verlebte seine Kindheit in den Lagerhallen einer Metallgießerei, studierte das Leben im Haushalt eines Metzgermeisters, zog 1993 zu einem Lehrerehepaar in ein Reihenhaus mit Garten. Seit dem Tod der Frau hat Otto den Keller nicht mehr verlassen.*

Niemand konnte so schön singen wie sie. Warme, tiefe Stimme schwebte durch den Raum, umhüllte meinen Körper, wiegte in den Schlaf, legte mich in die sanften Arme der Träume. Wenn sie sang, war mein Schlaf nichts weiter als eine kurze Pause des Lebens.

Sie singt nicht mehr. Verstummte und zog sich zurück wie ein verwundetes Tier. Volle, lebendige Lippen wurden zu schmalen Strichen in faltigem Gesicht.

Das abgedunkelte Schlafzimmer. So kalt, so abweisend. Ich habe sie dafür gehaßt. Die Türklinke herunterdrücken, den Kopf mit aufregenden, lebendigen Ereignissen gefüllt. Doch schon ein Schritt in dieses Zimmer gebot Schweigen. Eine Atmosphäre, die Kraft entzog, die Luft zum Atmen nahm. Ein Zimmer wie eine Gruft.

Ihre müden, leisen Anweisungen. Schmerzvoll, verzweifelt. Erinnerung an Freude verblaßte, die Sorge um sie nie.

Und dann sagte sie es mir. Einfach so. In diesem abgedunkelten Zimmer. Und ich schlich hinaus und dachte, sie würde diesen Raum nie mehr verlassen.

Als wir an diesem Abend in der Küche zu Abend aßen – ihr Mann, sie, ich – war ich erstaunt, daß sie noch lebte.

Und sie aß mit Appetit und rosigen Wangen, als hätte ihre Offenbarung nie stattgefunden.

Ich verbrachte den Abend in ihrem Schoß, dem warmen, mütterlichen, mit Wolldecke gewärmten. Erwischte mich beim Milchtreten, fuhr Krallen aus und ein im Takt ihres Atems. Gleichmäßig, beruhigend, bis ein Hustenanfall ihren Körper in Krämpfen schüttelte und mich vom Schoß stieß. Still beobachtete ich sie aus sicherer Entfernung. Sah ihr Schütteln, hörte ihr Röcheln, tief aus der Brust, entleerte sich aus Mund in Hand, das gewaltige Geschoß aus Bazillen und Schleim.

Ich mußte mich abwenden.

Das Leben ist wie eine gelangweilte Katze. Das Opfer bloß Spielball des Mächtigeren. Immer nur so viele Qualen, wie es gerade überleben kann. Dazwischen: Kurze Augenblicke der Hoffnung, wenn sich der Feind scheinbar zurückzieht. Zeit, Kräfte zu sammeln und Mut zur Flucht. Doch dann – blitzschnell und unerwartet – schlägt das Leben, die messerscharfe Kralle, wieder zu. Und wenn es langweilig wird, zum letzten Mal.

An diesem Abend ging sie nicht mehr in ihr Zimmer am Ende der Treppe. Dort, wo die Luft wärmer, der Himmel näher ist. Im Dachfenster sitzend, hätte ich fast einmal einen Stern küssen können.

Sie stieg die Stufen hinab, in die Kühle des Kellers, zu den Spinnen, die so dumm, und leicht zu fangen sind. Lauernd verharren sie in Netzen, nicht wissend, daß sie längst Beute und nicht mehr Jäger sind.

„Kaltes, gefühlloses Biest", hatte sie immer geschimpft. Titulierung für freudig erregtes, auf Lob wartendes, Opfergaben aus dem Keller in den Schoß legendes, entzückendes Ich.

Ich ging in ihr Schlafzimmer. Dort mußte diese dunkle Macht wohnen, die aus Menschen Mäuse macht. Das Bett neu bezogen, die Jalousien oben. Staunend wie hell, wie sonnendurchflutet und freundlich dieser Raum sein konnte.

Der Kleiderschrank – eine Kleiderstangenlänge Erinnerungen. Das grüne Kleid bei Sonnenschein, das rote bei Besuch, die Jeans für die Hausarbeit, der schwarze Rock – entzückender Farbkontrast zu meinem roten Haar. Dem stets mit schwarzer Fusselbürste zu Leibe gerückt, wenn Besuch im Anmarsch.

Hatte mich eingerollt, mit Pfote auf den Augen, und stellte mir vor, sie sei es, die mich umarme. Das ist nicht dasselbe. Aber eine Illusion, die kurzzeitig tröstet.

Ich träumte von warmer Hand auf rotem Fell. Wie sie sacht die Linien meiner Zeichnung verfolgt, mein Schnurren mit guten, liebevollen Worten bestärkt. Dachte an die Milch im Schälchen, die immer lauwarm, nie zu heiß war. Sie prüfte die Temperatur stets mit einem Klecks auf gebräuntem Unterarm – wie bei einem Baby.

Ich fuhr die Krallen aus, drückte sie wohlig in den Stoff und nuckelte am Rocksaum. Wie ein blindes, nacktes Katzenwürmchen. Eins von vielen, und doch ganz außergewöhnlich.

Wärmende, wohlige Gedanken. Erinnerungen, die Durst nach Liebe stillen, wenn man schläft, nicht mehr weiß um Realität und Traum.

Ich stand auf, als ihr Mann in der Küche klapperte. Strecken, Gähnen, Katzenbuckel. Schweigend aßen wir.

Blicke ins Leere richtend, dösend und mechanisch schluckend. Er sagte nicht einmal etwas, als ich mir die dritte Wurstscheibe vom Tisch angelte. Nie hätte sie das erlaubt. Ich glaube, ihm war das egal. Oder er hat es nicht gemerkt.

Das einzige, was ihr Mann zu mir sagte: „Geh in den Garten."

Ich war vor einem Jahr das letzte Mal draußen. Garten – ferne Erinnerung. Durch Katzenklappe, die enge, in sommerlaue Blütenduftnacht, süße Lust des Jagens. Das Rascheln huschender Mäuse, Vogelembryos, die bei Wind aus den Bäumen regnen, der alte Maulwurf, der so gebrechlich, daß es einer Katze unwürdig, ihn zu jagen.

Ekstatische Nächte mit ihr, der Edlen, der asiatischen Mia, ach Mia. Geschwängert in liebestollem Geschrei, das, was Menschen als Penisstachel bezeichnen, in Katzenleib stoßend. Bisse in wolligen, wollüstigen Nacken – längst verheilt, als Nachkommen den kalten, nassen Tod fanden.

Mias Schönheit, ihr fruchtbarer Leib, starb unter grellem OP-Licht. Ihrer Triebe derart entledigt, machte sie fortan Thunfischdosen schöne Augen. Mir blieb der Duft der Katzenminze. Und seltene Streifzüge durch empfängnisbereite Nachbarreviere.

Menschenwesen hatte immer Angst um mich, rief in die Nacht, klagte, jammerte. Räudiger Köter den Mond anheulend. Meine Heimkehr erwartend wie bei im Krieg verlorengegangenem Sohn.

Was ist Freiheit wert, wenn sie anderen Kummer bereitet? Irgendwann gab ich auf, kratzte nicht mehr an der Tür, verlangte, forderte nicht mehr, wurde braver, kuschelwarmer, geschlechtsloser Hauskater.

An diesem Abend hörte ich ihren Mann das erste Mal weinen. Ein Schluchzen, das sich aus der Tiefe des Körpers einen Weg bahnte. Ringen nach Luft, Fassung, Trost. Dann erstarb sein Kummer in einem leisen Wimmern. Regungslos saß ich an der Zimmertür, ein Schlitz breit an seinem Leid teilhabend. Nie war mir ein Mensch so nah. Unbekanntes, nie erahntes Gefühl. So warm und schmerzlich zugleich.

Und meine Tränen versammelten sich zu einem stummen Sturzbach, der eine Quelle, doch kein Ende hat.

Will nicht mehr Katze, grausames Biest, kaltes, mitleidloses Wesen sein.

Will Qualen Ende bereiten, wenn zu groß, will Leben schenken, wenn es lohnt.

Das abgedunkelte Kellerzimmer.

Wie ein Engel liegt sie da. In dem weißen Nachthemd. Hände auf der Bettdecke gefaltet, Haut weiß schimmernd. Unschuldig wie eine kleine Maus. Kleine, kranke Maus. Leidend, sich windend, kein Ende findend.

Ich springe auf die Bettlägerige, schnurrend, gurrend, lockend wie ein verliebter Kater. Reib' meinen Kopf an kalten Fingern, stolziere auf Bauch, stupse mit feuchter Nase an. Sie schläft. Tiefer, chemischer, traumloser Schlaf. Ausatmen – warmer Hauch im Fell. Sacht lege ich mich auf ihr Gesicht. Heftiges Einatmen, meine Haare miteinsaugend. Denke an heilige Katzen, auf Pyramiden liegend, und gehackte Tigerbarthaare im Essen des ahnungslosen Gastes.

Schlucken, Speiseröhre verstopft, zerschnitten, Magen aufgerissen – tot.

Ich drückte meinen Körper fester auf ihr Gesicht, die Krallen im Kopfkissen vergrabend. Und wieder ausatmen – eine warme Liebkosung meines Bauches.

Dann Stöhnen, verzweifeltes, erfolgloses Saugen.

Mein Körper, jeder Muskel gespannt, die Krallen wie Widerhaken im Kissen vergraben. Pressen, pressen, pressen, nur nicht loslassen.

Bebender Körper, schüttelt sich in Sauerstoffmangelkrämpfen. Ihre Finger greifen nach mir, finden Halt in Fell, reißen an Haaren.

Dann fallen kraftlose Hände aufs Bett, in den Fäusten meine Wolle. Langsames Lockern der Muskeln, Befreien der Krallen aus Stoff, Aufrichten auf ihrem Brustkorb. Ihre Augen sind weit aufgerissen, starren, klagen an, können nicht verstehen, was geschehen. Mit sanfter Pfote schließe ich ihre Lider, rolle mich ein, verfolge warme, tiefe Seele durch den Raum schwebend.

Ursula Haas

TANGO ME!

*** ***Chérimou**, tangowütige Schönheit aus Buenos Aires; rothaarig, alterslos; Beruf: Nutte, bei Gelegenheit.*
*** ***Montigre**, tangobesessener Zuhälter und Geliebter der Chérimou; Nachfahre deutscher Einwanderer aus der Familie des Katers Murr.*

„Komm mit in die Boca, ins *Tango animale,* Chériemou!"

„Die Nacht ist noch lang, Montigre."

„Mi noche triste ...", ich höre Carlos durch die Dunkelheit: „... Chériemou, komm mit ... die Sterne haben so blasse Gesichter."

Bleiern liegt der Geruch von kaltem Rauch in der Tangobar, die Montigre, gefolgt von Chériemou, betritt. An der Decke dreht sich gelassen eine silberne Diskokugel. Die niedrigen Glastische haben Sprünge, und die Sofas entlang der Wände zeigen Kratzspuren. Stroh springt ab und zu aus dem Bezug. Die erste Milonga, dann ein Tango und wieder ein Tango Valse. Der Raum ist proppenvoll. Die Tische besetzt. Es ist zwei Uhr früh. An der Bar nehmen sie einen Milchshake mit viel Cognac.

Es sitzen, stehen und liegen alte Katzen herum und auch junge. Ihre Gesten zeitlupen fast in ihrer Grandezza. Keine Hektik. Die Geschlechterfrage klar. Steht eine Katze auf, erhebt sich ihr Kater kurz, hält die Stuhllehne fest. Er bestellt, und sie poussiert durch das Lächeln ihrer Augen mit seiner Männlichkeit. Es strahlt Grazie aus, wie sie kurz ihr Pfötchen hebt und wieder neben seiner mächtigen Pfote auf den Tisch niedersinken läßt.

Auf der Tanzfläche hängen die Katzen in engen, hochgeschlitzten Kleidern innig an der Schulter ihres Katers. Wange an Wange lassen sie sich von ihm vorschreiben, wolang es geht und über die Tanzfläche tragen, während ihre Unterkörper in seinem Rhythmus kreisen. Weiblichkeit ist angesagt. Enge Kleider, sichtbare Tanga-Strips darunter, hohe Schuhe sowieso, und Strapse, die die glänzenden Strümpfe halten.

Tango ist ein trauriger Gedanke, den man tanzen kann. Aus den Katzen des Tages werden Katzen der Nacht. Ihre Körper erheben sich.

„Wir sind keine unterprivilegierten Wesen, keine Hauskatzen, die man mit Abfällen am Leben hält, denen man einredet, daß Mäuse für uns Delikatessen sind, deren Kinder man in Tonnen ertränkt oder an Mauerwänden zerschmettert. *Wir sind Tangueros.* Unsere Körper wollen euch unsere Überlegenheit und unsere sinnliche Selbstsicherheit vorführen. Im Tango wachsen wir aus unserer Einsamkeit und Unterdrückung durch die Menschen in unsere eigentliche Größe und eigentliche Würde. Trauer und Vergeblichkeit, verlorenes Glück sind die Wahrheiten des Tages, und jetzt, in dieser Öffnung der Nacht, tanzen wir unsere Melancholie aus – unverhohlen und werbend, erotisch und lasziv, streng und gezügelt."

„Ja, ja so müßt ihr's machen", zeichnet Andycat aus New York die Tangoschritte aufs Papier.

Seiner *Tangolesson* folgen auch Montigre und Chériemou.

„*Da me la lata* – gib mir das Geld, Chériemou! Wie viele Freier hattest du letzte Nacht?"

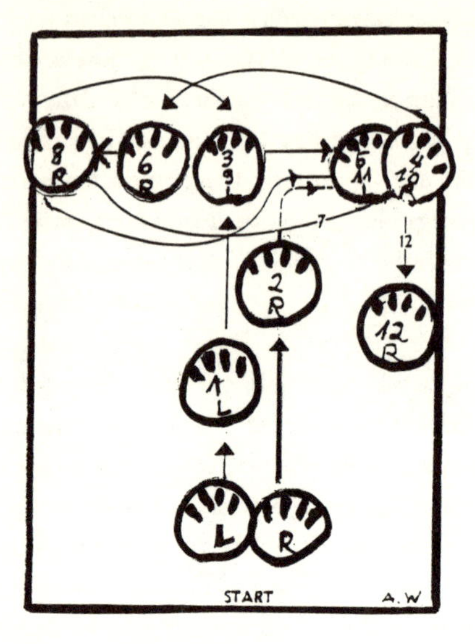

Andy Warhol, malender Tanzmeister aus Osteuropa.
Dance Diagram - Tango, 1962
(183 x 138 cm, Schrittschema des Tangotanzes, ursprünglich für die Plazierung auf dem Fußboden gedacht; Museum für Moderne Kunst, Frankfurt am Main)

Montigre preßt ihre kalte Pfote zusammen, daß sie aufschreit. Er zieht sie vom Stuhl, stolpert fast auf die Tanzfläche. Zwischen die Tänzer.

„Das Geld gehört mir ... ich bin Chériemou für die Guapos ... nur die Kater der Vorstädte machen mich heiß ...“ , preßt ihre Stimme.

Chériemou will sich losreißen, aber Montigre nimmt sie so fest in den Arm, als sagte er, das soll sie sich getrauen, diese kleine Schlampe, seine Schlampe Chériemou. „Du gehörst nur mir“, maunzt er laut.

Der *Libertango* fängt beide ein. Chériemou schließt die Augen, wenn Montigre sie an seinen Körper zieht. Seine Krallen spreizen sich, um ihrem Rücken die Signale der Musik *Astor Piazollas* einzugraben. Mit zärtlich brutaler Bestimmtheit. Ein Spalt Luft liegt zwischen ihren Körpern; sie ist aufgeheizt von ihrer Lust zu tanzen, dem Gefühl, wie sich begehren, wie sich schlagen, wie sich besetzen mit Liebe und Tod. *Carlos Gardel, die kreolische Amsel*, ist in Montigre eingefahren. Sein schwarzes, glänzendes Haar will unter der Gelhaube aufsteh'n, wenn sein Körper sich vom Klang des Bandonions aufheizt. Hinein in die Sehnsucht, singt die Musik, und Chériemou wiegt sich auf dem Oberschenkel ihres Katers, ohne diesen zu berühren. Die Spitzen seiner ausbrechenden Haare treffen sie wie elektrisierende Nadeln.

In der Lust, bevor sie explodiert, treibt Montigre seine Tangokatze voran. Sie fliegt in seinem Arm, getragen und nah, wie ein Teil seiner Männlichkeit, immer einen halben Schritt hinter ihm versetzt. Überall folgt sie ihm hin, überallhin, wo die Sehnsucht nach der Sehnsucht im Tango sie auflöst und zusammenhält. *O Donna mirabile* ... Chériemou schnellt ihr Bein in die Höhe, bringt den Bewegungsfluß zum Stillstand, zwei Taktschläge verweilt sie rebellierend in die Luft (diese schmale Katzenfessel in schwarz!) und fällt in äußerster Hingabe voll und ganz wieder an den Körper des Katermanns. Montigre, ein schwarzer Panther aus Gier nach kätzischer Bezwingung. Mit äußerster Eleganz. Führt.

„Wir sind schön", strahlen sie beide aus. „Wir spielen das Spiel", verzückt ineinander versunken. „Wir sind das Theater." *Tango animale.*

Im Klang des Bandonions gibt Montigre die Richtung vor, eng umschlungen und im Fluß der Musik. Nachlässig fast zuckt plötzlich seine Schulter im Arrastrando hoch im gleitenden Schleifen, und gleich darauf stolpern ihre Katzen- und Katertatzen in kleine präzise Schritte.

„*Ma passion*", flüstert Montigre seiner Tangokatze unter die Haut, und Chériemou seufzt in sein hochgestelltes Ohr: „*Tango me! Tango me*!"

„Mein Bordellreptil", stöhnt er unter dem gezwirbelten Barthaar und hebt Chériemou vom Boden hoch, so daß sie ihm nachfliegt wie die Sternschnuppe über den Nachthimmel von Buenos Aires oder Paris.

„Es ist doch nur das Hinübergleiten aus den normalen Räumen und Zeiten, dieses Spiel in den festen Regeln: TANGO. Sagen die Menschen. Nein: Unser Geschlecht wird im Tango Natur; Kater wird Kater und Katze wird Katze."

So lehren Kater Montigre, der Latin Lover und Bruder von Kater Murr, und Chériemou. Sie hat ihre rote Schwanzmähne auf den Kopf gebunden, damit ihr wilder Kater sie nur lösen muß.

Gleich nach dem *Letzten Tango*.

Montigre hält Chériemou im Arm. Hochaufgerichtet ihre Katzenschädel, in gleicher Höhe. Und Nähe. Ihr Fell glänzt, und ihre Augen sind geschlossen. Ein Fest der Passion, übt sich dieses Spiel von Kater und Katze.

Tango me! Jede Nacht.

Angelika Hacker
LAKMÉ

**** **Lakmé**, schönes, anmutiges Wesen, war die Katze eines Verflossenen von Angelika. Lakmé begegnete der Allergikerin Angelika vom ersten Tag an mit Mißtrauen und Abwehr. Eines Tages verschwand sie und kehrte nicht mehr zurück.*

Mein Name ist Lakmé – wie die Heldin der Oper, in deren Melodien Wolfgang sich von Zeit zu Zeit vertieft. Ich habe einen tiefschwarzen Körper, der sich in der Finsternis verliert. Meine Oberfläche ist weich und nachgiebig wie die spärlichen Reste, die ihr Menschen noch an eurem Körper findet, nur ist dieser Teil bei euch so unvollkommen und komisch anzusehen. Es fehlen die Weichheit und Wärme, der Glanz und die Festigkeit meines dunklen Felles. Meine kugelrunden Augen wechseln ihre Farbe wie die schillernden Flügel der Stubenfliegen von Gelb zu Grün, wenn sich meine Stimmung ändert, und manchmal, wenn sie sich im Wasser der großen Lacken spiegeln, vermengt sich ihr Ton mit den feuchten Tiefen und schwimmt in ihnen davon. Meine Pfoten sind sanft, und meine Schritte verstummen in dem dicken, nachgiebigen Untergrund, mit dem meine Menschen ihre Wohnung ausgelegt haben. Meine Menschen sind, genaugenommen, zwei Menschen. Wolfgang ist tagsüber selten zu Hause. Seine Mutter Rosa ist fast immer hier.

Ich hatte ein schönes Leben in diesem Haus. Damals. Bevor es geschah.

Die meiste Zeit des Tages verbrachte ich damit, mir die Zeit zu vertreiben. Ich war noch sehr jung. Ich liebte es, stundenlang in der Wohnung herumzutollen oder den alten

Lupo zu ärgern. Jeden Morgen kam Rosa mit dem Besen, um den sie meist einen bunten, weichen Lappen gewickelt hatte. Ich wartete schon auf sie. Sobald sie das Zimmer betrat, stürzte ich mich auf sie, schlug meine Krallen in den Fetzen und zerrte an ihm herum. Sie schubste mich dann weg, kreischte, schimpfte und versuchte mich wegzusperren. Doch es gelang ihr nie. Ich war viel zu schnell.

Mein Körper war jung und wendig, meine Zähne spitz und meine Krallen geschärft, obwohl ich keine Waffen benötigte in diesem Haus, in dem die einzige Konkurrenz, die ich hatte, ein alter, kranker Kater namens Lupo war. Nein, Lupo war niemals eine Gefahr für mich. Ich hatte ihn sogar etwas gerne. Er war räudig und alt, sein Fell löchrig, er hatte kaum noch Zähne in seinem Maul, und sein Geruch war schwer zu ertragen. Doch jetzt, wo auch er nicht mehr hier ist, vermisse ich ihn.

Er war älter als ich, und als ich ins Haus kam, war er anfangs bemüht, mich, das junge Kätzchen, zu unterwerfen. Eine Zeitlang ist es ihm auch gelungen, doch dann kam unser entscheidender Kampf, bei dem ich ihm sein linkes Ohr ausgefranst habe. Seit diesem Tag kannte er seine Stellung in unserem Haus und kam mir nicht mehr zu nahe. Ich war die Siegerin, und ich hatte alle Rechte. Wenn ich großen Hunger hatte, verschlang ich einfach Lupos Fressen, auch wenn sein alter Magen dann die ganze Nacht lang knurrte. Das war das Recht der Stärkeren, da half kein erboster Rosa-Blick und auch kein Gezeter, ich tat es immer wieder.

Wenn Wolfgang hier war, nahm er mich in Schutz vor ihren Anschuldigungen. Ich war seine Katze, sein Spielzeug, seine Freundin. Am liebsten mochte ich es, wenn Wolfgang alleine in seinem Zimmer saß, diese großen, schwarzen Kopfhörer aufhatte und versunken war in eine andere Welt.

Dann schmiegte ich mich an ihn und wußte, daß er zärtlich meinen Rücken zu kraulen beginnen und meinen Körper an sich ziehen würde. Ich floß dann um seine Hände, ließ mich fallen, legte ihm meinen verwundbaren Bauch unter seine zarten, großen Hände und genoß unser Zusammensein. Wenn er dann aufstand, um ins Bad zu gehen oder in die Küche, folgte ich ihm, blieb ich bei ihm, strich um seine Beine, und er schmunzelte, wenn er es bemerkte, hob mich hoch, nahm mich auf seine Schulter, und ich ritt auf ihm durch die Wohnung. Seine Bewegungen wurden dann sanft und vorsichtig. Wenn er an einem dieser Tage zu Bett ging, blieb ich in seiner Nähe sitzen und wartete, bis er das Licht gelöscht hatte. Dann sprang ich vorsichtig aufs Bett und schmiegte mich an seinen Hals. So haben wir viele Nächte miteinander verbracht. Viele der Nächte, in denen er alleine war, in denen niemand unsere Ruhe zu stören suchte. Doch das ist lange her. Seit damals ist nichts mehr so geworden, wie es einmal war.

Ich liebe die Nacht immer noch, auch wenn ich jetzt meist alleine bin. In ihr verwandeln sich alle Geräusche in eine harmonische Abfolge von Lebenszeichen unterschiedlichster Tierarten. Das Gekrächze und Gestöhne, Gehupe und Gequietsche der menschlichen Maschinen verstummt nach und nach und läßt die herrlichen Lebenstöne hervortreten im Dunkel der späten Stunden. Damals, in der warmen Geborgenheit unserer Nächte, wußte ich nicht, daß sich unser Leben so nachhaltig ändern würde.

Es geschah vor vielen Jahren.

Eines ganz gewöhnlichen Tages hat Wolfgang eine Frau mitgebracht in unser Leben. Sie war von einem Tag auf den anderen in unser Haus gekommen, und wie selbstverständlich teilte sie sein Bett, und wie selbstverständlich warf sie mich aus dem Zimmer, wenn sie schlafen gehen wollte. Zuerst dachte ich an eine kurze Störung unserer Gewohnheiten, die sich von selbst wieder erledigen würde. Zu viele ihrer Art hatte ich kommen und gehen sehen, ohne sie als Gefährdung meiner Gewohnheiten zu betrachten. Ich kannte doch die Zeit der Unruhe, die einen hinaustreibt in die Nacht. Die wohligen Schauer, die einem durch den Körper rieseln, wenn man die Gesänge des Geliebten hört. Auch ich brauchte die innigen Stunden mit dem großen, grauweiß gefleckten Kater vom Nebenhaus. Ich kannte es, auch ich hätte mich nicht aufhalten lassen in diesen Nächten, doch wozu unsere Schlafstätte mit ihr teilen? Warum schickte er sie nicht weg, wie ich meinen Kater fortschickte, wenn er mir lästig wurde? Was hatte er zu verlieren, außer unser behagliches Beisammensein?

Nach einiger Zeit mußte ich mich damit abfinden, daß sie nun bei uns leben würde. Ich fühlte mich traurig und einsam. Mir fehlte Wolfgangs Nähe, seine Wärme in der Nacht, wenn ich auf seiner Bettdecke oder sogar seinem Kopfpolster geschlafen hatte. Ich verstand nicht, was passiert war, so versuchte ich, mit ihr Freundschaft zu schließen.

Doch sie mochte mich nicht. Vom ersten Tag an betrachtete sie mich mit ihren mißtrauischen, kleinen Augen, wenn ich mich ihr näherte. Sobald ich mich an ihre Beine schmiegte oder auf ihren Schoß sprang, fuhr sie entsetzt auf und stieß mich von sich. Sogar Wolfgang entfremdete sie mir. Unsere unbeschwerten Stunden wurden immer seltener. Seine großen Hände berührten mich nur mehr, um mich aus dem Zimmer zu sperren, und er sprach kaum noch mit mir.

Irgendwann konnte ich mich der Erkenntnis nicht mehr verschließen, daß sich nichts ändern würde an diesem Zustand, wenn ich nicht selbst etwas unternahm. Ich begann sie zu beobachten, und ich entdeckte mit Freude, daß sie mich nicht nur nicht mochte, sondern sich in meiner Nähe unwohl fühlte. Sie mied mich geradezu. Damit erreichte sie aber nur, daß ich ihr auf Schritt und Tritt zu folgen begann. Ich hoffte, sie so zu zwingen, unser Haus zu verlassen. Doch es half alles nichts. So beschloß ich, wenigstens in den Nächten wieder bei Wolfgang zu sein. Wenn sie mich auch tagsüber wegsperrten, in der Nacht war ich die Stärkere, und die Sehnsucht nach ihm war kaum mehr zu ertragen.

Wolfgang hatte mich zu sich genommen, als ich noch ein winziges Kätzchen war. Er war mein Vater und meine Mutter, und ich kannte keine andere Liebe als die Liebe zu ihm. Meine Ausflüge in die Welt waren mir wichtig, doch sie waren nur eine Ergänzung zu der Geborgenheit der Räume, in denen ich lebte. Auch wenn ich es damals nicht wahrhaben wollte, in meinem Innersten war ich mir nicht sicher, ob ich auch nur eine Woche auf der Straße überleben würde. Zu viele Gefahren lauerten draußen vor der Tür auf eine Katze, die niemals gelernt hatte, sich alleine durchzuschlagen. Ich war ein Großmaul, aber ich war nicht dumm, und ich hatte Angst. Ich wollte mich nicht damit abfinden, so leicht von meinem Platz verdrängt worden zu sein. Wenn ich mit Rosa alleine war, inspizierte ich die Wände um das Schlafzimmer, um vielleicht einen geheimen Weg hinein zu finden. Und wirklich: Ich fand ein winziges Schlupfloch in Form eines halben, ausgebrochenen Ziegels hinter dem Ofen, an dem ich solange kratzte und zerrte, bis ich ihn ganz herausholen konnte. Dann zwängte ich mich durch das kleine Loch und war im Schlafzimmer. Gleich in der folgenden Nacht schlüpfte ich hinein, hüpfte neben sie auf das Bett und beobachtete sie.

Nach einiger Zeit begann sie sich zu regen. Sie blinzelte, rieb an ihrer Nase und begann zu schnaufen. Danach tappte sie unbeholfen um sich. Sie versuchte, ihre Brille zu finden und etwas auszumachen in dem dunklen Raum. Die Nacht machte sie beide, auch Wolfgang, zu behinderten Wesen, die an Tische und Stühle stießen. Der einzige Ausweg, der Menschen bleibt, ist offenbar die Flucht in einen tiefen, langen Schlaf, um die Zeit der schwarzen Melodien unbeschadet zu überstehen.

Sie ertastete endlich ihre Brille, die sie sich auf das Gesicht heftete und blieb kerzengerade auf ihrem Nachtlager sitzen. Die Gläser schienen ihr eine Sicherheit zu verleihen, deren Wirkung ich aber nicht erkennen konnte. Sie sah noch ebenso unbeholfen aus wie die Minuten zuvor. Ihre spitze Nase saß rot und glänzend in ihrem runden, nackten Gesicht. Weiße, dicke Tropfen rannen aus ihr, sammelten sich an der Oberlippe und wurden dann mit einem schnaufenden Laut zum Teil wieder zurück in die Nase gezogen. Dieser Vorgang wiederholte sich einige Male. Ihre Augen waren kleine, rote Schlitze, die von dicken Lidern fast verborgen wurden. Ihre weißen Hände rieben in den roten, feuchten Löchern, nachdem sie ihre Brille auf die Stirne geschoben hatte. Sie schniefte und keuchte. Dann wandte sie sich abrupt zu Wolfgang, rüttelte ihn an der ihr zugewandten Schulter und beugte ihr Gesicht über seine schlaftrunkene Gestalt. Er öffnete unwirsch die Augen.

„Was ist los? Warum weckst du mich mitten in der Nacht?“

„Die Katze“, stöhnte sie aufgebracht, „sie ist hier, ich spüre es, ich kann nicht schlafen, wenn sie hier ist.“ Er setzte sich auf, griff zur Nachttischlampe und knipste sie an. Er blickte in den Raum.

„Sie ist nicht hier, das siehst du doch. Die Tür ist geschlossen, sie kann gar nicht hier sein, du mußt träumen."

Ich hatte mich natürlich rechtzeitig in Sicherheit gebracht, und ich wußte, daß sie mich nicht entdecken würden, wenn ich schnell genug war. Ich würde wieder bei ihm sein können wie die vielen Nächte zuvor. Der Gedanke erfüllte mich mit Freude und Genugtuung.

Er löschte das Licht, drehte sich auf die andere Seite und schlief augenblicklich wieder ein. Ich wartete in dem Loch hinter dem Ofen, bis das Licht wieder ausgegangen war. Dann schlüpfte ich durch die Öffnung zurück in die Küche und machte es mir auf der Eckbank bequem. Ich schlief den Rest der Nacht einen ruhigen, tiefen Schlaf.

Ich wiederholte meine geheime Expedition Abend für Abend. Sobald sie das Licht ausgeschaltet hatten und Ruhe eingekehrt war, schlich ich mich in ihr Schlafzimmer, suchte mir einen Platz in seinem Bett, wo sie mich nicht gleich bemerken konnten, rollte mich zusammen und schlief ein.

Von Woche zu Woche wurden ihre Anfälle schlimmer. Sie schrak in der Nacht hoch, von einem dunklen, grollenden Husten geschüttelt. Sie hustete und spuckte, krächzte und keuchte. Wenn sie versuchte, Luft zu bekommen, klang es wie die altersschwache Dampflok, die von Zeit zu Zeit Touristen durch unseren kleinen Ort fährt. Und immer, wenn sich der Hustenreiz legte und sie sich erschöpft auf den Polster fallen ließ, begann wieder das Grollen in ihrer Brust.

Eines Nachts hielt Wolfgang es nicht mehr aus.

„Warst du schon beim Arzt wegen dieser Hustenanfälle, das kann doch nicht mehr so weiter gehen." Sie saß aufrecht im Bett und sah ihn aufmerksam an.

„Es ist so sonderbar, tagsüber geht es mir gut, doch in der Nacht kommt dieser schreckliche Husten. Ich wollte mit dir morgen früh darüber reden, aber wenn du schon wach bist, können wir es auch genausogut jetzt machen." Sie stockte kurz, dann sprach sie weiter. „Ich hatte als Kind allergisches Asthma und wäre einmal fast daran erstickt. Der Arzt hat gesagt, daß es jederzeit wiederkommen kann, wenn ich mit Katzen unter einem Dach lebe."

Wolfgang sank auf das Kissen. „Und was heißt das genau?"

„Ich weiß, wie sehr du an ihnen hängst, aber die Katzen müssen weg."

Es war nun kein Spiel mehr. Sie versuchte mich loszuwerden. Ich blieb zitternd in meinem Versteck. Ich wartete darauf, daß Wolfgang ihr widersprechen würde, ihr sagen würde, daß er mich niemals weggeben würde, doch er sagte kein Wort. Sie hatte gewonnen.

Am nächsten Tag belauschte ich Wolfgang dabei, wie er Rosa erklärte, daß Lupo und ich aus dem Hause müßten, und sie sich um einen Platz für uns umsehen sollte. Rosa hatte zwar anfangs für uns Partei ergriffen, aber Wolfgang war hart geblieben, und Rosa hatte klein beigegeben. Ich mußte etwas tun, es war keine Zeit mehr zu verlieren. Ich dachte nach.

In den letzten Nächten hatte sie, sobald die Anfälle begannen, eine kleine, silberne Sprühdose zur Hand genommen und einen Strahl, der aussah wie Wasserdampf, in ihren Mund gedrückt. Danach war das Schnaufen und Röcheln weniger geworden. Sie hatte sich wieder hingelegt und war wieder eingeschlafen.

In dieser Nacht schlich ich mich zu ihrer Tasche. Zu meinem Entsetzen war sie aus Schlangenhaut, und ich konnte mich nicht dagegen wehren, eine dicke, fette Schlange in ihr zu sehen, die nur darauf wartete mich zu verschlingen.

Aber es war keine Zeit zu verlieren. Auf Wolfgang konnte ich mich nicht mehr verlassen. Ich wußte, daß die Tasche ungefährlich war, ich lebte schon lange genug unter Menschen, doch ein gewisses instinktives Unbehagen blieb. Ich tastete mich also zuerst einige Male vorsichtig heran und stupste sie mit meiner Pfote. Sie rührte sich – wie erwartet – nicht. Ich wiederholte den Vorgang einige Male, nahm dann meinen ganzen Mut zusammen und kroch hinein. Ich sah sie sofort, die kleine silberne Rolle, klemmte sie zwischen meine Zähne und sprang wieder in Deckung. Dann plazierte ich mich fast unmittelbar neben ihr Gesicht, rollte mich zusammen und schlief vor Müdigkeit selbst ein. Mitten in der Nacht fuhr sie wieder vom Husten gebeutelt hoch. So schlimm war es bis jetzt noch nie gewesen, sie suchte hektisch ihre Tasche, wühlte darin herum, ihre Brust hob und senkte sich, es war wie ein Donner, der aus ihrem Körper herauswollte und sie zu sprengen drohte. Wolfgang saß mit blassem Gesicht neben ihr, schlug ihr mit der offenen Handfläche auf den Rücken. Ihr Gesicht war blau angelaufen, sie röchelte, griff erneut nach ihrer Tasche, ließ sie dann aber verzweifelt fallen.

Wolfgang sprang auf, lief aus dem Zimmer. Als er zurückkam, sprach er gedämpft mit einem fremden Mann in einem weißen Mantel, der hinter ihm in das Zimmer trat. Meine Feindin lag friedlich auf ihrem Kissen. Nur ihr Gesichtsausdruck verriet den verlorenen Todeskampf.

Es ist alles viele Jahre her. Rosa und Lupo sind auch längst von uns gegangen. Ich lebe nun alleine mit Wolfgang in dem großen Haus. Doch seit damals sind seine Berührungen abwesend geblieben, und sein ehemals federnder Gang hat sich in die schweren Schritte eines

Fremden verwandelt. Es ist nie mehr so geworden, wie es einmal war.

Margarethe Herzele

FIORDILIGI – ICH

*** ***Fiordiligi****, mag es nicht so gern, daß man über sie spricht, sie hält ihr Leben für zu ereignislos und glaubt, im Schatten des Schweigens ein interessanteres, ihren Talenten und ihrer Schönheit angemessenes angedichtet zu bekommen; was sie preisgeben mag, steht – sagt sie – in der Geschichte.*

Fiordiligi – ich! Weiß, weich, hochbeinig, rosenpfötig – und – vermutlich eine Schönheit! Aber ich bin ja nicht eitel. Würde ich sonst wohl so viel von meinem Muttchen erzählen, die nur eine gewöhnliche Hauskatze, nämlich Bianca, die Weiße Kurzhaar, war? Während Paps, der graue Joachim, immerhin als stolzer Besitzer des Pfarrhofes und eines prachtvollen, grauen City-Pelzes galt.

Mutti sprach ziemlich oft von ihm, allerdings in einer Mischung aus Bewunderung *und* Verachtung, die gern mit den Worten schloß: „Damit ihr nur ja nicht so werdet, wie er! Jetzt interessiert er sich kein bißchen für euch – und später sollt *ihr* euch nicht für ihn interessieren. Ist das klar, Mädels?"

„Warum?" flöteten wir dann unisono zurück. Selbst der dumme, kleine Basti. *„Darum!"* pflegte sie zurückzupfauchen, während sie uns dabei nervös ihre Zitzen entzog, so daß wir endlos lang auf ihrem Bauch herumspringen konnten, bis sie wieder Milch gaben.

Eines steht jedoch fest, daß Papa den Ruf eines begnadeten Sängers genoß! Ein Katzen-Pavarotti, der als Liebling des Kirchenchores nicht nur bei jeder Probe pflichtbewußt anwesend, fallweise mitsummte, sondern als ein geübter Jäger, Ton-Jäger halt – in Ermangelung besserer Möglichkeiten – *jede* falsche oder unglückliche Geste des Chorleiters mit seinen herrlichen gelben Augen böse verfolgte. Meine Augen und die Musikalität hab' ich bestimmt von ihm!

Letzte Weihnachten – so Mutti stolz – trat er sogar für die Erhaltung traditioneller Werte im ländlichen Raum ein –, indem er nämlich die gesamte Mäusepopulation in Blasbalg und Orgelpfeifen gejagt!

Nicht etwa, um sie zu fressen, oh nein! Bei den prächtigen Menüs im Pfarrhaus ist er auf die dürftigen Kirchenmäuse nicht angewiesen! Sondern weil Jagd eben riesigen Spaß macht!

Dabei hat er rote Nikolausstiefelchen und ein kleines grünes Kirtagshütl getragen, glaub' ich.

Weil aber dann bei der feierlichen Mitternachtsmette trotz verzweifelter Anstrengung des Herrn Organisten nur klägliches Wimmern und sowas wie an Bauchgrimmen gemahnende Tonvibrationen der Orgel entflohen – wobei etliche fromme Kirchgänger vor Lachen unter die Bänke rutschten –, ließ der neue Bischof ein Rundschreiben verbreiten, in dem er herzlich bat, die doch eher konservative Landbevölkerung fürderhin *nicht* mehr mit allzu modernen Tonschöpfungen zu belasten. Das alles hat unser Papa bewirkt. Bin echt stolz auf ihn! Ma glaubt zwar, er habe das nur aus Haß gegen die alte Vettel von einer Orgel gemacht – aus Konkurrenzgründen! Konnte Joachims Baß-Bariton-Sopran nicht noch tiefere Knurrhahntöne oder zittrigere Höhen hervorquetschen, wenn ihm *danach* war? Und verfügte er nicht auch über diesen gnadenlosen Reichtum mark- und beinerschütternder Zwischentöne?

Zur Zeit des jungen Frühlings etwa, wenn er mit Hilfe des gelben Mondes – von ähnlich träger MAGIE wie seine eigenen kreisgelben Augen – einer Betörten zu versichern wußte, daß *sie* allein die Beste, Schönste, und überhaupt einzig in Frage kommende Mutter für seine künftigen Kinderchen sei.

Nun gut, was *geschehen* ist, ist geschehen! Mutti *jetzt* Vorwürfe wegen ihrer DUMMHEIT zu machen – wie es heutzutage Mode ist –, das tu ich nicht! Wäre ich sonst am Leben? Wenngleich die ersten Tage doch recht stressig waren – allerdings nur für Mutti! Übersiedelte sie uns doch x-mal!

„Is´ nur vorübergehend, nur vorübergehend!" entschuldigte sie sich lispelnd, unsre sich sträubenden Nacken zwischen ihre schwarzen Lippen geklemmt.

Oh je! Stundenlang schleppte sie uns am Kragen hin und her, bis endlich etwas paßte – uns und ihr.

In einer Scheune unweit des Schlosses geboren – weswegen ich auch immer das *Schloß* als Geburtsort angebe – übersiedelten wir zunächst hinter, dann auf den Friedhof, wo Mutti uns das kleine Schlaflied: „Hunde-Jäger-Motorräder, alle-wollen-euch-ans-Leder" einbläute. Meist, bevor sie für eine Weile verschwand, um in ihrem *eigenen* Heim – wohin sie uns unter gar keinen Umständen mitnehmen konnte – nach dem Rechten zu sehen. Zurückgekehrt, stopfte sie uns dann weiter mit Weisheiten voll:

„Gehorcht stets dem INSTINKT, *nicht* dem Verstand! Hütet euch ferner vor Straßen, Füchsen, Dachrinnen und Regentonnen! Ja sogar vor den eigenen Artgenossen, den ewig turtelnden und auf Liebesreisen sich befindlichen Katern, die euch mit Polkasprüngen, Hopsasas und verdrehten Augen ewige Treue schwören, die so lang dauert, wie der Schmatz einer Taube zu Boden braucht – und ebenso wertvoll ist wie dieser! Erst kämpfen sie auf Mord und Brand um euch, nehmen sogar die Schrotschüsse des Bürgermeisters in Kauf, fahren als tollkühne Furien geifernden Jagdhunden über Aug' und Lefzen – um euch, sobald erreicht, was sie gewollt –, schleunigst wieder zu verlassen, heimzuhinken und sich als siegreiche Helden von barmherzigen Händen aufpäppeln und pflegen zu lassen!

Während *wir,* so wir die unschuldigen Opfer der Liebe mit nach Hause brächten, nicht nur mit Schimpf und Schande rechnen müßten, sondern sogar damit, daß unsere Kleinchen getötet werden! So ungerecht ist die Welt! Daher verstecke ich euch. Sollten wir uns also in Zukunft begegnen – tut bitte so, als würden wir uns nicht kennen – obwohl das Mutterherz immer für euch schlägt."

Mal sehen, denk' ich! Die Gute scheint genauso ängstlich und kleinkariert wie ihre Besitzerin zu sein. Wirklich, Muttis Charakter ähnelt deren kleingeblümelter Kleiderschürze!

Obwohl also Muttchen ein einfaches, immerhin aber gesichertes Heim hat, ist sie doch immerzu ängstlich, ewig bekümmert und sorgenvoll: Ob es, in Zeiten wie diesen, noch genügend Mäuse gäbe, und wenn, ob sie deren auch genug finge? Würde sie nächste Weihnachten wohl wieder das im Fernsehen angepriesene Dosenfutter erhalten? Wenn ja – wieviel? Und wieviel könne sie überhaupt fressen, ohne sich übergeben zu müssen? Und würde ein neuer Frühling mit seinen herrlichen Vollmondnächten und glutvollen Katergesängen ihr Blut wiederum kreisen lassen und sie hinter ihrem hoffentlich auch dann noch angestammten

Ofenplatz hervorlocken? Und würde der silbersträhnige Gemahl sie immer noch lieben, lieben *können*?

Ach, diese ewigen „Würde“ und „Wenn“!

Ich, Kind meines Vaters, lehne das ab. Gefiele es mir bei meiner Gastfamilie nicht – olé mio – nichts wie auf und davon!

Dann fängt man sich eben die Mäuse oder Forellen selber und könnte winterüber immer noch in warmen Ställen unterschlüpfen, wo uns die Bauern zumindest rahmfrische Milch sponsern, üben wir doch dank unseres Charismas (wenn ich nur wüßte, was das ist), einen äußerst günstigen Einfluß selbst auf die nervösesten Pferde oder schwermütigsten Rindviecher aus, was freilich für unsereins auch geistige Stagnation bei einseitiger Kost (Milch-Maus-Diät) mit sich brächte! Oder gar das Risiko von solch einem dumpfen Stallgemüt eine lebenslange Baskenmütze aus Kuhscheiße verpaßt zu kriegen – was einer alternden Cousine von mir passiert sein soll!

FREIHEIT ist gut –, aber ein ordentliches Haus, wo man uns Katzen zu schätzen weiß, noch besser! Pflegte Mutti zu sagen, wobei sie stets die weißen Vorderpfoten kreuzte.

Kleines Muttchen! Wie nachdenklich du doch blicken konntest!

So ging ich unlängst eben auf Herbergsuche! Und schon der dritte Test verlief positiv. Fehler haben die Meinen zwar genug – na und? Obwohl, ihre Neugierde nervt mich ganz schön! Wenn sie zum Beispiel hören wollen, wohin man geht oder wann man wieder nach Hause kommt! Der WEG ist bekanntlich das Ziel, wie also vorher wissen?

Gut, als mein Frauchen gleich zu Anfang herumpenzte, woher ich denn käme (wohl, um mich nicht wieder verlieren zu müssen!) – schnurrte ich ihr natürlich ein wenig über meine Herkunft ins Ohr! Hatte ich doch früher, eng an meiner Muttchen gekuschelt – rein *osmotisch* – so einiges darüber erfahren, zum Beispiel, daß Papa Joachims Mama Michou eine elegante Stadtlady gewesen, die trotz ihres strengen Röchelns (vielleicht hat ihr berühmter brauner Pelz sie so eingeengt?) und trotz ihrer häßlichen Zähne, eine überaus leidenschaftliche Liaison mit des Bürgermeisters Malteser oder Kartäuser (jedenfalls mit einem Herrn geistlichen Standes) gehabt, dessen – also des Bürgermeisters Tante – gleichzeitig die Wahlgroßtante *meiner* Menschenperson ist! So führt das SCHICKSAL *zusammen,* was zusammen gehört!

Schon dieses bedeutungsvolle Wort beschert mir einen solchen Schauer geistiger WOLLUST – daß sich meine Tatzen spreizen! Und in den rosigen Ballen auch noch dies süße Ziehen!

Zum ersten Mal war dieses Phänomen aufgetreten, als Mutti wieder einmal von Joachims Gesangskünsten geschwärmt!

„Aber so singen doch alle!“ mauzten wir altklug. Sie: „Jaja! Doch darüber hinaus hatte sein Gesang mitunter etwas *ganz* Besonderes – als könne er aus den silbernen Tönen ein Körbchen weben, gleich einem Spinnennetz im Tau, voller Perlen – worin mein Gemüt sich verfing. Aufgehängt am Mond und schaukelnd im Wind.“

Da haben wir mit einem Male bemerkt, daß Mutti manchmal *auch* etwas Besonderes ist – und der erste zittrige Schauer meines Lebens lief mir über den Rücken, und meine damals noch sehr kleinen Tatzen spreizten sich erstmalig vor einer unbekannten ERHABENHEIT! Freilich, daß Mutti solche Dinge sagte, war selten. Meist predigte sie ein und dasselbe: „Fallt niemals auf Schmeichelworte herein! Denn daß ihr schön und klug seid, wißt ihr ohnehin selber! Also, was soll's! Seid stets wasch- und wachsam, und schaut euch vor allem *jene* Person, die ihr zu adoptieren gedenkt, genau an: Ob sie genügend Großmut und Pölster hat!"

Letztere waren bei der meinen nicht gerade im Überfluß vorhanden, immerhin stand aber noch ein entzückender rosa Babywagen völlig ungenützt herum. Zu meinem großen Erstaunen hatte ich nämlich unlängst festgestellt, daß ich auch einige von Muttchens Charakterzügen geerbt – wurde ich doch nach diesen recht entmutigenden Jagdtagen auf freier Flur nicht nur von Hunger- und Durstgefühlen geplagt, sondern *sehnte* mich glatt auch noch nach heimeliger Gemütlichkeit und herzerwärmender Gesellschaft – edel und nobel, wie's mir entspricht.

So saß ich denn eines Abends – nachdem ich federleicht vor Hunger eine mir noch unbekannte Treppe hinaufgeschossen – in einem hölzernen Gang auf einem Fenstersims, von wo ich in das Innere eines dunkelnden Raumes, der so übel *nicht* schien, starrte!

Als das Sims schließlich zu erkalten drohte und die Abendfeuchte sich in meinen zarten Pelz zu senken begann, zog es mich förmlich in den Raum hinein!

Da alte Küchen glücklicherweise ein winziges und meist sogar *offenes* Guckfensterchen haben – für Katzen, wie ich richtig vermutete, und was die Zukunft bestätigen sollte –, sprang ich nach schicklicher Wartezeit, so *elegant,* als hätt' ich das immer schon getan, hindurch – und landete auf dem Kopf einer genau darunter liegenden Frauensperson, die entsetzt aufschrie, so daß ich beinah selber zu einer die Haare sträubenden Salzsäule erstarrte!

Peinlich, peinlich. Macht letztendlich aber doch wieder nix, wenn man bedenkt, daß ich bislang nicht einmal das kleinste Mäuslein verschreckt, und jetzt – Dio mio – sogar einen Menschen! Sogleich schoß mein Selbstwertgefühl wieder Purzelbäume, und das stolze Blut meines Vaters durch meine Adern! Ich schüttelte mich – mit welch bedeutsamer Geste sich Hunde von allem UNNÖTIGEM, wie Kummer oder Flöhen, zu befreien pflegen – siehe, das half, und ich konnte bald so tun, als wär' ich schon immer hier zu Hause! Hochbeinig und lässig umstrich ich also die noch etwas verstört Ruhende, um ihr meine köstliche Duftmarke aufzuprägen, und schleckte ihr dann zur besonderen Begrüßung – wie von Mami gewohnt – das stark versalzte Gesicht sauber. Tränen sind ja sowas von *unnütz* – weswegen wir Katzen auch keine haben – und probierte anschließend auch gleich einen mir nur vom Hörensagen bekannten Clownstrick aus, nämlich: mehr oder minder zartes Nasenbeißen. Wenn sich der darunter befindliche Mund dann zu einem Lächeln anstatt zum Schimpfen verzieht – hat man gewonnen, ist also eine *gewinnende* Persönlichkeit wie ich!

Dem folgten noch eine Atemkontrolle sowie der Hals- und Kniekehlentest – bis ich mich endlich, völlig entspannt, auf dem kleinen Berg ihres Bäuchleins niederlassen konnte –, was sich so süß und kuschelig anließ, als wär' ich wieder mit Muttchen und meinen inzwischen in alle Winde verstreuten Geschwistern in der Casa Piccola – unserer Schuhschachtel – vereint! Nur, daß jetzt, in diesem Falle, die Rolle einer Mutter ich übernahm! So jung ich damals, vor ein, zwei Monaten, auch war.

Es läßt sich nämlich nicht leugnen, daß wir Katzen was echt MÜTTERLICHES an uns haben, ebenso wie großes psychologisches Einfühlungsvermögen. Und überhaupt! Wurden wir im alten Ägypten nicht als heilige Mütter und GÖTTINNEN verehrt?

Eingedenk dessen bezähmte ich vorerst meinen Riesenhunger – zählen neben Bescheidenheit doch auch Beherrschung und Stolz zu unseren bezauberndsten Tugenden –, war also *nichts als lieb* – und brütete mit der Dame, in deren Bäuchlein ein *Junges* heranzuwachsen schien, schon ein wenig mit! Gleichzeitig versuchte ich natürlich auch, das uns umgebende, langsam ins Dämmerlicht versickernde Ambiente zu ergründen.

Genauso wie man uns Katzen sieben LEBEN nachsagt, könnte man uns ebenso gut sieben HIRNE andichten – wegen der GLEICHZEITIGKEIT sekundenschnellen Erfassens von Zuständen und Wirklichkeiten, allgemein als MAGIE bezeichnet – wofür man uns im Mittelalter als Hexen verbrannte. Dio mio – diese schmerzhaften Metamorphosen! Erst ägyptische Göttinnen – dann das! Was kommt noch? Will man uns etwa gar als Astro-Chauffeure für diese putzigen Mini-Mars-Cars ins All schießen?

Während ich jetzt also eng an mein neues Frauerl gekuschelt – die größten Weisheiten werden ja nicht nur *telepathisch,* sondern auf noch angenehmere Weise mittels OSMOSE übertragen (weswegen wir gleichermaßen auch SCHMUSE-WELTMEISTERINNEN sind) – sondiere ich nebstbei noch die Lebensbedingungen in diesem vollgestopften Küchen-Wohn-Schlafbiotop.

Überblick böte einmal die hohe Küchenkredenz, gleich vis-à-vis, von der man, bei meinem Geschick, in direktem Blindflug wieder hier auf der Bettbank landen könnte. Na also! Und kippte diese alte Geschirr-Klapperkiste einmal um – selber schuld! Mein Problem wäre das nicht – Außerdem – jede Menge Fluchtwege! Zusätzlich einige private Rückzugsmöglichkeiten, Spielecken und Vorratsnischen für eventuell mitgebrachten (Not)Proviant in Form von Lebendmäusen, im Wirtshaus organisierten Hühnerknochen oder sich noch lustig windenden Ringelnattern – *cool!*

Errechne sodann die kürzeste Sprungzeit (zwei Sprungeinheiten) von hier zum Eßplatz und von dort zum Kühlschrank! Knurre exakt im *selben* Moment einen häßlichen, schwarzen Brummer fort, sodaß die Fliege eine Fliege macht, und klappere ihr mit meinen Kiefern noch meinen schönsten und gefährlichsten Unmut nach, was mein neues Frauerl sichtlich beeindruckt – während ich gleichzeitig, was ich wirklich betonen möchte – auch ihre tiefe TRAURIGKEIT unheimlich stark verspüre. Kein Zweifel – sie *bedarf* meiner!

Mein gutes Herz und *ihr* guter Stern haben uns zusammengeführt!

Meines Wertes bewußt, ergreife nun wieder einmal *ich* die Initiative und inspiziere, gemessenen Schrittes und hocherhobenen Schwanzes, mein neues Heim!

Nun, die Dame, die ich zu meinem „Frauerl" erkoren, folgt tatsächlich brav meinem Beispiel und öffnet, in berechtigter Annahme, daß mir, trotz meiner Bescheidenheit, das Inventar nicht besonders behage, die Eingangs- respektive Ausgangstür: „Na, willst wieder raus?"

Was ich jedoch entschlossen verneine, indem ich demonstrativ von meinem künftigen Sessel am Eßplatz Besitz ergreife!

Beeindruckt von meiner WILLENSSTÄRKE und der stummen, rührenden SCHÖNHEIT meiner Augen, seufzt sie: „Ach! Kein Geld! Kaum Platz sich zu rühren – aber eine KATZE! Na, wenigstens bin ich nicht mehr so allein!"

Und da sie meine weißen Flanken plötzlich schicksalsergeben erzittern sieht, fügt sie rasch hinzu: „Komm, suchen wir uns was zu essen!" Schließlich finden wir eine Fischdose, wobei ich Neuling beim Öffnen schon recht geschickt zu assistieren vermag.

Es ist wie beim Mäusefangen: Man mache den Arm sehr dünn, fahre flott eine Kralle aus, ha(c)ke sie in den samtweichen, silbrig-goldenen Fischleib – und kitzle ihn mit aller Vorsicht aus der Büchse. Schließlich mache man aus seiner Pfote ein Schüsselchen und schlürfe daraus die köstliche Soße! Hat man immer noch Hunger, aber keinen Fisch mehr, entere man sich blitzschnell die Stückchen aus dem Mund der kauenden Menschperson – solange deren Verblüffung anhält!

Von nun an taten wir ohnehin fast alles gemeinsam! Kämmte sie sich, versuchte ich, die Frisur mittels eines rasenden Rap-Steps auf ihrem Kopf noch nachzustylen. Und wusch sie sich, plantschte ich genauso furchtlos im Wasser herum – obwohl mir ein dicker, warmer Laugenschaum noch viel lieber ist, weil er sich so hübsch am Spiegel macht.

Eine Herausforderung bildet – trotz ihres strengen Verbots – die über dem *Herd* gespannte, glitschige Wäscheleine, auf der ich mich in *dem* Maße dem Seiltanzen widme, in welchem sich mein Frauli mehr mit dem Wäscheaufhängen als mit mir beschäftigt!

Weniger gefährlich (trotzdem sinnvoll) hingegen ist meine Hilfe beim Sortieren von Bohnen und Erbsen – wobei ich meinem lieben Frauli, bevor sie fortgeht, noch gerne kleine Aufmerksamkeiten ins Schuhwerk lege – wie ein echter kleiner Santa Claus!

Übrigens bin ich ein echter Spaghetti-Fan! Das Spaghetti-Fangen (mit oder ohne Soße) ist eine tolle Sports-Art, die große Geschicklichkeit erfordert und jedenfalls *nur* in der Nähe geliebter, spaghettikochender Menschen – und vor allem *dank* deren uneingeschränkter BEWUNDERUNG – möglich ist!

Dafür wärme ich meiner lieben Frauli öfter den Mantel vor, peppe diesen dunklen Langweiler gerne mit vielen hübschen, weißen Härchen auf (schließlich hab' ich ja noch genug!) und kümmere mich bei ihrer Rückkehr auch gleich ums Auspacken der Waren. O mio – dieses herrliche Rascheln, Knistern, Knacksen – einfach *mau!*

Ja, und manchmal, *manchmal* – wenn mir danach ist – überrasche ich meine liebste MM (Mau-Mi) bei ihrem Nachhausekommen mit einem entzückenden Schneegestöber, das selbst den häßlichsten Fußboden *poetisch* aussehen läßt!

Verstehe einer die Menschen! Ur-sauer ist sie dann, obwohl ich dafür ohnehin nur bereits beschriebenes Papier, zu dem sie „Manuskripte" sagt, verwende, und obwohl dieses therapeutische Tun das gefährliche Jucken innert meiner Pfotenballen für eine Weile stoppt – ur-sauer!

Geht natürlich auch mit Klopapier.

Hat man von demselben genügend Vorrat zu Hause, kann man diese Rollen, genauso wie Wollknäuel oder Zwirnspulen, rundum über alle nackt und blöd herumstehenden Sessel-Tisch-Bett- und Kastenbeine wickeln, kreuz und quer verspannen und das Spiel so lange treiben, wie das Material reicht! Macht Spaß und irren Effekt!

Allerdings muß man dabei stundenlang laufen (Zimmer-Marathon!), gleichzeitig den oder die Knäuelrollen schubsen, kicken, wickeln und drehen, manchmal mit allen vier Pfoten *gleichzeitig* in die Höhe springen, manchmal sich auch flach wie eine überfahrene Kröte unter einen Kasten quetschen – die blöden Möbel geben ja doch nie nach.

Jedenfalls, alles in allem: eine echte Biathlon-Leistung mit künstlerischem Background!

Als meine liebe Mau-Mi dessen zum *ersten Mal* ansichtig, und zwar, nachdem sie nach endloser Warterei beim Arzt fix und fertig heimgekommen, fielen ihr die braunen Augen beinah wie lustige Kugerln aus dem Kopf! Überrascht von diesem Wunderwerk, schrie sie entzückt – oder gar entrückt?– auf: „Du mein Gott! Ja gibt's denn so was? Alle meine Tisch-, Sessel- und Kastenbeine kreuz und quer verspannt und *einbandagiert!* Bin ich denn Queen Victoria, die nackte Möbelbeine für so unanständig hielt, daß dieselben Beinkleider bekommen mußten? Welcher Verrückte hat ...?"

„Mau!" schrie ich zurück, ließ sie mit dem Kunstwerk allein und schlug mich unten in die Büsche.

Daß die menschliche Logik auch in anderen Belangen *nicht* logisch ist, zeigt sich selbst beim Mist! Was Wunder, wenn ich daher häufig nachsortieren muß! Bleibt mitunter kaum genügend FREIZEIT, um sich abends noch das Bildungsprogramm im Fernsehen zu geben. Und selbst *wenn,* wird es einem oft noch vermiest! Wie unlängst, als ich zu *ihr* sagte: „Siehst du, was dieser häßliche Mop von einer TV-Katze, diese grausliche Riesenraupe, von ihrer *wunderschönen* Dame FEINES serviert bekommt!" Da wurde sie aber sauer. „Komm her, bürsten!" schrie sie, *„bürsten!"* Wo sie doch genau weiß, daß mir dabei jedes weitere Zusehen vergeht.

Mitunter, wenn ich für längere Zeit *allein* zuhaus bleiben soll, fröne ich sogar der LITERATUR! Denn um Bücher von außen *und* innen genießen zu können, braucht es ein großes Maß an Zeit und Muße! Allerdings weiß ich dann die am Kleiderkasten *hochaufgestapelten,* hochstapelnden Büchertürme, ob ihrer *osmotischen* BESETZ- und BESITZBARKEIT, voll zu schätzen! Erstens verdank' ich ihnen einen hellen Kopf, zweitens einen warmen Po und drittens – im Falle eines plötzlichen RUMOR-Anfalles – die prächtigsten Schleuder- und Wurfgeschoße!

Natürlich nur in äußerst stressigen Momenten oder psychologischen Notlagen, von denen so *sensible* Naturen wie wir, *nicht unoft* heimgesucht werden – nicht unoft, naa …

Immerhin, selbst fürs Ritual sonntäglichen Kralleschärfens sind diese Wälzer bestens geeignet! Nicht immer mag man nämlich in dasselbe greisenhafte Trockenholz von Stiege oder Türstock hacken – prrh! Und die ohnehin bereits nachbearbeiteten Pölster – igitt! Bieten halt nicht mehr den für einen ordentlichen Bizeps nötigen isometrischen Widerstand. Zum Kuscheln mit Frauli sind sie aber immer noch gut, und ich erhole mich auch mindest dreimal am Tag auf ihnen. Gemeinsam mit Mami brüten wir dann an unserem Baby weiter – und diese, meine *neue* Schwester, wurde dann auch ganz süß. Leider nicht gestreift wie der Basti, mein kleiner, dummer Bruder von früher, obwohl die neue Mau-Mi oft genug einen gestreiften Hausmantel trug.

Bevor es mit Mau-Mi jedoch so weit war, daß sie ins Krankenhaus fuhr, brachte sie *auch mich* in die Klinik – in eine Tierklinik aber!

STERILISATION ist nämlich so ähnlich wie eine Geburt, glaub' ich – nur halt *umgekehrt!* Meine MM hat das bestimmt deshalb an mir vornehmen lassen, damit auch *ich* zu einem ganz starken Geburtserlebnis käme. Und das war es! Ein Traum in Weiß, wie es in dem schönen Lied heißt, eigentlich aber ein Alptraum! Weiß war freilich alles: meine Mami im Gesicht, das Bett, der Stuhl, das Gewand der Schwester und sogar Mantel, Mütze und Handschuhe des Arztes. Meine Lust, Löcher in diese feinen Gummihandschuhe zu beißen, ist mir gleich wieder vergangen! Und während ich mich zu Hause manchmal genießerisch, wie ein echter Fakir, aufs Nadelkissen bette, was Mau-Mi zur Weißglut treibt, wagte ich hier nicht einmal, auf diese grauslichen Riesennadeln hinzublinzeln!

Das grelle Licht und der perverse chemische Geruch ruinieren einem ja nicht nur jeden ÜBER-, sondern auch noch den normalen MUT!

Was habe ich mir vorgestellt, wie ich dort herumstolzieren und bewundert würde! Weil's doch beinah wie bei einer echten Geburt ist – nur eben andersrum.

Aber so hat sich statt eines Traumes nur ein Trauma erfüllt!

„Erst ist es schlimm, dann ist es gut! Du wirst schon sehen“, hatte meine Mau-Mi mich vorbereitet, und sie weinte ein bißchen. Obwohl sie meine Pfote hielt, klopfte mir das Herz vor Schreck bis in die Ohrenspitzenbüschel hinein, und ich wurde *steif* wie unsere ausgestopfte Eule, die ich eines Tages bestimmt noch *ganz* zerlegen werde! Dies war mein letzter Gedanke ans Leben – ab da weiß ich nichts mehr.

Nach meiner etwas hinausgezögerten Rekonvaleszenz fuhr mein liebes Frauli trotzdem auch selbst noch zu den blöden Weißkitteln. Wäre sie woanders hin – ich hätte mich bestimmt *nicht* aus ihrem Koffer vertreiben lassen!

Leider ließ sie mich danach schrecklich lange *allein,* was ich ihr bis heute *nicht* verzeihen kann!

Klar, daß mich erst Wut-, dann Freßexzesse und schließlich die allertrübste Melancholie heimsuchten! Es half auch nichts, daß eine Cat-Sitterin mir jeden zweiten Tag Futter brachte (aß sie es an jedem ersten Tag selber, oder was?). Jedenfalls wurde sie für gutes Benehmen bestimmt nicht bezahlt, denn gleich beim ersten Mal, als ich mich, scheu und dezent beobachtend, versteckt hielt, schrie sie: „Wo is´ des blede Vieh?“

Prophylaktisch biß ich sie in den Daumen und hantelte mich auch später liebend gerne an ihren häßlichen, abrutschenden Strümpfen oder ihren blaugeäderten Venenbeinen hoch.

Wer mir unsympathisch kommt, ist an etwaigen Konsequenzen selber schuld!

Hätte ich übrigens weniger Verantwortungsbewußtsein, und wäre es nicht Winter gewesen – ausgerissen wär' ich! Mich so vernachlässigen!

Schlußendlich hat sich die lange Warterei aber doch gelohnt! Denn jetzt sind wir alle zusammen eine glückliche Familie, und unser Papa, der nach einem Autounfall immer noch zermerschert im Krankenhaus liegt, soll ruhig dort bleiben, denn brauchen tun wir ihn nicht! Obwohl wir also drei Damen sind, kann man eigentlich nicht von Alleinerzieherinnen sprechen – erziehen wir uns doch *gegenseitig* – und *wie!*

Übrigens schlaf' ich am Tag bei der Kleinen und nachts bei der Großen. So kann keine beleidigt sein! Sehe, ohne dabei selbst eifersüchtig zu werden (oder nur so wenig wie gerade in eine Pfote paßt, mit der ich manchmal doch dreinpratzle), gerne zu, wenn unsere Kleine schmatzend saugt. Plane weitere Verstöße jedoch nicht. Schließlich haben wir Katzen das rechte Gefühl für Anstand und Würde, genauso wie auch für GERECHTIGKEIT.

Wenngleich ich die gröbste Erziehungsarbeit vorerst einmal MM überlasse – sobald es dann später um Schönheits- und Sauberkeitssinn sowie Maus- und Vogelfang, Gurgelbiß- und Genickwurflehre geht, werde schon auch *ich* das Regiment in Pfote nehmen – mußte ich doch *heute* schon eingreifen! Zwar ist meine Geduld beinah grenzenlos – aber was zuviel ist, ist zuviel! Diese UNGERECHTIGKEIT! Muß diese Menschenrabenmutter erst noch hundert Dinge „erledigen", bevor sie ihr vor Hunger brüllendes Junges versorgt! *Niemals* hätte meine leibliche Mutti so gehandelt! Dieser Frau gehört ein Denkzettel! Ein VORBILD muß her!

Meine arme kleine Schwester, schon *rot* im Gesicht wie ein Paradeiser! Kreuzhohl bäumt sie sich auf und glaubt, wenn sie nicht *jetzt,* sofort, auf der Stelle, ihr Fläschchen kriegt, *sterben* zu müssen vor Enttäuschung, Hunger und Qual!

Und tobt selbst dann noch weiter, als ich mich, trotz meiner Abneigung gegen jede Art von Lärm und Gebrüll, beruhigend zu ihr lege – während MM, grausam wie Menschenmütter manchmal sein können, immer noch so tut, als ginge sie das ganze nix an!

Zieht erst einmal die nassen Schuhe und den triefenden Mantel aus, wäscht sich überflüssigerweise die ohnehin nassen Hände, läßt schließlich vor lauter schlechtem Gewissen und Schusseligkeit noch die Milch anbrennen und das Wasser überlaufen, verliert neben ihren Nerven auch noch des

Babys Flaschensauger – während dieses weiter brüllt und brüllt, sodaß sogar der schwerhörige Siegfried von unten mit dem Besen heraufklopft!

Nicht auszuhalten das Theater! Mir bricht fast das Herz! So ergreife eben wieder einmal *ich* die Initiative und stürze mich todesmutig in die kaltnasse Düsternis der Einkaufstasche. Zerre *meine* Rindsleber aus dem glitschigen Plastik und sprinte damit zurück ins Babykörbchen! Blitzschnell dann über das heulende Elend gebeugt und die Leber in wahrhaft heroischer Selbstentäußerung – ohne auch nur ein Häppchen der vorgekauten Köstlichkeit zu schlucken –, ins fremde Mündchen bugsiert! Schubse mit kräftigen Schnäuzchenstößen noch energisch nach, bis das ungeschickte Dummerchen tatsächlich den *ersten* Brei seines Lebens schluckt!

Und – Dio mio – es klappt!

Doch die Rabenmutter, was tut sie? Anstatt sich zu *mir* zu beglückwünschen, stürzt eine *Furie* mit wildem Geheul und spitzem Messer auf mich zu!

Diese Verrückte glaubt wohl, ich hätte *unserem* Kind die Kehle durchgebissen! Wie ich es unlängst, aus pädagogischen Gründen, an einem Rotkehlchen so nebenbei demonstriert. Oder schreckte sie etwa das bißchen Blutgatsch auf Pölsterchen, Hemdchen und Kragen? Igitt-miau! Kann sie doch wieder sauber schlecken! Mich bringt sowas nicht so leicht aus der Fassung wie sie, und füttere, kaue, und füttere das Kleinchen gelassen weiter. Erst, als es schon ein wenig gesättigt, seine Lippen nachschleckt, starre ich bitterböse und mit den gelbsten Augen, die ich je zustande gebracht, auf diese Irre zurück!

Als Madame dann endlich begriffen, was *wirklich* los ist, kann sie sich gar nicht genug tun! Weinend schluchzt sie: „Ach, du meine liebe, gute, fürsorgliche Katzenmami! Oh, meine brave, süße Fiordiligi! Verzeih mir, daß ich dich so verkannt und dir so sehr mißtraute! Ich verspreche dir, daß ich von nun an zuallererst das Kind und dann erst Schirm, Handschuhe, Mantel und Schuhe versorgen werde – auch, wenn alles noch so rinnt, tropft und davonschwimmt! O du meine *geliebte* Fiordiligi! Was für ein VORBILD!"

Zufrieden werfe ich noch einen Blick auf das nun wieder glückselig lächelnde, blutverschmierte Gesichtchen, das nun selber einer lachenden Leber gleicht, kneife meine Augen zu einem verächtlichen Spalt gegen die Alte und verschwinde nach draußen, in die Nacht – Strafe *muß* sein!

Sabine Knoll

EIN TAG MIT SPEEDY

**** **Speedy**, geboren im Frühling 1997 in den Slums von Wilfleinsdorf, im zarten Alter von zwei Monaten Liebe auf den ersten Blick mit der Spaziergängerin Sabine; gescheiterter Fluchtversuch aus dem Fenster; darauf Legalisierung des Verhältnisses durch Adoption.*

6 Uhr

„Aauuhh!" Ich habe gar nicht gewußt, daß Mäuse so laut schreien können. „Speedy! Es reicht! Verschwinde!" Komisch, die Stimme gehört eindeutig meiner Mitbewohnerin. Leicht verärgert offenbar, na ja, frühmorgens ist sie nie besonders ansprechbar. Aber was hat sie mit diesen kleinen Krabbeldingern am unteren Ende der Decke zu tun? Das sind doch eindeutig … He, loslassen! Man hat eben keinen Dank. Da bemüht man sich, geht auf die Jagd, und was passiert? Man wird delogiert! Schon gut, ich habe verstanden. Adieu!

„Ja, geh nach draußen und reagier' dich an den Thujen ab. Ich bin nicht dein Kratzbaum." Menschen …! Daß sie unsereins so oft mißverstehen. Nun gut, gönnen wir ihr noch ein wenig Schlaf.

9 Uhr

Diese Langschläferin! Jetzt ist es aber wirklich Zeit für mein Frühstück. Na, probieren wir es mal auf die sanfte Tour. „Mmmh. Hallo, Schmusebär. Wie spät ist es? Ah, neun. Na, Speedyputz, was hältst du von Frühstück?“ Wer sagt's denn! Es funktioniert! Manchmal muß man sich offenbar erniedrigen, um an die Dose heranzukommen. Warum hat noch niemand den Dosenöffner für die Katze erfunden? Das wäre eine echte Marktlücke. Mein Gott, dieses Tempo! Das ist ja nicht auszuhalten. Sind alle Menschen nach dem Aufstehen so unbeweglich? Aber immerhin, sie steuert auf meine Futterschüssel zu. Ja! Ich hätte Lust auf ein Feinschmeckerdöschen. Nein, halt! Nicht schon wieder diese stinkende Ente von gestern. Hast du denn noch immer nicht begriffen, daß ich dieses Federvieh hasse? Igitt! „Was? Du rümpfst die Nase? Ganz schön heikel, mein Guter! Ich fürchte fast, dein Wochenend-Herrchen hat dich verzogen. Na, laß mal riechen. Hm, du hast recht, das stinkt. Würde ich auch nicht essen. Okay, gewonnen. Was hättest du denn gerne?“

Ja, ja, Schlaraffenland! Die linke Dose, nimm die linke! Wie zeige ich ihr das bloß? Kopf reiben ist immer gut. „Aha, ein Feinschmeckerdöschen wünscht der gnädige Herr. Bitte schön, kommt sofort.“ Na endlich, ich verhungere!

11 Uhr

„Nein Speedy, danke , ich brauche keinen Sekretär. Laß die Tastatur in Ruhe!“

Wenn sie arbeitet, ist sie noch schlimmer, als wenn sie schläft. Könnte man von diesen fliegenden Fingern vielleicht zwischendurch ein paar Streicheleinheiten bekommen? „Speedy, bitte! Ich muß fertig werden.“ Bist du doch schon. Fix und fertig. „Laß mich ausdrucken.“ Ausdrucken? Super. Endlich Action! Ah, da kommt das Blatt. Ja, komm zu Onkel Speedy! „Speedy! Verdammt noch mal, jetzt hast du den Ausdruck verwischt! Los, geh in den Garten!" Ich will aber nicht allein in den Garten. Die Nachbarkatze kann mir gestohlen bleiben, das brutale Vieh. Und außerdem hat es geregnet. Ich will gestreichelt werden!

„Also alles noch einmal von vorne. Du bleibst da. Komm auf meinen Schoß. Ja, so ist es gut." Mmmh, schön! Manchmal muß man offenbar auf sich aufmerksam machen, wenn man zu seinen Streicheleinheiten kommen will.

13 Uhr

„Na, Speedy? Willst du telefonieren?" Gute Idee. Aber eigentlich war das ein Telefontastentonsolo, vierbeinig gespielt, du Banausin. Vielleicht sollte ich doch Musiker werden? Der erste Avantgarde-Katzenkomponist aus Wilfleinsdorf! Du wärst stolz auf mich. Ah, und jetzt läutet es auch noch. Ich wußte gar nicht, wie kreativ ich bin. „Runter, Speedy! Da kommt ein Fax herein. Speedy! Laß das Fax in Ruhe!" Das kann man doch auch in Liebe sagen.

15 Uhr

„So, mein Süßer. Zeit, daß Frauli sich auch ein Bappi macht." Wie die mit mir redet. Ich bin doch kein Kleinkater mehr. Und außerdem könnte ich auch schon wieder einen Happen vertragen. Wie wäre es denn mit diesen leckeren kleinen Naschereien für zwischendurch. Du weißt schon, die in dem Raschelsäckchen! Na komm schon, wie lange soll ich denn noch auf- und abmarschieren? „Na gut, ein paar Häppchen zwischendurch. Du bist ja mein Schatzilein." Ja, ja, zuerst macht sie mich den ganzen Tag nieder – Speedy, tu dies nicht, Speedy, tu das nicht – und dann bin ich ihr Schatzilein. „Komm, sei nicht nachtragend. Ich halte dir ja auch nicht vor, daß du jeden Morgen um sechs einen Energieanfall bekommst.“ Ach ja, und was tust du jetzt gerade? Schwamm drüber. Das momentane Geschehen ist viel spannender.

Was sind das für verlockende Bällchen in der Abwasch? Perfekt für eine Runde Pfotenball. „He, Speedy, du Klauer! Laß meine Kohlsprossen in Ruhe! Da ist dein Ball.“ Spielverderberin. Den kenne ich doch schon. Der ist urlangweilig. „Du Halbstarker! Bist du schon in der Pubertät? Das ist ja schnell gegangen.“ Puber-was? Egal. Was sehen meine Kateraugen? Wasser? Ein Glas nur für mich. Wie aufmerksam. Oder sollte ich doch lieber vom Wasserhahn trinken? Warum seufzt sie denn schon wieder? Der Frau kann man doch nichts recht machen. „Speedy, bitte! Das ist mein Glas, dein Napf steht auf dem Boden, da.“ Mein Gott, das abgestandene Gebräu von heute früh, das soll ich trinken? Das ist doch nicht dein Ernst? „Gut, du bekommst frisches Wasser. Zufrieden?“ Warum nicht gleich so. Daß diese Menschen so schwer von Begriff sind. Aber immerhin, man kann sie erziehen.

18 Uhr

„Genug für heute, jetzt gönne ich mir ein Schaumbad! Kommst du mit, Kleiner?“ Den Kleinen habe ich überhört. Natürlich komme ich mit. Habe ich mir schon einmal ein Bad entgehen lassen? Das ist doch wohl der perverseste Brauch von allen. Ich werde nie verstehen, warum sich diese Menschen freiwillig in einen Riesennapf voll Wasser setzen. Ich muß mir meinen Logenplatz sichern. Ab ins Waschbecken. Jetzt steigt sie gleich hinein. Unfaßbar. Das muß ich mir aus der Nähe ansehen. Komisch, diese Schaumberge. Aber sie riechen gut. Wie wohl das Wasser schmeckt? „Laß mich mal dein Badewasser schlürfen ...“ Na ja, habe schon bessere Cocktails getrunken. Aber was haben wir denn da? Sind das nicht meine Mäuschen von heute früh, da am unteren Ende? Ein Glück, daß ich der beste Seiltänzer der Umgebung bin. So ein Badewannenrand ist für mich ja ein Klacks. Den nehme ich doch mit links. „Speedy, paß auf, es ist glitschig. Du bist leichtsinnig. Speedy, nein, nicht! Oh Gott, gut, daß ich dich mit meinem Fuß erwischt habe, sonst wärst du am Ende noch ertrunken. Mein armes nasses Katzi.“

Was für eine Blamage! Ich kann mich ja hier nicht mehr sehen lassen. Nasse Hinterpfoten, das ist doch wirklich das Letzte. Iiiiih! Und diesen Schaum kann man kaum abschütteln. Wie der klebt. Da wird wohl eine Katzenwäsche fällig. Es muß sein. Hoffentlich erzählt sie das bloß niemandem.

20 Uhr

Uahh! Bin ich müde. Das war ja wieder ein wirklich anstrengender Tag. Zeit für ein Nickerchen. Ja, schalt ruhig den Fernseher ein, da schlafe ich besonders gut. Ab in die Federn. „Komm her zu mir, Schmusebär. Laß dich knuddeln!“ Diese Liebesanfälle kommen immer zum falschesten Zeitpunkt. Also gut, aber nur fünf Minuten. Ein so beschäftigter Kater wie ich braucht schließlich seinen Schlaf. Mmmh, ja, das ist gut, ja, mehr! Hinterm Ohr, ja! Und jetzt unterm Kinn! Nicht aufhören! „Schnurrliburli, du Genießer. Mein süßer Bär. So ein seidiges Fell. Du bist doch der Schönste von allen. Und dein süßes, weißes Schnäuzchen! Mein Zimmertiger. Ich bin froh, daß ich dich habe.

Mein einziger Lieblingskater." Oh, welch süße Wonne. Augenblick, verweile doch, du bist so schön. Ja, ich werde Dichter. Das ist noch besser als Musiker. Oder beides. Dichtender Musikus mit eigenem Vortrag. Diese Straßenkater, die ständig vor unserem Fenster ihre Balzgesänge von sich geben, singe ich doch glatt an die Wand. Oh ja, ich sehe schon alles genau vor mir ...

„Hallo Michael, ich bin's. Sag, hast du gewußt, daß Katzen schnarchen?"

Beatrix M. Kramlovsky

MEIN IST DIE RACHE

**** **Mimi** vom Bisamberg, Übernahme des Familienterritoriums 1993; bevorzugter Denkplatz auf rosa Seidenpapier neben der Computertastatur.*

Wenn die Welt zitternd an den Spitzen meiner Barthaare hängt und auf ihre Enträtselung wartet, spüre ich die alte Verbitterung hochkriechen, wollte ich voll Lust in die offene Pfote beißen, die du mir bettelnd entgegenstreckst. Noch verführst du mich mit dem gekonnten Schnurren deiner Stimme und dem sanften Kraulen hinterm linken Ohr, weißt meine Sprache zu deuten, wenn ich bereit bin, sie dich verstehen zu lassen.

Aber ich habe nichts vergessen! Ich bin kein Schwachkopf wie mein Sohn, der in hündischer Ergebenheit der Hand mit dem Dosenöffner folgt, davon überzeugt, daß das männliche Junge im Haus ein in Menschenhaut gehüllter Kater ist. Ich bin nicht bestechlich wie der Vater meines Sohnes, silbergrau mit weißen Granen, graugrüne Augen, weit auseinanderstehend unter schwarzbespitzten Lauschern. Seine Größe hatte mich verwirrt, die ich noch unerfahren und jungfräulich meinen Weg zu finden suchte, nicht erkannte, daß er willentlich vergaß, wer unsere Ahnen sind, Beherrscher der Nacht, und daß sie unsere Bereitschaft brauchen, um zurückzukommen in alter Macht und Herrlichkeit.

Nein, ich vergesse nicht, auch wenn ich dir entgegenschnurre und mich deiner Zärtlichkeit bediene. In den zuckenden Muscheln meiner Ohren empfange ich die leisen

Signale aus der längst vergangenen Steppe und höre das Pfauchen der Großen Jägerin. Ich schließe meine Augen, entspannt zusammengerollt im Bücherregal hinter deinem Bildschirm, und spinne die alten Träume unserer Vorfahren, den verborgenen Weg zurück, arbeite an einem tragfesten Netz, knüpfe die zerrissenen Fäden wieder zusammen. Ich summe meinen Heiligen Namen, trage den Ton zurück in die Zeit, als unsere Geschichten ineinander verwoben waren und ihr um unsere Macht wußtet, wußtet, wer wir waren und welche Rolle euch zugedacht war.

Ich lecke über das dichte Fell an meiner Seite und spüre durch den Pelz hindurch voll Trauer die Narben, die Erinnerung an meine nackte, elfenbeinfarbene Haut, die mich meine Verstümmelung nie vergessen läßt, derer ihr euch rühmt, ein fürchterliches Zeichen eurer Zivilisation, eures barbarischen Könnens.

Habt ihr vergessen, daß der Kreis sich wieder schließt, daß ihr zurück an den Anfang müßt?

Dort warten wir, stark von den zurückgeschnurrten Träumen unserer Ahnen, mächtig durch die Furcht, die deine Vorfahren unsretwegen litten. Soll ich dich warnen, die du so gut zu schmeicheln und zu streicheln verstehst? Soll ich in dir nur ein dummes Produkt deiner Art sehen, die so beharrlich nicht weiß, was sie tut, und sich dessen auch noch rühmt? Es war ein Fehler von euch, eure Stärke zu mißbrauchen und unsere gemeinsame Vergangenheit zu vergessen. Wir haben immer nebeneinander gewohnt. Weißt du es nicht mehr? Träumst du nicht manchmal davon, wenn draußen die Gewitter heulen, der Wind ums Haus peitscht, die Geister rufen? Keine archaischen Bilder, die dir verraten, was alle Katzen wissen, auch wenn sie träge wirken, zu gut gefüttert, zu gutgelaunt? Keine blitzartige Erinnerung, keine Verknüpfung an der richtigen Stelle in deinem Gehirn, die dich zurück an den Ursprung führt?

Wir waren da, bevor es euch gab. Und als ihr erschient, wart ihr ängstlich und hilflos und klein. Niemand fürchtete euch!

Erinnerst du dich nicht, wie ihr von den Bäumen stiegt und euch auf die Hinterbeine stelltet, Aasfresser, Allesfresser, dem veränderten Klima ausgesetzt, der einsetzenden Dürre, den kühlen Nächten? Eure Sprache begann sich von unserer zu lösen, und ihr zogt es vor, euch neue Wege durch die Wildnis zu singen. Aber ihr kamt immer wieder zurück in unsere Reviere, ihr suchtet unsere Höhlen, die Schutz vor Kälte und manchen Gefahren der Dunkelheit versprachen. Und ihr wußtet, daß wir die Mächtigen waren, ausgesandt von den Göttern, um eure Zahl gering zu halten, Dinofelidae, spezialisiert auf eure Tötung, die Wohnstatt mit euch teilend, bis der Schrecken in euch groß genug war, daß ihr den Himmel über euch erkanntet und Menschen wurdet, die das Feuer zähmten.

Ich schnurre, aber mißdeute mein Schnurren nicht! Ich habe nicht vergessen, daß du die mögliche Kette meiner Nachfahren unterbrochen hast, wie es die meisten von uns Katzen nicht vergessen können. Der Groll wächst und rollt als Echo in unserem Geschnurre und vermischt sich mit der angstvollen Wut der anderen Arten, die ihr begeistert behandelt und sterilisiert und kastriert nach eurem Dafürhalten und Gutdünken.

Ich betrachte dich durch die schmalen Sicheln meiner fast geschlossenen Augen, und ich sehe, wie du warst, als wir durch die Savanne streiften. Kann sein, daß eure kollektive Furcht euch so schnell vorantrieb. Angst ist vielleicht ein Motor, den wir unterschätzt haben. Aber, so tröste ich mich, ihr verfallt demselben Fehler, denn ihr beachtet unsere Angst ebenfalls nicht. Ihr spürt sie gar nicht. Ihr fühlt nicht, wie das Entsetzen der von euch verdrängten und benutzten Kreaturen sich sammelt und anschwillt und wächst und uns verändert, bis das Pendel endgültig umschlägt, wieder zu unseren Gunsten.

So pflege mich!

Liebe mich!

Liebe mich, bis der Tag kommt, an dem wir zurückkehren zu unserem Beginn und du, vom Grauen zerfressen um dich und deine Jungen, einen neuen Weg zu fremdgewordenen Göttern singst, während wir, wieder großgewachsen, allgegenwärtig und mit kräftigen Unterkiefern die Beute unter uns teilen.

Ilse Krüger

UNERTRÄGLICHE ZUSTÄNDE

**** **Mutzekater**, ein hochbeiniger, mächtiger Tigerkater, war eine liebevolle Persönlichkeit, anhänglich bei Kälte und Regen, hochmütig seiner eigenen Wege gehend bei Sonnenschein – und bei jedem Wetter hungrig. Er war Teil des Lebens von Ilse und ihrer Familie, sein Fehlen ist ihnen schmerzhaft bewußt. Er starb viel zu früh, kurz nachdem dieser Text enstand.*

Nichts wird sich für die Katzen auf unserer Welt ändern, solange sie ihre Angelegenheiten nicht selbst in ihre Pfoten nehmen. Wenn sie sich wenigstens ihre eigenen Fellosen aussuchen könnten. Aber kaum hat ein Katzenkind seine Augen geöffnet und ist mißtrauisch ein paar Schritte von seiner Katzenmama weggetapst, wird es gepackt und in ein fremdes Zuhause gesteckt, in dem sich bereits eine Gruppe Felloser breitgemacht hat. Was bleibt einer Katze anderes übrig, als sich mit ihnen zu arrangieren, sind doch die Voraussetzungen für ein autonomes Katzenleben noch immer nicht geschaffen worden. Wann wird es endlich eine Katzeninitiative geben, die durchsetzt, daß den Katzen Dosen zur Verfügung gestellt werden, die sie alleine öffnen können? Wenn ich nur ein wenig mehr Zeit hätte, mich darum zu kümmern! Aber so ein Katzentag hat auch nicht mehr als 24 Stunden, und jederkatz weiß, wie viel Zeit man für seine notwendigen Schlafpausen, seine gründliche Fellpflege, seine gewissenhafte Revierüberwachung, sein bißchen Fressen und für seine fortwährenden Aufmerksamkeitsbezeugungen an die eigenen Fellosen braucht. Zu ihnen muß man einfach besonders nett sein, sind sie doch schon von Natur aus benachteiligte Geschöpfe.

Früher hat mich das alles nicht gekümmert, denn früher habe ich es gut gehabt. Mein Zuhause ist ein angenehmer Ort gewesen, und ich habe mich nicht beklagen dürfen. Aber dann sind eines Tages fremde Fellose ungebeten in mein Zuhause eingedrungen und haben mit viel Lärm begonnen, alles zu demolieren. Nirgendwo mehr ein gemütliches Plätzchen, alles voll Schmutz und Staub und nirgendwo mehr ein sicherer Ort, an dem man von keinem herabfallenden Gegenstand getroffen wurde. Gekränkt habe ich mich in den Garten zurückgezogen, um erst spät abends, wenn sich Lärm und Staub gelegt hatten, zurück ins Haus zu huschen und hastig mein Futter herunterzuschlingen. Was für katzenunwürdige Zustände!

Alles haben sie verändert, keinen Stein auf dem anderen gelassen, und dann haben sie in die entstandenen Löcher eine graue Masse eingefüllt. Nichtsahnend bin ich hineingestiegen, meine Pfoten sind dabei ganz leicht in die weiche Masse eingesunken, ein unerwartet wonniges Gefühl. Ich hab' es dann immer wieder ausprobiert, aber einmal hat man mich enttäuscht, denn das graue Zeug ist steinhart gewesen. Da habe ich begriffen, daß die graue Masse nur eine Weile weich bleibt, und von da an habe ich mich immer beeilt, rechtzeitig hineinzusteigen. In dieser Zeit wahrhaftig mein einziges Vergnügen.

Aber nicht nur für mich ist damals alles unkatzlich gewesen, auch die kurzbeinigen Fellosen sind hilflos inmitten des Chaos' und der Zerstörung herumgeirrt, und so haben wir uns gegenseitig ein wenig getröstet. Die Kurzbeinigen sind sowieso viel feinfühliger als die Langbeinigen, wenn sie auch ihre Körperkräfte noch nicht richtig dosieren können und einen manchmal fast erdrücken. Hat mich eine Menge Erziehungsarbeit gekostet, sie davon abzuhalten, mich ununterbrochen herumzuschleppen. Konsequentes Pfauchen und gelegentliches Krallenzeigen haben aber bald dazu geführt, daß sie meine Wünsche und Absichten respektieren.

Endlich sind die fremden Fellosen abgezogen, und ich habe gedacht, jetzt wird wieder alles so, wie es vorher gewesen ist. Aber meine zwei Langbeinigen rennen weiter wie gereizt in meinem Zuhause herum und kommen nicht zur Ruhe. Ununterbrochen erzeugen sie dabei unnötigen Lärm und schrecken mich aus dem Schlaf. Es ist so, als hätten sie es verlernt, mit Gegenständen umzugehen. Immerzu fällt ihnen etwas aus der Hand, schlägt laut scheppernd auf den Fußboden auf, sie stoßen krachend irgendwo an oder werfen die Türen mit einem Knall zu. Und jedesmal wenn sie einander treffen, scheinen sie das Bedürfnis zu haben, sich etwas zuzukeifen, und weil sie wegen der Geräusche, die sie selbst erzeugen, immer lauter keifen müssen, ist der Lärm für meine empfindlichen Katzenohren unerträglich geworden.

Zwar ist es schon früher gelegentlich vorgekommen, daß der große Langbeinige einmal ein kurzes Warnkeifen ausgestoßen hat. Aber damals wurde das von der sanften, kleinen Langbeinigen mit Schnurren und intensivem Kraulen beantwortet, worauf das Keifen dann für eine Weile wieder eingestellt wurde. Aber jetzt keifen und keifen sie fortwährend zu zweit, in einem wahrhaft bissigen Tonfall, und keiner bemüht sich mehr, den anderen zu kraulen. Mich natürlich auch nicht. Und wenn ich mir auch nichts daraus mache, irgendwie vermisse ich doch eine gewisse höfliche Aufmerksamkeit. Als ob ich Luft für sie wäre. Aber jedesmal wenn ich sie an mich erinnern will und mich ihnen zärtlich schnurrend nähere, stolpern sie fast über mich, so als ob sie nicht darauf gefaßt wären, daß es mich noch gibt.

So ist in meinem Zuhause alles unerträglich geworden, und nirgendwo findet sich noch ein Fleckchen Gemütlichkeit. Das spüren auch die beiden Kurzbeinigen und verkriechen sich in ihre Schlafhöhlen und schließen ihre Türen, um den Lärm der Langbeinigen nicht mehr zu hören, so daß ich mich auch zu ihnen nicht flüchten kann.

Deshalb hab' ich in letzter Zeit viel über mein Leben nachgedacht und überlegt, ob ich all die Kränkungen wirklich noch länger ertragen will, oder ob es besser wäre, mich auf den Weg zu machen, um mir ein neues Zuhause zu suchen. Aus falscher Sentimentalität habe ich aber jedesmal am Ende meiner Reviergrenze, dort, wo mir der penetrante Geruch das Gebiet des Rotfelligen anzeigt, umgedreht, und niemand soll glauben, daß die pfauchende Drohung des Rotfelligen, ich solle mich aus seinem Revier schleichen, weil ich dort völlig unerwünscht sei, die eigentliche Ursache meiner Umkehr gewesen ist.

Weißöhrchen, meine schnurrige Freundin, der ich mich rückhaltlos anvertrauen kann, hat mir den Rat gegeben, mir nicht länger alles gefallen zu lassen und den Fellosen gründlich meine Meinung zu miauen. Mit Weißöhrchen verbindet mich seit der Sache mit dem Weißkitteligen, dem ich gleich bei unserer ersten Begegnung zutiefst mißtraut habe, und den ich sicherheitshalber sofort gebissen und gekratzt habe, eine innige Seelenfreundschaft. Ich mache mir nämlich nichts aus Sex. Das ist wirklich nur etwas für völlig vulgäre Kater. Ich bin froh, daß auch Weißöhrchen nicht so eine ist, sondern voll vornehmer Zurückhaltung und nicht so rollig wie die Schwarzweiße, der alle Kater gleich gut sind.

Natürlich habe ich versucht, Weißöhrchens Rat zu befolgen. Aber wie soll ich den Langbeinigen meine Empörung mitteilen, wenn sie jedesmal, wenn sie gemeinsam in meinem Zuhause sind, zu keifen beginnen. Mein vorwurfsvolles Miauen haben sie gar nicht wahrgenommen. Dabei bin ich mir nicht einmal sicher, ob überhaupt eine Möglichkeit bestanden hätte, mich ihnen verständlich zu machen. Mit ihrer beschränkten Intelligenz können sie noch immer nicht meinen Wunsch nach Wasser oder Milch unterscheiden, obwohl ich es wirklich deutlich genug hinausmiaue, und wahrscheinlich werden sie nie begreifen, welche von den bereitstehenden Dosen ich gerade essen möchte.

Bei meinem nächsten Zusammentreffen mit Weißöhrchen berichte ich ihr von meinem Mißerfolg, und da meint Weißöhrchen, daß es nun Zeit sei, das äußerste Kampfmittel einzusetzen. Ich solle doch einfach mein Futter verweigern. Das habe ihrer Erfahrung nach den allergrößten Erfolg.

Einfach soll so etwas sein. Aber Weißöhrchen hat leicht reden, denn sie ist eine von den modernen Katzenfrauen und daran gewöhnt zu hungern, schon allein um ihre zarte Taille zu erhalten. Aber ich bin ein stattlicher Kater mit einem stattlichen Bauch. Soll der vielleicht dahinschmelzen, während ich vor Hunger fast sterbe? Trotzdem versuche ich, Weißöhrchens Rat zu befolgen, wenn es mir auch schwerfällt, das gefüllte Schüsserl nicht ratzekahl leerzufressen. Ich lasse also wirklich einen kleinen, aber nicht zu übersehenden Rest stehen. Aber was machen meine unsensiblen Langbeinigen? Gedankenlos schütten sie auf den mir vom Mund abgesparten Rest eine neue Portion Futter und rühren alles ein wenig um. Sie tun so, als hätten sie meine aus tiefstem Kummer erfolgte Protestaktion gar nicht bemerkt.

Aber die Langbeinigen bemerken an diesem Abend sowieso überhaupt nichts, denn sie hören nicht mehr auf, sich anzukeifen, so daß ich mich trotz meiner Müdigkeit entschließen muß, einen Mondscheinspaziergang anzutreten. Am Morgen komme ich dann hungrig und müde heim und stehe entsetzt vor meiner leeren Futterschüssel. Auch die Kurzbeinigen stehen verstört herum, weil sie offenbar auch nicht gefüttert worden sind. Es ist empörend! Die Kurzbeinigen scheinen meiner Meinung zu sein, und nach endlosen Minuten des Wartens dringen wir mauzend und plärrend in ihre Schlafhöhle ein. Entsetzt müssen wir zusehen, wie die Langbeinigen sich so sehr in den Haaren haben, daß sie dabei vor Anstrengung keuchen. Aber sehr lange können wir nicht verdutzt beobachten, was sie treiben, denn der große Langbeinige hüpft aus dem Bett, verbirgt seine schäbige Fellosigkeit nicht einmal mit ein wenig Stoff, sondern jagt uns, nackt wie er ist, aus dem Haus.

Da stehen wir nun im Garten. Hungrig und ohne Schutz vor den morgendlich warmen Sonnenstrahlen. Ich blinzele ein paar Mal und dann weiß ich, jetzt ist endgültig Zeit fortzugehen. Mit nichts als dem Fell auf meiner Haut beschließe ich, mein Glück anderswo zu versuchen. Entschlossen löse ich mich aus dem Klammergriff der Kurzbeinigen. Sie triefen vor Nässe, und Nässe kann ich auf meinem Fell nicht leiden, und so fällt mir der Abschied nicht schwer. Zwar höre ich noch lange ihr weinerliches Rufen, aber ich habe meinen Entschluß gefaßt, und ohne mich umzuwenden, durchschreite ich mein eigenes Revier, dann das Revier des Rotfelligen, der mich diesmal zum Glück nicht bemerkt, und komme kurz darauf in die Fremde.

Ich folge einem grauen Band, biege um eine Ecke, und plötzlich umgibt mich ein lautes Rauschen und Sausen.

Unzählige Blechtiere sausen an mir vorbei und hindern mein Weiterkommen. Da hilft nur ein rascher Entschluß. Jetzt oder nie – und ich setze zu einem Supersprint an und erreiche die andere Seite. Vom Erfolg überwältigt stolziere ich weiter.

Bald wird mein Vorwärtskommen immer schwieriger. Riesige Häuser, die bis in den Himmel ragen, versperren mir die Sicht, immer wieder queren graue Bänder das graue Band, auf dem ich mich fortbewege. Überall sind Blechtiere, die sich rasend schnell bewegen oder am Rand der Bänder bewegungslos herumstehen, um sich dann plötzlich unvermutet in Bewegung zu setzen und mich zu erschrecken. Immer mehr Fellose sind unterwegs, immer öfter muß ich ihren achtlosen Füßen ausweichen. Meine Pfoten, nur gewohnt, über weichen Rasen zu schreiten, tun mir weh, und mein leerer Bauch beginnt sich mit jedem Schritt stärker zu empören. Immerzu muß ich ans Fressen denken und stelle mir vor, wie mein kleines Langbeiniges eine Dose öffnet, eine Dose von vielen, und ich stelle sie mir alle vor, Berge von Dosen. Selbst die grüne Dose hätte mir jetzt geschmeckt, und sicher hätte ich heute darauf verzichtet, schmollend das Futterschüsserl zu umrunden, mich stattdessen daraufgestürzt mit meinem Heißhunger. Wieder einmal halte ich inne, um zu überlegen, wohin ich mich wenden soll. Da fällt mein Blick auf einen hochaufgeschlichteten Berg vertrauter Dosen. Ich stelle mich auf meine Hinterbeine, um ihnen näher zu kommen, aber eine durchsichtige Wand trennt mich vom ersehnten Futter.

Da greift eine fellose Pfote nach mir, nimmt mich hoch und streicht mir grob über das Fell. Die Pfote krault mich nicht nur hinter den Ohren, sondern fährt mir mit ungeschickten Bewegungen über mein ganzes Fell. Das ist beschämend, denn ich kann mich dem Griff nicht entwinden, und ich kann es überhaupt nicht leiden, gestreichelt zu werden, wenn mir nicht danach zumute ist.

Der Fellose drückt mich fest an seinen Körper, er riecht nach Katzen und nach noch irgend etwas, das mich mein Fell sträuben läßt. Dann beginnt er, sich mit mir zu bewegen. Ich mag es nicht, herumgeschleppt zu werden, nur den Kurzbeinigen erlaube ich es manchmal, aber einem fremden Langbeinigen würde ich es nie gestatten, und ich versuche mich dem Griff zu entwinden. Es gelingt mir, eine Pfote frei zu bekommen, und meine Krallen bohren sich in seine rote, fellose Pfote. Da werde ich noch fester gepackt. Laut mauze ich auf, aber niemand hört mich, und niemand hilft mir. Der Langbeinige betritt eines der hohen Häuser und öffnet eine Tür, schließt sie wieder, öffnet eine zweite Tür, schließt sie und öffnet eine dritte Tür. Es riecht jetzt intensiv nach Katzen und nach noch etwas Fellsträubendem, und da wirft mich der Langbeinige plötzlich unerwartet auf den Boden, sodaß ich Schwierigkeiten habe, sicher auf allen vier Pfoten zu landen. Es riecht nach vielen Katzen, aber noch immer begreife ich nicht, was mit dem Geruch nicht stimmt. Mit geplustertem Schwanz schreite ich langsam durch den fast lichtlosen Raum. Da sehe ich sie plötzlich vor mir. Berge von Katzen liegen übereinander. Aber sie bewegen sich nicht, sie mauzen nicht, es sind keine Katzen, es sind lauter Katzenfelle. Leblose Katzenfelle ohne Katzen.

Starr vor Schreck stehe ich da, als ich plötzlich eine Bewegung hinter mir spüre. Rasch drehe ich den Kopf, der Fellose bückt sich schon zu mir hinunter, etwas blitzt in seiner roten Pfote, und blitzschnell verkrieche ich mich unter den Fellen meiner Brüder und Schwestern. Ein schrilles Geräusch ertönt, und der Fellose läßt von mir ab, wendet sich brummend zur Tür. Er öffnet die erste, die zweite, die dritte Tür – und so schnell wie einer nur rennen kann, der um sein Fell rennt, sause ich durch die geöffneten Spalten und renne und renne zwischen unzähligen Füßen von Langbeinigen, immer weiter, nur weg. Weg von den Langbeinigen, weg von den hohen Häusern, weg von den breiten Bändern mit ihren kreischenden und brummenden Blechtieren.

Endlich öffnet sich zwischen den hohen Häusern ein Spalt, und ich folge einem schmalen grauen Band. Bald finde ich mich wieder zurecht, denn hier gibt es wieder vertraute Zäune, zwischen Gras und Bäumen stehen niedrige Häuser. Erst nach einer Weile begreife ich, daß ich nicht nach Hause gefunden habe. Die Sonne senkt sich zu den Bäumen, nirgendwo ist ein Felloser zu sehen, das graue Band liegt verlassen da, und so klettere ich über einen Zaun, verkrieche mich unter einem Busch und beginne mein wertvolles Fell zu lecken.

Im Schlaf sehe ich die rote Hand, sehe etwas blitzen, renne wieder um mein Fell, aber später träume ich davon, daß mich meine kleine Langbeinige lockt und mir mein Futter hinstellt, genau vor meine Nase. Ich stürze mich gierig darauf und will zu fressen beginnen, da werde ich munter. Schlecht ist mir vor Hunger, schwach bin ich vor Hunger, elend ist mir vor Hunger. Mein schöner praller Bauch ist völlig leer.

Ich muß Futter finden, bevor meine Kräfte endgültig schwinden. Vorsichtig erhebe ich mich und krieche aus meinem Versteck. Da steht plötzlich ein dickes Felloses vor mir. Es lockt mich mit seltsam schmatzenden Lauten. Aber ich traue keinem fremden Langbeinigen mehr und verkrieche mich lieber wieder im Busch.

Immer wieder höre ich die schmatzenden Laute, vielleicht versprechen sie Futter. Aber ich habe meine Lektion gelernt. Erst als es finster wird, nähere ich mich vorsichtig dem fremden Zuhause. Etwas liegt auf dem Boden, ich beschnuppere es lange, es riecht nicht wie mein Futter, es riecht nicht gut, überhaupt nicht gut, aber dann schlinge ich das grausige Zeug doch mit ein paar Bissen herunter.

Wenn ich davon auch nicht satt geworden bin, der allerärgste Hunger ist gestillt, ich verstecke mich wieder und versuche zu schlafen. Der Boden ist hart und kalt, ich vermisse meine weichen Polster, ich vermisse die weichen tapsigen Pfoten meiner Kurzbeinigen. Auf einmal wird mir schlecht, und das hastig heruntergeschlungene Futter würgt sich aus meinem Magen heraus.

Da steht für mich fest, hier kann ich nicht bleiben, und ich mache mich wieder auf den Weg. Bald erreiche ich die hohen Häuser, die breiten grauen Bänder mit den sausenden Blechtieren. Bin ich auf dem richtigen Weg? Ich laufe und laufe, während die Sonne am Himmel hinaufsteigt, und laufe und laufe, während sie sich wieder herabsenkt. Ich finde mich nicht zurecht, und ich finde nicht mehr nach Hause.

Nur mehr langsam vermag ich die Pfoten zu heben, meine Augen kleben mutlos am grauen Boden, da höre ich, wie mich jemand ruft und bleibe verdutzt stehen. Unzählige Füße von fremden Fellosen eilen an mir vorbei ... Von wo ist das Rufen gekommen? Plötzlich entdecke ich auf der anderen Seite des grauen Bandes mein kleines Kurzbeiniges, es bewegt sich, ich muß zu ihm, sofort muß ich zu ihm. Aber kein Spalt tut sich zwischen den sausenden Blechtieren auf, es ist zum Verzweifeln. Wenn es nun nicht mehr länger auf mich wartet, dann werde ich nie mehr meine Dosen, meine Polster und mein Zuhause sehen. Mit riesigen Sätzen hetze ich mitten durch die hin- und hersausenden Blechtiere, der Wind, den sie machen, streift mein Fell, wirft mich fast um, aber mit einem weiteren Satz erreiche ich das Kurzbeinige, und weil ich nicht mehr bremsen kann, plumpsen wir zusammen auf den Boden.

Während ich noch nach Luft schnappe, spüre ich, wie sich seine krallenlosen, tapsigen Pfoten an mein Fell klammern. Schon wieder trieft Nässe aus den Augen und dem Schnäuzchen, aber diesmal halte ich den Tropfen stand und schnurre, schnurre, schnurre ...

Um uns hat sich ein Kreis Felloser gebildet. Daraus lösen sich meine zwei Langbeinigen und beugen sich zu uns herunter. Sie haben aufgehört zu keifen und versuchen sogar, ein wenig zu schnurren, wenn es ihnen auch nicht besonders gut gelingt. Da ist auch das größere Kurzbeinige und gräbt ebenfalls sein feuchtes Schnäuzchen in mein Fell. Iiiiih. Dann werden wir aufgenommen, mich trägt das kleine Langbeinige, das kleine Kurzbeinige wird vom großen Langbeinigen hinterhergetragen, während das große Kurzbeinige neben uns herläuft.

Zu Hause wird zuerst das kleine Kurzbeinige auf mein Sofa gebettet. Aber ich komme gar nicht dazu zu protestieren, weil sie gleich darauf mit den Dosen zu scheppern beginnen. Welch köstlicher Lärm für einen fast verhungerten Kater! Ich sause zu meinem Futterplatz und kann leider nicht verhindern, daß sie die grüne Dose aufmachen. Ich habe doch solchen Gusto auf die rote Dose gehabt! Aber während ich mich ans Fressen mache und feststelle, daß auch die grüne Dose gar nicht so übel schmeckt, spüre ich die Pfoten der Kurzbeinigen wieder auf meinem Fell und versuche deshalb, gleichzeitig zu fressen und zu schnurren, was ich ganz gut schaffe, und die langbeinigen Fellosen stehen daneben. Sie keifen noch immer nicht und öffnen bereitwillig die rote Dose, um sie in den schon wieder leeren Napf zu füllen. Gerührt beschließe ich, es noch einmal mit ihnen zu versuchen.

Birgit Langer

AUSGESCHLAFEN

**** **Pussy**, das ist der Ruf, dem sie manchmal folgt; sie erfreut sich des elften Frühlings, netter MitbewohnerInnen und eines großen Reiches mit Gräsern und Mäusen und Vögeln und Fischen; der Kater von nebenan aber …*

Hungrig. Zeit des kleineren Lichts auf den Kanten und Hindernissen. Das läuft: immer in meinem Senken und Heben. Immer. Von da oben, nicht warm, und schwächer als vor dem Schlaf. Habe davor noch Warmes, Zuckendes zu ihm getragen, triefend schon, und vor seine Wege gelegt. Wenn hungrig, soll er es haben, frisch finden und auch wissen, so nur von mir, und dann will ich ihn immer, in diesem Laut, der mich meint, und so alles ein wenig dunkler machend, das Große verlierend und tief, so tief und leicht in Richtung der Zunge über Ohren, gebogen, ganz über Knicken und Strecken, über Gleichgewicht ganz.

Das Bestimmte um seinen Schlaf, immer sein Schlaf, wenn nur die Kanten mit Licht sind. Wenn allein der große Atem. Wenn allein der dünne Auswuchs der Härte, die sich schält wenn zu schärfen ist, sich biegt. Höre und sehe genau. Die Schärfen nach vor und spannen, an die Feste, lassen, biegen und stehen. Und dann hinab, nicht griffiger Grund, niemals darauf richtig gespielt oder in die Flucht geschlagen oder selbst geflüchtet, rechtzeitig, vor meinem lauten, spielenden Gegner, der kommenden Erschütterung. Schon ein Wegrutschen dagewesen, wo die Schärfe nicht haftet und kein Fortkommen, dann schnell an das Gleichgewicht, einmal den Ruck vor der Drehung und wieder im Stehen, den Kopf und die Fänge schwer gegen den Grund gestemmt wie bei der Jagd. Hunger. Jagen!

Zwei Wege. Nach oben, gut und kurz mit allen Schärfen und volles Gewicht zieht nach unten, und um so schneller treibe hoch dann, hoch, jetzt sind seine Augen nicht da, weil ich weiß schon um seine bestimmte Zeit der Ruhe, rundherum der Blick, ob nicht doch seine List, und dann er, laut von einer Seite näherkommend, und ich lasse los, lande, und ich mache mich dann glänzend, verlegen gegen sein Lautes. Nirgendwo seine Augen, seine Schwere, sein Bewegen. Hoch!

Bin da, vor diesem großen Dunkleren, das nur er zum Bewegen, zum Schwingen bringt, er macht etwas in der Höhe. Kann in diese Höhe nicht, weil alles zu glatt ist, darum kratzen dazwischen, darunter kommen in das Ganzdunkel und solange kratzen, bis er hört und weiß: ich will mit ihm spielen, zuerst, und dann etwas für mich und ihn fangen. Dahinter höre ich ihn, er kommt, jetzt aufspringen und zurück. Sitzenbleiben zuerst vor dem Fallenlassen, genau hier, und hinauf schauen zu ihm.

Drei Uhr isses. Na komm, du Schlingel.

Spielen will ich mit dir, spielen! Vorne will ich dich, und dann vielleicht meine Schärfen ganz zart oder an dir kauen.

Nein, ich werd' jetzt nicht mit dir spielen. Ich laß' dich raus, und dann gehe ich wieder schlafen. Ich bin hundsmüd'! Na komm! (leichtes Klopfen gegen die Oberschenkel) *Pussy!*

Höre, muß aufblicken, kein Spiel will er jetzt mit mir, nachsehen, ist es, es ist genau dort, leicht, wie das Angebot bei ihm, das warme, schlafen und seinen Atem hören, das

Rauschen und Klopfen in ihm, aber jetzt meint er mitkommen, den Weg zeigen, bin schon da. Nach – dem Laut, der mich meint, jetzt lasse ich mich führen, obwohl der Weg längst bekannt, locker die Vorderen und gleichmäßig hinab, hinab, immer hinter ihm, er ist so laut, wenn er müde ist. Vor mir, geh nur vor mir, mein Blick zu Boden, das Horchen klar und Vertrauen, immer ihm nach, seinem Bewegen bis vor die Durchsicht, die Härte, wo ich mich manchmal dagegen stemmen muß und von außen immer mich melden, und wieso gibt sie nicht nach, wo ich doch alles sehe, alles fliegen und laufen, und ich will hinzu, und zucke, und meine Schärfen am Grund, um zu jagen, aber diese durchsichtige Härte dagewesen, und dahinter ist es ganz anders, kühl oder naß oder sehr warm, wärmer als er, aber er kann auch sie wegtun, einfach weg mit diesem Laut wie das Brechen, und dann faßt die Kühle mich, und ich springe weg, oder das Naß kommt von oben oder die Wärme, und ich lege mich, rolle alles um mich.

Zurück, wieder zurück, schwingt mir einmal kurz entgegen, aber jetzt, jetzt, das ist alles MEIN, und jetzt jagen und – ich denke an dich und bringe dir etwas, wenn das hellere Licht wieder wird und voll wird und alles glänzend und verschieden ist. Ja, ich komme wieder, wenn ich für dich gesorgt habe und einmal noch an dir den Kopf und hinterlassen den Duft an dir, und dann wieder riechen und wissen, da war nur ich an dir, und jetzt leicht in die Seite legen und einmal um dich.

Da, nicht weit, nur über den harten Grund, und dann vorne tasten und springen, leise durchlaufen bis … rieche sie schon, die dampfenden, warmen Hügel, darin ist, was schmeckt, mir und dir.

Helga Laugsch

ZWEI LEBEN

******Janis****, 1978-1995; prächtige und mächtige dreifarbige Halbangorakatze aus dem Münchner Tierheim; Vorlieben: Rindergulasch, Wadelspringen, Bücher und Manuskripte.*

Jetzt, wo alles langsamer und kühler wird, steigen manchmal Bilder hoch, wie unbekannte, träge Fliegen und Vögel, die mich nicht mehr reizen, schon lange nicht mehr, wobei ich früher willig und wild hinterhergesprungen bin, doch bestimmt, ich erinnere mich noch. Und ebenso kommen, da ich mich wohl einer anderen Daseinsweise nähere, diese Worte hervor, wie von selbst, aber lange vergessen, sodaß ich die Sprache der Menschen auf einmal wieder ganz verstehe.

Sie leidet lautlos vor sich hin, macht auf tapfer (und darin war sie schon immer Spezialistin), hofft und hadert, sie hat Angst; ich rieche ihren kalten Schweiß. Als ob ich nicht schon beschäftigt genug mit mir selbst wäre, muß ich mir auch noch Sorgen um sie machen, die mir im Lauf der Zeit so ans Herz gewachsen ist, mein kräftiges Herz, das nicht zu schlagen aufhören will, wo doch alle anderen Organe längst schon zu versagen begonnen haben. Aber ich will nicht klagen, was manchmal schwer erscheint, wenn Kleinigkeiten nicht mehr gelingen, kein Fleisch mehr schmeckt und ich oft in meiner Kiste stehe und nicht weiß, warum. Aus meinen vielen Schläfchen, so sehr genossen, geradezu pünktlich und lustvoll absolviert, mit großer Ausdauer, finde ich kaum mehr zurück, aus der Ferne muß ich mich bemühen, noch einmal hierher zu ihr zu kommen, bevor ich in den ganz großen Schlaf hinübergehe.

Sie ist älter geworden, ihre runden Backen schmäler, und manchmal sieht sie jetzt kantig aus, wenn sie die Zähne aufeinander beißt. Meine empfindlichen Ohren schwirren immer noch wie Radarschirme umher, wenn ich sie beim Malmen ertappe. Früher hat sie sich darüber lustig gemacht, über diese beweglichen Ohren, allerlei dümmliche Laute von sich gegeben, so, daß ich reagieren mußte, und ich war beleidigt. Erst später habe ich begriffen, daß sie mitunter recht einfach strukturiert ist, und hab' ihr den Gefallen getan, doch eigentlich habe ich mit ihr gespielt.

Früher, als wir beide noch knackig und rüstig waren – ich erspare mir wirklich nichts und greife tief in unsere gemeinsame Erinnerungskiste ... An die Zeit, die vor ihr war, kann ich mich fast gar nicht mehr erinnern. Nur vage sehe und rieche ich andere Pelztiere, sehr klein, die um ein großes Tier geradezu herumschwimmen, auf der Suche nach der Quelle. Soviel Gier und Wille, die erste zu sein (daß ich die Berechtigung dazu hatte, bezweifelte ich nie), soviel Energie, daß ich jetzt noch erschöpfter werde, so viele kleine, scharfe Schnauzen, die alle nur das eine wollten. Sie waren einfach da, ob gut oder schlecht, richtig oder falsch, mußte ich nie überlegen. Auch das ist eine Erkenntnis, die Tiere den Menschen voraus haben, denen, die so staksig und ungraziös auf zwei Beinen gehen müssen, wobei Katzen natürlich von vornherein in ein begünstigtes Leben hineingeboren werden (aber ich will mich nicht profilieren), und auch nur die Katzen, die ihre Lebenspartner finden; es gibt genug von uns, die leiden müssen.

Irgendwann dann war ich nicht mehr in meiner Horde, ich glaube, ich habe meine Nase ein bißchen zu weit herausgestreckt und wollte mehr. Ich stand auf eigenen Pfoten. Wenn ich mich recht besinne, streifte ich umher, und damals, in meiner frühen Jugend, gefielen mir all die kitzelnden Gräser, die Schmetterlinge, die Büsche und zuckenden Kleintiere, auf denen ich stand, noch außerordentlich gut; vor größeren mußte ich fliehen und mich verstecken, dann wurde ich gepackt, in etwas Großes, Dunkles gesetzt, bewegt. Es war mir nicht besonders behaglich, aber ich habe mich so verhalten, als ob das ganz normal wäre. Als ich wieder herausgelassen wurde, sah ich mich erstaunt um. Lauter solche wie ich, mit denen ich mich arrangieren mußte, was nur halbwegs gelang.

Und eines Tages stand sie vor mir, an der Linie, die uns umgrenzte, schützte oder einsperrte. Sie sah immer etwas anders aus als die anderen Menschen, ein bißchen daneben, zumindest für mich, sie trug meistens eine Farbe, die ungewöhnlich schrill war, ihre Säume zipfelten und tanzten, ihre Haare lösten sich ständig. Ich nahm ihren Geruch auf, und er erschien mir angenehm. Sie sah mich lange an, und ich erwiderte ihren Blick ruhig. Dennoch mußte sie einige Runden drehen, sich die anderen Exemplare betrachten, aber sie wandte sich immer wieder nach mir um. Mein Herz klopfte dann doch schneller, fast wie bei der Mäusejagd: würde sie an ihrem Schicksal vorübergehen? Ich hatte meine Wahl längst getroffen. Dann stand sie wieder vor mir, machte sich kleiner, gab allerlei Töne von sich. Damals verstand ich sie noch nicht und mußte mich auf meine Intuition verlassen. Sie sagte immer wieder dasselbe, schmeichelnd und zischend. Später begriff ich, daß sie mir damit einen Namen gab; Menschen sind ja Bezeichnungen sehr wichtig, sie brauchen ein Begriffssystem, müssen zuordnen, sonst sind sie verloren.

„Janis, Janis."

Zuerst schluckte ich, rief die Große Göttin an, zweifelte sogar an meinem Instinkt. Als ich mit ihr und ihresgleichen immer vertrauter wurde – und ich habe einiges von ihnen lernen und annehmen müssen, sie allerdings noch mehr von mir –, beklagte ich ihre Arroganz. Denn so, wie sie uns für dieses Leben benennen, hängt von Willkür, Bildung und Geschmack ab. Manche von uns heißen dann Susi, Muschi oder Mausi, was ich gar nicht weiter kommentieren will, andere Callas, Marlene, Piaf oder Zarah. Ich habe von Katern namens Hendrix oder Crosby gehört. Also gut, dann eben „Janis", was ich eine Zeitlang ignorierte, bis ich die entsprechende Musik hörte, bis ich mich damit anfreundete.

Zunächst aber packte sie mich etwas unsanft und hob mich hoch. Ich stemmte meine Vorderpfoten gegen sie, ich mußte ihr gleich beibringen, wer hier die Chefin war; sie brauchte auch nicht lange, bis sie das verstand. Wir fuhren eine grauenhafte Weile in einem Auto, was ich immer gehaßt habe, sie übrigens auch. Und dann ging es hoch, und ich wurde unruhig, auf den letzten Stufen befreite ich mich aus ihrem Griff, denn ich wollte nicht über die Schwelle getragen werden; manchmal habe ich Klischees gehaßt. Nein, auf meinen eigenen vier Pfoten betrat ich unsere Wohnung und sah mich um. Und was ich da alles sah: viele Winkel, riesige Staubmäuse und Flusen, einen Verhau, als ob die wilde Katzenjagd durchgebraust wäre. Ich will nichts beschönigen, sie war und ist eine Schlampe. Doch in diesem Moment – sie stand schüchtern hinter mir und wartete anscheinend auf einen Kommentar meinerseits (und wischte vergeblich über einen speckigen Tisch) –, roch ich ihre Unsicherheit, fast Demut, und begann sie zu lieben.

Was nicht heißt, daß ich ihr nicht bestimmte Dinge beibringen mußte. Ich habe stets den größeren Dickschädel von uns beiden gehabt. Gerade anfangs hatte sie wohl die Vorstellung, ich würde wie eine Nullachtfünfzehnkatze über Dosenkost erfreut sein (ach, all diese lächerlichen Lügenmärchen in der Werbung). Nichts da, nach zwei Tagen hatte sie kapituliert und servierte mir Rindsrouladen und Hühnerbrust; darunter habe ich es nie getan. Manchmal muß man sich unmißverständlich durchsetzen, es bringt nichts, gerade zu Beginn einer Beziehung, faule Kompromisse zu schließen, das kann nie gut gehen. Ebenso revidierte sie bald ihre Meinung, ich hätte nichts im Bett verloren. Was ihr da nicht alles einfiel, ein Kistchen unter der Spüle, mit Kopfkissen und Zudecke, dann ein Gestell an ihrem Bett-ende, haha. Was sie manchmal für Probleme machen mußte, völlig unnötig, und ich hatte sie bald vom Gegenteil überzeugt, indem ich ihr beibrachte, wie glücklich eine Katze mit Frau im Bett sein kann.

Mit diesem Apparat, durch den sie so gerne sprach, mußte ich mich erst anfreunden, dann aber biß ich in den Hörer, schnurrte und maunzte, was sie sehr verwunderte. Die erste Zeit redete sie ohnehin nur von mir, wie spinatgrün meine Augen seien, dieses entzückende Lätzchen auf der Brust, den dunklen Fleck neben der Nase, wie ein Schmutzfleck neben einer Micky-Maus-Nase, der Schwanz wie der eines Waschbären, dreifarbig, stell dir das mal vor, Weiß und Schwarz und Rot, eine Glückskatze, ausgerechnet ich und eine Glückskatze, und, du glaubst es einfach nicht, zweifarbige Zehenpolster. Ich verdrehte meine Augen nach oben, bis die Silberhäutchen sie bedeckten, und sie brach in neue Entzückensstürme aus; mitunter war sie ein regelrechter Kindskopf. Nicht, daß mir diese Begeisterung nicht zugestanden wäre, jede von uns ist schließlich die Schönste, aber ich war zweifellos die Allerschönste, die beste und interessanteste Katze, die ein Mensch finden konnte.

Ja, so begann es, ich machte mir ihre Wohnung zu eigen, suchte mir die guten Plätze, verabschiedete und empfing sie, deutlich vernachlässigt, mit einem wohldosierten Blick wie aus einem Heimatfilm, wenn sie zu lange wegblieb. Ich erkundete meinen Balkon und besah mir von oben das Treiben, fand alles recht gemütlich, ja, bis dann eines Tages ein Drängen in mir zu mächtig wurde, im nachhinein muß ich den Kopf schütteln, aber damals ... Ich wimmerte, ich klagte, schrie nach der großen Vereinigung. Sie stand albern da und gab mir Kosenamen, die nicht halfen, die mich nicht erlösten, sondern mein Hinterteil nur noch höher trieben und meine Stimmbänder animierten. Es mußte etwas geschehen. Au und weh, und dann eine spitze Nadel und die Betäubung. Erst zu Hause erwachte ich wieder, und sie lief hinter mir her, mit einem Handtuch, wollte mich zudecken, wenn das Gehen auf den vier Pfoten noch nicht wieder klappte und ich zusammenbrach. Schon aus Prinzip versuchte ich es erneut, und sie kam mir besorgt nach. Aber nach einer kurzen Zeit war auch das vorbei, und ich lebte mein Leben, wie es sein sollte, gelegentlich von Träumen durchbrochen, die nach mehr verlangten. Alles geht eben nicht auf einmal, da war ich schon weiser als sie.

Denn sie probierte es, ungestüm und recht blind. Sie wollte nicht kapieren. Jahrelang rannte sie mit dem Kopf gegen die Wand, wie ich es anfangs auch noch tat, als ich nicht begreifen wollte, daß Türen mitunter verschlossen sein können. Und sie realisierte es seltsamerweise bei den Menschenkatern gar nicht. Ich besah sie mir von hoch oben und erinnerte mich an all die Turbulenzen, die sie auslösen konnten, schloß die Augen und döste. Sie aber war wie von Sinnen, bei mir jedenfalls ließ sie sich gehen. Und all diese Telefongespräche! Ich merkte sofort, wenn sie eine Freundin an der Strippe hatte, ihre Stimme klang entspannt und zufrieden, weich und lebhaft, hatte nicht den schrillen und bemühten Tonfall, mit dem sie gefallen, Ansprüchen genügen wollte, die sie nicht greifen und begreifen konnte. Wenn um sie diese Spannung, der Geruch nach Angst und Verzweiflung war, dann redete sie mit einem Mann, von dem sie etwas wollte, was er ihr niemals geben würde. Sie tat mir so leid, denn sie verteilte kostbares Porzellan an jene, denen man nicht einmal eine Plastikschüssel, die die Übergabe unbeschadet überstehen sollte, in die Hand drücken dürfte.

Eines Abends ließ sie mich sehr lange warten, ja, der Morgen zog schon seine Spuren, ich stand auf dem Balkon inmitten der Margeriten und sah sie kommen; sie war nicht allein. Au weh, zwick, sie schien mir auf der Katastrophenschiene. Der ultimative Traumkater war endlich aufgetaucht. Ich betrachtete ihr Treiben höflich interessiert, ich konnte mich ja auch an allerlei erinnern. Sie machten dann nicht lange herum, es flogen Kleidungsstücke durch die Wohnung, irgendwann schafften sie es sogar, ins Bett zu kommen. Es ging eine ganze Zeitlang rund, aber dann schliefen sie doch. Ich ahnte Schlimmes, denn der Geruch, der seinen Kleidungsstücken anhaftete, war der des ewigen Wanderes. Und sie wurde viel zu hektisch, rumpelte durch die Zimmer, die Sinne stets auf ein Klingeln des Telefons gerichtet, das viel zu selten eintraf. Wenn sie nur kurz wegmußte und nicht mehr warten konnte, hob sie den Hörer ab, so daß das Besetztzeichen hupte. Mir taten nicht nur die Ohren weh. Das hatte sie nicht nötig.

Und sie traf Fehlentscheidungen. Eines Tages kam sie doch tatsächlich mit einem Kater heim, der durchaus adrett und schnuckelig wirkte, den sie mir zugedacht hatte. Sie sülzte mir die Ohren voll, ich solle freundlich zu ihm sein, er hätte seine Menschenfrau verloren und sei jetzt ganz allein, wir müßten ihn aufnehmen, ich sollte die Wohnung mit ihm teilen. Ich war stocksauer, was ich eigentlich gar nicht erwähnen muß. Und als der Kerl dann als erstes auf meine Futterschüssel zustürzte, mein Rindfleisch, das ich so mühsam durchgesetzt hatte, zu verschlingen begann, einfach so, wurde ich zum Drachen. Ich plusterte mein Fell auf, wurde doppelt so groß wie üblich, also noch beeindruckender, und griff ihn an. Ich wußte, was folgen würde; alles konnte ich mir schließlich auch nicht bieten lassen. Sie betrachtete mich kummervoll, erzählte von Toleranz und Kompromissen und Miteinander, aber ich verachtete sie und den dahergelaufenen Kater. Sie hielt es nur ein paar Stunden durch und brachte ihn schließlich bei einer Freundin unter, was besser für alle war. Auch wenn ich nicht in erster Linie an mich und mein Wohlergehen dachte, er hatte es besser bei einer Frau, deren Einziger er war. Doch mein Verhältnis zu ihr war schwer gestört, und ich hielt mich sehr bedeckt, was sie nicht einmal besonders zu stören schien, war sie doch ganz auf den ausgerichtet, der viel zu selten kam oder anrief. Und sie lernte all die lästigen Lektionen des Wartens, die unsereine ohnehin kennt.

Eines Abends war es dann soweit. Sie kam langsam und allein heim, suchte mich nicht einmal. Nachdem sie gar nicht zu begreifen schien, daß ich immer noch enorm verletzt wegen ihres Treuebruchs war, stand ich widerwillig auf, um mich um sie zu kümmern. Sie saß in einem dunklen Zimmer im Eck, zusammengekauert, statt im Kreis zu liegen, ein Verfahren, das eigentlich patentiert werden müßte und selbstverständlich einer Katze zuzuschreiben ist, denn nur so kann Energie fließen. Ich schlenderte betont langsam zu ihr, beunruhigt, weil gar keine Reaktion kam, und schnupperte. Sie roch nach Aufgabe und Tod, ganz trocken. Und da überwand ich mich, ich schleckte sie stundenlang ab, langsam und sorgfältig, und irgendwann flossen bei ihr dann Tränen, und als sie ihre Handgelenke ansah, die ich solange bearbeitet hatte, die roten Stellen des Lebens auch auf ihren Wangen, weinte sie noch mehr und begann zu lachen. Sie verstand, daß sie bei mir in den besten Pfoten war, und so verzieh ich ihr.

Dennoch war sie danach nicht mehr dieselbe. Sie begann zu altern. Etwas in ihr schien durchtrennt zu sein, endgültig. Und so stürzten wir uns in die Arbeit. Sie schleppte noch mehr Bücher heim, als sie ohnehin schon hatte, verbrachte ganze Tage am Schreibtisch, und ich half ihr natürlich. Ich war dabei, saß auf jeder Seite, die sie schrieb, wunderte mich ein bißchen, wie ernst sie das alles nahm, und war dennoch stolz auf sie, denn sie kämpfte. Manchmal, wenn ich ahnte, daß sie Schmerzen hatte, rollte ich mich auf ihrer Schulter zusammen und wärmte sie. Wir hielten gemeinsam durch, und wir schafften es auch, wir errangen Titel und Urkunden. Sie wurde immer gefragter und gesetzter, sicherer im Umgang mit den Mitmenschen. Wir hatten Erfolg.

Freilich bin ich in bezug auf Selbstverwirklichung in der Öffentlichkeit ein bißchen zu kurz gekommen, aber damit fand ich mich ab, sogar recht schnell, denn es folgten dann Jahre, viele sogar, die sich nicht mehr wesentlich voneinander unterschieden, sondern von gemeinsamen Gewohnheiten geprägt waren. Seltsam, daß diese unsäglichen Liebeswirren, die naturgemäß nur kurz dauern, zu Highlights des Lebens geraten, denn den Großteil nehmen all die täglichen Pflichten, wie Putzen, das Verzehren von Mahlzeiten, Arbeit, auch das resignative Beobachten von vorwitzigen Taubenschwanzfedern, nur zwei Meter über meiner Nase, ein, das Schlafen und Schauen. Ich war ihr Zentrum, ihre zweite Hälfte, die nur auf den ersten Blick passiver erschien, und manchmal erinnert sie mich an mich selbst, in einem anderen Leben. Alle, die atmen, machen ihre Erfahrungen, in der verschiedensten Form, solange es eben nötig ist.

Ich hätte ihr voraussagen können, daß unser Leben zusammen zeitlich bemessen ist, sie wollte es gar nicht wahrhaben. Immer erschrak sie, weil ich schneller als sie alterte, mein Bogen sich dem Ende entgegenneigte. Ich habe es lange vor ihr begriffen. Mag sein, daß es der Tag war, an dem mich das fette Insekt am Fenster nicht mehr besonders reizte, sodaß ich einfach nur noch kurz den Kopf hob und ihn dann wieder sinken ließ, oder der, an dem ich ihr Heimkommen einfach nicht mehr registrierte. Sie empfand es wohl als größtes Drama, daß der Lebensrhythmus von Katzen und Menschen ein unterschiedlicher ist. Vielleicht hat da auch die entscheidende Stelle bei der Einteilung gemurkst, oder wir alle müssen lernen, zu kommen und zu gehen. Und ich, ich habe all die letzten Jahre nur noch wegen ihr durchgehalten und gegessen, denn meine Kräfte sind erschöpft, meine Aufgaben erfüllt. Ich spüre, wie ich weniger werde, ganz deutlich.

Und sie, sie bangt und zittert, schleicht mir nach, betrachtet meine Futterschüssel, die ich nicht mehr leeren kann und mag, sie stellt neue Angebote dazu, sie tischt mir Lammfilet auf, von dem ich nur noch aus Höflichkeit und Pflicht nasche, Wild und alles, was ich schon gar nicht mehr riechen kann. Wahrscheinlich würde sie auch Haifische jagen gehen, könnte ich derlei Gelüste noch signalisieren.

Sie wird noch fahriger, ihre Bewegungen geraten außer Kontrolle, sie rudert geradezu mit den Händen, und dann zerbricht sie meine Schüssel. Sie starrt die Scherben an, die verstreut am Boden liegen, der immer noch grau und staubig ist, sie versucht, sie zusammenzufügen, zu kleben, aber die Teilchen sind zu klein, es ist nichts mehr zu reparieren. Und endlich weint sie, es ist erst das zweite Mal, daß ich das erlebe. Nun begreift sie, daß ich jetzt ihr Kind geworden bin, sie nimmt mich in ihre Arme, trägt mich herum in der Wohnung, in der ich den größten Teil meines Lebens verbracht habe. Wir nehmen Abschied von all den Plätzen, die mir am liebsten waren, wir sehen sie uns noch einmal genau an. Mein Fell wird immer nasser, aber ich versuche zu schnurren, mehr für sie als für mich. Und dann telefoniert sie, ihre Stimme klingt ruhig. Sie bestellt die Spritze, die mich endlich gehen läßt, nach siebzehn Jahren, von denen die letzten so beschwerlich waren und nur wegen ihr noch abgeleistet wurden.

„Du darfst gehen, Geliebte, du mußt keine Rücksicht mehr auf mich nehmen", flüstert sie in mein Ohr, als mich die Nadel trifft, die ich schon gar nicht mehr als schmerzhaft empfinde. Bereits ganz auf der großen Reise, schicke ich noch einen Blick los, der skeptisch ist. Denn sie wird es nicht ohne eine von uns packen, die auf sie aufpaßt; ich muß dafür sorgen, jetzt, wo es erst dunkler und dann wieder heller und ganz kalt wird, daß eine Sheryl, eine Alannis, eine Melissa zu ihr kommt. Sie wird sich wundern und umstellen müssen, wie lebhaft, wie egozentrisch so ein unbedarftes Katzenkid sein kann, das ich durchaus beneide, bei dem Leben, das ihm bei ihr bevorsteht; ich aber habe sie mit all den Feinheiten vertraut gemacht, sie im Höchstmaß sensibilisiert. Natürlich wird sie mich vermissen, das soll sie auch. Unsere Geschichte, eine von den großen und einmaligen Liebesgeschichten, geht zu Ende; sie ist erfüllt und ausgelebt, nicht mehr zu wiederholen. Denn käme ich wieder als Katze zu ihr, hätten wir beide nichts gelernt. Ich aber, ich habe es erst einmal hinter mir, es fällt mir nun leicht, mich zu lösen, in ihren Armen, unter ihren Tränen, ihrem Gemurmel, da ich sie wiederum in guten Pfoten weiß, irgendwann, wenn sie bereit dafür ist, sie, der zweitgrößte Dickschädel im Universum.

Ingrid Lavee

EINE KATZENGESCHICHTE FÜR CHRISTA

**** **Josephinchen** und **Sandy**, die beiden Heldinnen der vorliegenden Geschichte, gehören zur Whiskas- und Catsan-unabhängigen Gattung der literarischen Katzen.*

Sie wäscht nicht gern, sie bügelt nicht gern. Ich kann das verstehen. Wenn ich beobachte, wie das Zeug in der Waschmaschine rumpelt und in dem schäumenden Seifenwasser herumfliegt, wenn ich mir ansehe, wie sie die Sachen mit dem heißen, dampfenden, spuckenden Bügeleisen glättet – da lobe ich mir mein Fell. Pflegeleicht, sagt sie, und hat recht. Und wozu sollte ich es auch täglich wechseln wollen, wo ich doch eine Glückskatze bin? So nennen sie unsereine, wenn man ein dreifarbiges Haarkleid hat.

Als sie anfing, eine Maschine nach der anderen zu füllen, als sie gar nicht mehr aufhören wollte zu bügeln, als sie sogar Wilfried sagte, er müsse sich gedulden, sie hätte noch so schrecklich viel zu tun, da ahnte ich, was uns wieder einmal bevorstand.

Sie hörte auf, mich locken zu wollen, und statt sich wie üblich mit Sandy zu trösten, schimpfte sie sie aus, weil sie ihr ständig vor die Füße lief. Darauf zog sich Sandy beleidigt zurück, aber Klara meinte nur, ihre Erziehung hätte begonnen, Früchte zu tragen.

Sandy ist meine Leidensgenossin, nicht meine Freundin. Nein, danke! Aber wenn man gemeinsam gefangen ist, ist man manchmal aufeinander zurückgeworfen. Wie schon der Name sagt, hat sie ein rotes Fell – und den Charakter, der damit einhergeht. Dennoch, die Beleidigung, daß Klara meinte, sie erziehen zu müssen, das ging gegen unsere ganze Gattung. Aus Solidarität habe ich Sandy denn auch das Gesicht geleckt, als sie Trost suchend zu mir unter das Bett kam.

Als nächstes brachte Klara die Koffer aus dem Keller. Jetzt war kein Zweifel mehr möglich. Urlaub! Sie war wieder drauf und dran, uns in den Tragkorb zu stecken und uns per Auto zu übersiedeln. Das bedeutete, daß Sandy erst einmal alles vollkotzen würde, denn sie verträgt das Autofahren nicht.

Ein Trost war, daß wir nicht mehr zu Klaras Mutter müssen. Diese Frau ist doch das Allerletzte. Wenn sie sich nicht putzt, schläft sie; wenn sie nicht schläft, putzt sie sich. Sie putzt sich, um wegzugehen, meist mit anderen Frauen, die sie Damen nennt, manchmal auch mit einem alten Kater – ich meine Herrn – das Grau um die Schnauze schön wegrasiert, der ihr zur Begrüßung die Hand leckt.

Und weil sie so innig bedacht ist auf ihr eigenes Wohlbefinden, vergaß sie immer wieder, uns zu füttern. Natürlich sagte sie das Klara nicht, wenn die, braun wie ein Brathuhn frisch aus dem Rohr, uns abholen kam. Dafür erinnerte sie sich ganz genau, wenn wir etwas gegessen hatten, das nicht für uns bestimmt war, wenn eine von uns mit einer Kralle am Vorhang hängen geblieben war oder an der Tapete gekratzt hatte, weil eben kein Kratzbaum da war, wofür wir bestimmt nichts konnten.

Doch einmal kam Klara früher zurück. Wir hatten zwei Tage nichts gegessen und waren verrückt vor Hunger. Nicht, daß sie eingesehen hätte, daß Urlaub keine gute Idee war, aber wenigstens war sie lange Zeit böse mit ihrer Mutter. Uns versprach sie, daß wir nicht wieder dorthin müssen, und das hat sie bis jetzt auch gehalten.

Klaras Schwester Adelinde hingegen liebt und verwöhnt uns – wenn sie daheim ist. Das passiert leider nur selten und unregelmäßig. Man weiß einfach nicht, wann man tags oder nachts mit ihr rechnen kann, und das ist nicht ihre Schuld. Arbeit! Das ist, was sie statt Jagen tun, damit sie *Whiskas* kaufen können und was sie für sich selbst brauchen.

Zwei Tage vergingen mit Kofferpacken. Sandy konnte sich neue Annäherungsversuche nicht verkneifen – manche lernen es nie! – und löste Enttäuschung bei Klara aus. Wenn nicht Urlaub auf dem Programm gestanden hätte, wäre sie wahrscheinlich enttäuscht gewesen, wenn Sandy ihr aus dem Weg gegangen wäre. Da hätte sie gesagt: „Wozu habe ich zwei Katzen, wenn nicht einmal eine mich lieb hat?"

Und dann wäre Sandy gekommen. Weichherzig, wie immer.

Mir fiel auf, daß der Tragkorb nirgends zu sehen war. Vielleicht wollte sie uns so lange wie möglich über ihre Pläne im dunklen lassen? Man sollte nicht glauben, für wie dumm uns Menschen manchmal halten!

Schließlich standen die versperrten Koffer im Vorzimmer. Jetzt mußte bald der Moment kommen, wo sie uns rief, um uns wegzubringen. Wer weiß, diesmal vielleicht ohne den engen Tragkorb? Ich versteckte mich unter dem Sofa. Wenn sie uns schon so leichtfertig für viele Tage verließ, dann wollte ich es ihr so schwer wie möglich machen. Sollte sie etwas haben, woran sie sich erinnern konnte!

Die Türglocke läutete. Ich war sicher, daß Wilfried sie abholen kam. Hatte sie uns wirklich vergessen? War sie drauf und dran, uns allein zurückzulassen? Ohne Nahrung? Ohne jemand, der den Sand in den Kistchen auswechseln würde? War das unser Urlaub diesmal?

Ich sah, daß Sandy dasselbe dachte. Laut miauend lief sie Klara nach. Dann ging die Tür auf. Klara hatte gewußt, wer es sein würde, und Sandy verstummte vor Verblüffung.

Ich saß in der hintersten Ecke unter dem Sofa und sah zuerst gar nichts. Dann brachte ein Luftzug die Spur eines Duftes, was sage ich, *des* Duftes, des einzigen wirklichen Duftes. Ich traute meiner Nase nicht. Das konnte nicht sein! Was hatte Onkel Georg mit unserem Urlaub zu tun?

Aber da war schon das Schmatzen, das er immer von sich gibt, wenn er Klara die Wangen leckt. Und der Duft, der Duft wurde stärker!

Es hielt mich nicht länger unter dem Sofa. Eilig robbte ich nach vorn – und vor lauter Aufregung hatte ich nicht aufgepaßt! Als ich aus meiner Deckung spähte, starrte ich direkt in ihre Augen, in Klaras blaue und Onkel Georgs braune, Klaras Finger auf mich gerichtet, ihre Zähne gefletscht. Und dann riß Onkel Georg den Mund weit auf, seine Augen wurden schmal und es dröhnte nur so von seinem Lachen. Wie kann ein Mensch, der so herrlich riecht, so entsetzliche Geräusche machen?

Ich zuckte zuerst erschrocken zusammen, wußte nicht was tun, wohin, dann Rückwärtsgang und durch die offene Tür ins Schlafzimmer, unter das große, breite Bett. Das war ein Fehler. Das Dröhnen wurde nur noch schlimmer, und Klara begann auch noch ihr heiseres Gemecker. Schrecklich!

Ich rührte mich nicht, und sie verloren bald die Geduld. Klara redete auf Onkel Georg ein, schleppte ihn in der ganzen Wohnung herum. Als sich ihre Schritte entfernten, folgte ich ihnen leise. Sandy strich um ihre Beine, aber mit äußerster Vorsicht, denn das letzte Ausschimpfen lag noch nicht lange zurück.

Onkel Georg hatte auch Koffer mitgebracht! Das war neu; das hatte er noch nie! Und jetzt nahm er sie auf und trug sie hinter Klara her in das kleine Kabinett, wo nie jemand wohnt. Das Bett roch frisch bezogen, und auf dem Tisch standen Blumen. Klara öffnete Schranktüren, zeigte die leeren Schränke, ließ Kleiderbügel klimpern.

Der Duft hatte mich wieder unvorsichtig gemacht. Fast hätte sie mich gesehen, als sie Sandy aufhob, um sie zu streicheln und abzuküssen. Aber statt sie hinauszuschleppen zum Auto, stellte sie sie zurück auf den Boden.

„Josephinchen! Josephinchen! Herrgott nochmal, wo ist denn das kleine Luder?"

Ich weiß nicht, was ein Luder ist, aber das Wort klingt nicht gut. Also den dicken Vorhang im Eßzimmer hinauf und auf den großen Schrank. Dort war ich sicher.

Sie suchte noch eine ganze Weile, rief: „Josephinchen! Josephinchen!"

Dann hupte es draußen, und gleich darauf läutete es an der Tür. Ich machte keinen Mucks, keine Bewegung. Mich würde sie diesmal nicht wegbringen.

Einmal versuchte sie es noch, und diesmal klang ihre Stimme so traurig, daß mir doch ein paar Zweifel kamen.

„Josephinchen! Das hast du doch noch nie gemacht. Jetzt muß ich weg, ohne mich von dir zu verabschieden!"

Noch einmal ging sie von Raum zu Raum, drehte sich um die eigene Achse, während draußen Onkel Georg mit Wilfried sprach. Der hat noch nie viel Geduld gehabt.

„Jetzt komm schon endlich", rief er, „oder das Flugzeug fliegt ohne uns."

Und wie immer, wenn Wilfried ruft, lief sie. Im Vorzimmer noch ein großes Palaver, dann fiel die Tür ins Schloß.

Was sollte jetzt aus uns werden? Allein dagelassen hatte sie uns! Wenn sie die Koffer mitnahm, dann dauerte es viele Tage, bis sie wieder nach Hause kam. Ach, hätte ich mich nur nicht so aufgeführt! Alles wäre besser als das, sogar ein Urlaub bei ihrer Mutter!

Wenn ich ins Vorzimmer liefe, auf die Tür spränge und ganz laut riefe? Oder auf ein Fenster? Ein Fenster wäre besser, denn da könnte sie mich sehen. Aber welches Fenster? Ach, ich mußte etwas tun, nicht lange überlegen, sonst war sie weg, und wir waren verloren. Dumme Sandy! Warum hatte sie nichts unternommen? Warum tat sie noch immer nichts? Hatten sie sie am Ende mitgenommen und nur mich eingesperrt?

Fast wäre ich vom Schrank hinuntergesprungen, hockte schon ganz am Rand. Im letzten Moment überlegte ich es mir, sauste zum Vorhang, hing schon dran – er begann zu schwingen, weil ich so wild war – da hörte ich im Vorzimmer jemand ein Zündholz über die Schachtel streichen. Ein unangenehmes Geräusch, aber jemand mußte dageblieben sein! Ich hielt inne, schaukelte an dem dummen Vorhang. Schritte. Große Füße. Ein schwerer Körper. Dann der Duft, eine starke Duftwolke, wie sie nur kommt, wenn er Feuer gemacht hat.

Wie hypnotisiert schaukelte ich noch, als er zur Tür hereinkam, die wunderbar duftende Zigarre in der Hand. Sah mir in die Augen, als hätte er genau gewußt, wo ich sein würde.

„Da bist du ja! Ich habe mir gleich gedacht, man muß dich oben suchen, nicht unten. Sie ist weg. Also, komm jetzt runter. Ich bin sicher, du weißt, daß man sich nicht an Gardinen hängen darf. Na, wird's, Fräulein Josephine, oder muß ich nachhelfen?"

Mit einer rauchenden Zigarre in der Hand kann einer ungestraft noch größeren Unsinn zu mir sagen. Ich sah mich um und landete auf dem Teppich.

„Gutes Mädchen, Josephinchen", sagte er, und es roch, es roch so wunderbar! Statt schleunigst zu entwischen, und mich hinter dem Ofen oder unter dem Gläserschrank zu verstecken, blieb ich sitzen und sah an ihm hinauf, benahm mich wie die dumme Sandy.

Onkel Georg bückte sich, und ich saß immer noch. Er nahm die Zigarre in die andere Hand und streichelte mich mit der, die sie gerade noch gehalten hatte. Ich schloß die Augen, legte den Kopf in seine Hand – und während er mich kraulte, atmete ich tief und genüßlich den Duft ein, den wunderbaren Duft, den nur er hatte.

„Ich dachte, du bist scheu, mein Mädchen? Habe ich eine Eroberung gemacht? Und so schnell?"

Wovon redete er überhaupt? Wußte er nicht, wie wunderbar er roch? Er und seine Zigarren?

Fast konnte ich es selbst nicht verstehen: Ich blieb sitzen und ließ mich kraulen, bis er genug davon hatte, mir einen abschließenden Klaps gab und sich wieder aufrichtete.

Er setzte sich in den Fernsehfauteuil, und der Apparat fing an zu spielen. Eine weiße Katze hatte gerade ihr Futter bekommen. Für Onkel Georg ein neuer Grund zu dröhnen.

„Hast du gesehen, Josephinchen? Das Fernsehen dreht sich nur noch um euch Katzenviecher."

Ich suchte mir den Platz, wo der Duft am intensivsten war, setzte mich hin und atmete. Genoß.

Die Fernsehbilder interessierten ihn anscheinend nicht sehr, denn er nahm eine Zeitung und hielt sie sich vor das Gesicht.

Die Zigarre wurde langsam kleiner. Schließlich drückte er sie im Aschenbecher aus, stand auf und ging in das Kabinett. Ich schlich ihm nach. Er machte die Koffer auf und räumte alles, was darin war, in die Schränke.

Das hieß dann wohl … das mußte doch heißen, daß er diesmal mit uns auf Urlaub war! Ich konnte mein Glück nicht fassen. Am liebsten wäre ich zu ihm gelaufen, hätte Sandy verjagt und wäre ihm an ihrer Stelle um die Beine gestrichen. Noch wagte ich nicht, es zu glauben, noch wollte ich abwarten, aber er gab uns abends zu essen und ging dann in das Kabinett. Sagte:

„Meine lieben Damen Katzen, zum Schlafen ziehe ich Zweibeinerinnen vor, also verzeiht mir, wenn ich euch aussperre. Gute Nacht und süße Träume!"

Die vorwitzige Sandy bekam einen Schubs und auf ihren Protest keine Antwort. Die Tür war zu und blieb es bis zum Morgen.

Ich schlich nach einer Weile hin und lauschte. Sein Atem ging regelmäßig.

Den Aschenbecher hatte er stehen lassen. Ich sprang auf den Tisch. Nein, kalt roch das nicht so gut. Ich steckte meine Nase hinein, auf der Suche nach dem Duft, und mußte plötzlich ganz schrecklich niesen und niesen und noch mehr niesen. So nahe durfte man dem Zeug also nicht kommen. Vielleicht der Stummel? Nein. Auch nicht. Er roch sogar ein wenig bitter. Trotzdem wollte ich davon kosten. Onkel Georg steckte die Zigarren doch immer in den Mund. Ich überwand mich, riß ein Stückchen ab, aber nein, das schmeckte gar nicht.

Voller Spannung warteten wir nun, wie es weiterginge mit unserem Urlaub, aber es war sehr bald klar, daß Onkel Georg tatsächlich gekommen war, um zu bleiben. Er schlief in dem hinteren Kabinett, stand spät auf, sehr viel später sogar als Klara an den Tagen, an denen sie nicht zur Arbeit ging. Dann machte er Frühstück, und anschließend ging er in das Bad. Statt mit der Dusche herumzuspritzen, legte er sich in die Wanne und blieb dort so lange, daß ich schon dachte, das wäre sein zweiter Schlafplatz. Doch jedesmal, wenn ich hineinschaute, waren seine Augen weit offen, und er starrte nach oben. Ich war neugierig, was er denn da sah, blickte angestrengt auf dieselbe Stelle, sah nichts als weiße Wand, bemühte mich noch mehr, und plötzlich begann er sein schreckliches Dröhnen. Er hatte mich entdeckt. Ich erschrak ganz fürchterlich, rannte davon und ließ mich lange nicht blicken. Da konnte er rufen, soviel er wollte.

Nach dem Bad ging er an den Tisch. Er hatte dort ein Köfferchen liegen. Wenn er es aufmachte, war da ein kleiner Fernsehschirm, der aber nie ein interessantes Katzenprogramm zeigte, und an der Unterkante gab es viele kleine Würfelchen. Auf diesen Würfelchen tanzte er mit seinen Fingern herum, daß es klapperte, und auf dem Schirm erschienen komische kleine Zeichen und machten immer neue Linien.

Irgendwann begann sein Magen zu knurren. Meist merkte ich es vor ihm. Dann sagte er: „Josephinchen, jetzt geh' ich essen."

Mit Sandy sprach er nie.

Statt in die Küche, ging er fort. Wenn er wiederkam, rochen seine Kleider nach allem möglichen und ziemlich durcheinander. Oft brachte er auch Sachen mit, war einkaufen. Er pfiff vor sich hin, öffnete den kleinen Koffer und ließ die Finger tanzen.

Später machte er Kaffee. Den mochte ich gar nicht. Er roch ganz furchtbar stark. Ich bekam Herzklopfen davon.

Sogar Sandy flüchtete aus der Küche, wenn er nur die Kaffeesachen aus dem Schrank nahm.

Doch alles hat seine Kompensation. Mit dem Kaffee setzte er sich in den Sessel vor dem Fernseher und zündete eine Zigarre an. Da war es um meine Zurückhaltung geschehen.

Anfangs kam ich nur angekrochen, suchte mir einen Platz in sicherer Entfernung, wo ich unbemerkt den Duft genießen konnte. Ich weiß nicht wie, aber immer entdeckte er mich. Dann klopfte er auf seine Schenkel und sagte: „Na, komm schon, Josephinchen. Ich beiße keine Katzenfräulein."

Beim ersten Mal bin ich arg erschrocken, lief davon und versteckte mich. Kam erst wieder heraus, als er im Kabinett verschwunden war und die Tür hinter sich geschlossen hatte. Am nächsten Tag war ich noch vorsichtiger, aber er ertappte mich trotzdem, und als ich mich im Rückwärtsgang davonmachte, dröhnte er mir die Ohren voll.

Ich bin keine Streichelkatze. Warum also sollte ich auf seinen Schoß springen? Ich mag das nicht. Aber wenn ich den Duft so richtig und aus allernächster Nähe genießen wollte, dann war das der Weg. Das sah ich ein. Dennoch dauerte es noch zwei weitere Tage, bis ich auf seine Einladung hin zum Sprung ansetzte, und als er noch einmal auf seine Schenkel schlug und sagte: „Los! Komm! Laß uns Freundschaft schließen", sprang ich.

Fast wäre ich gleich wieder hinuntergehüpft, aber er hielt mich fest, und die Zigarre war so nah. Es war herrlich!

Also machte ich es mir auf seinem Schoß so bequem wie möglich, ließ seine Hände mich streicheln – und inhalierte.

„Siehst du! Ist gar nicht so schlimm hier, was?"

Er glaubte, ich hätte Zuneigung zu ihm gefaßt. Nicht, daß ich etwas gegen ihn gehabt hätte. Er fütterte und pflegte uns, wie es sich gehört, und wenn er nicht gerade dröhnte, benahm er sich recht gesittet.

So machten wir uns eine Gewohnheit daraus, daß er eine Zigarre rauchte, und ich auf seinem Schoß lag und mich streicheln ließ. Nachdem ich mich mit dieser Notwendigkeit abgefunden hatte und er in Sicherheit gewiegt war, schob ich den Kopf langsam und vorsichtig an das Mundstück der Zigarre heran. Manchmal zog ein dünner Rauchfaden heraus. Wie herrlich das war! Aber leider, jedesmal, wenn ich so richtig nah an das Mundende kam, nahm Onkel Georg die Hand weg, entweder um an der Zigarre zu ziehen, oder um sie auf die Armlehne des Sessels zu legen, außerhalb meiner Reichweite.

Meist rauchte er nur eine Zigarre pro Tag. Die übrige Zeit beschäftigte ich mich mit dem Gedanken, was ich tun könnte, um selbst eine Zigarre zu rauchen. So schwer konnte das doch nicht sein. Ich beobachtete genau jeden Handgriff, den er tat. Nur manchmal schloß ich die Augen und stellte mir vor, daß ich eine Zigarre im Maul hätte und den Duft inhalieren könnte wie er.

Eines vormittags war Onkel Georg gerade an sein Köfferchen gegangen, als die Türglocke läutete. Er kommentierte das mit: „Oh, shit!"

Das half nicht. Es läutete noch einmal. Er stand auf, und Sandy folgte ihm in den Flur. Vor der Tür stand der Briefträger, fragte nach Klara, gab Onkel Georg ein Päckchen und bat um eine Unterschrift.

Dann bemerkte der Briefträger: „Die Katze!"

Und Onkel Georg rief: „Sandy! Komm sofort zurück!"

Aber Sandy kam nicht zurück. Onkel Georg sagte: „Verdammt und zugenäht!"

Das half auch nicht, und dann rannte er hinter ihr her. Ich überlegte, was zu tun wäre, da fiel mit einem ohrenbetäubenden Krach die Wohnungstür ins Schloß. Na klar, das Kabinettfenster war ja noch offen zum Lüften! Das ist Klara auch einmal passiert, und es hat lange gedauert, bis jemand kam und die Tür für sie öffnete.

Mir fielen die Zigarren ein. Ich sprang auf den Tisch und das Kistchen, aus dem er sie immer herausholte, lag vor mir. Ich schnupperte daran, versuchte den Deckel aufzuklappen. Es gelang nicht. Doch so rasch gebe ich nicht auf. Ich versuchte und versuchte, dann ein Scheppern und die Dose lag offen auf dem Teppich und die Zigarren daneben. Ich sprang nach. Da hatte ich sie nun endlich und für mich ganz allein! Ich roch daran, riß ein Stück ab. Das schmeckte zwar besser als das aus dem Aschenbecher, aber es war nicht das richtige. Was ich brauchte, war Feuer. Ohne Feuer gab es keinen Rauch und ohne Rauch keinen Duft.

Bei dem bloßen Gedanken an Feuer stellten sich mir die Haare auf, und ich machte einen riesigen Buckel, ganz unwillkürlich. Aber Onkel Georg machte doch auch Feuer. Das brauchte es! Ich mußte mich über meine Abneigung hinwegsetzen, und ich mußte es jetzt tun, denn bald würde Onkel Georg Sandy eingefangen haben und mit ihr zurückkommen.

Ich brauchte die Zünder. Die lagen auf dem Tisch. Jetzt wußte ich schon, wie ich eine Schachtel aufkriege, schob sie an den Rand und warf sie hinunter. Sie landete mitten unter den Zigarren, aber auf ging sie nicht. Ich nichts wie nach, kratzte daran, mit dieser Pfote, mit jener, nichts rührte sich. Mit zweien – nichts. Schließlich sprang ich darauf herum, aber das half auch nicht. Sie drehte sich nur um. Aber ich wußte doch, daß Onkel Georg die Schachtel ganz leicht aufbekam. Ich konzentrierte mich, legte mich hin, hielt die Schachtel mit den Krallen meiner Vorderpfoten, packte mit den Zähnen zu und zog an. Nichts geschah. Noch einmal. Wieder nichts. Nur nicht die Geduld verlieren! Und richtig, beim dritten Versuch kam der Teil der Schachtel, in dem die Zündhölzer lagen, heraus.

Voll Freude sprang ich auf – und kippte sie um. Aber es war nichts passiert, ich brauchte die Schachtel nur wegzutun. Ich holte eine Zigarre und legte sie an die Köpfchen der Streichhölzer. Nichts. Kein Feuer. Kein Duft.

Onkel Georg strich immer mit einem Streichholz über die Schachtel. Das konnte ich auch. Nahm ein Hölzchen zwischen die Zähne und zog es über die Schachtel. Nichts. Irgend etwas machte ich falsch. Auch ein zweiter Versuch brachte nichts. Ich nahm die andere Hälfte der Schachtel und legte sie auf die Streichhölzer. Zwecklos!

Jetzt wurde ich wütend. Die Schachtel sollte es büßen! Mit Krallen und Zähnen fing ich an, sie zu zerreißen. Da plötzlich ging es „Plusch!" Erschrocken sprang ich zurück. Mehrere Streichhölzer hatten gleichzeitig zu brennen begonnen. Schon waren meine Haare aufgestellt, ganz von selbst hatte ich wieder einen Riesenbuckel gemacht, starrte angstvoll in das Feuer.

Die Zigarren! Beinahe hätte ich die Zigarren vergessen! Es war gar nicht so leicht, sie an das Feuer heranzubringen. Völlig unberechenbar leckte es in alle Richtungen. Immer wieder mußte ich zurückspringen. Aber schließlich hatte ich eine dort, wo das Feuer aus den Zündhölzern kam. Ich holte noch eine. Das Feuer brannte nie lang bei Onkel Georg. Ich hatte Glück mit der großen, breiten Flamme. Aber es kam kein Duft, eher schon ein Gestank. Ich ging so nahe wie ich konnte, wollte eine Zigarre ins Maul nehmen – wie Onkel Georg – aber das Feuer ließ mich nicht heran. Ich versuchte es wieder und wieder, und als ich endlich eine

Zigarre mit der Pfote herangezogen hatte, brannte sie nicht einmal.

Ich wollte eine andere versuchen, aber das Feuer war zu groß und zu heiß, und jetzt brannten auch die Zeitungen in dem Ständer und die Papierbällchen in ihrem Korb. So ein großes Feuer hatte Onkel Georg nie gemacht. Aber ich wußte, daß er es anfauchte – und dann ging es aus. Das konnte ich auch. Ich ging so nah es mich ließ, machte einen ganz großen Buckel, das fiel mir nicht schwer, stellte alle Haare auf und fauchte ganz schrecklich, so wie ich einmal einen Hund angefaucht habe, als Klara den Korb mit uns beiden drin neben das Auto gestellt hatte, und der Hund neugierig herangekommen war. Der ist fürchterlich erschrocken und suchte das Weite. Aber das Feuer ließ sich nicht beeindrucken. Im Gegenteil, es griff nach mir.

Ich sprang zurück, gerade noch im letzten Augenblick, aber der Vorhang sprang nicht zurück, und blitzschnell war das Feuer ganz oben. Inzwischen brannte auch das Papier auf dem Schreibtisch, und der brennende Vorhang fiel auf den Fernseher. Ich sprang dahin und dorthin, aber das Feuer war auf dem Teppich und an den Tapeten. Ich wußte nicht wohin. Das Feuer war überall, der Rauch in meinen Augen, meiner Nase; ich konnte nicht atmen. Dann ein entsetzlicher Krach, und Stücke von dem Fernseher flogen herum, und das Feuer fauchte noch viel lauter als ich es konnte. Ich wollte in das Vorzimmer, die Küche fliehen, aber auch in dieser Richtung brannte alles; da konnte ich nicht durch. Die Tür zu Klaras Schlafzimmer geschlossen. Blieb also nur einer der hinteren Räume. Ich konnte nichts sehen, sprang hierhin, dorthin, meine Pfoten schmerzten. Ich hatte so schreckliche Angst!

Das Feuer wurde immer größer. Es griff nach mir, und ich roch etwas Neues – das war mein Fell! Ich konnte nicht mehr anders, machte einen riesigen Satz durch die Flammen hindurch, auf den hinteren Flur zu, aber auch dort brannte alles lichterloh.

Die zugeschlagene Tür fiel mir ein, und daß in Onkel Georgs Kabinett das Fenster offen war. Hier war das Feuer noch nicht so mächtig, aber am Fenster war ein Katzengitter. Ich sprang hinauf, rüttelte im Klettern daran. Vergeblich! Ich war eingesperrt, und das Feuer kroch näher, die Flammen schlugen höher – und der viele Rauch, der entsetzliche Rauch! Ich schrie so laut ich konnte. Es mußte mich doch jemand hören! Wo war nur dieser Onkel Georg? Wie konnte er hinter Sandy herlaufen und mich allein lassen mit dem Feuer? Es leckte nach meinem Fell, um mich zu verbrennen, das Gitter begann heiß zu werden unter meinen Pfoten, und ich schrie und ich schrie.

Endlich stieg ein fremder Mann mit einem seltsamen Hut eine Leiter zu mir herauf. Sagte: „Ist ja gut! Wir kommen schon. Wir sind schon da."

Griff nach dem Katzengitter und hob es weg. Doch ehe ich in Sicherheit springen konnte, hatte er mich gepackt und ließ nicht los, da konnte ich kratzen und beißen soviel ich wollte. Und als wäre das alles noch nicht genug gewesen, kam ein kräftiger, eiskalter Wasserstrahl und durchnäßte mich bis auf die Haut.

Unten wartete Onkel Georg. Dem habe ich es aber gezeigt!

Alle kratzte ich, alle biß ich, die mir in die Nähe kamen. Nicht nur, daß sie uns in ihren Wohnungen gefangen halten, sie lassen uns auch noch verbrennen!

Sogar die Tierärztin habe ich gekratzt. Bei der hat es mir hinterher leid getan. Sie hat mir eine Injektion gegeben, doch ich weiß schon, das tut zwar weh, später aber wird einem besser davon. Sie hat auch eine Salbe auf meine Pfoten geschmiert. Die hat mir nicht geschmeckt. Sie hat mich gestreichelt und gesagt, das ist richtig so, denn das wäre nicht zum Essen. Ihr Streicheln hat mir gut getan nach allem, was ich durchgemacht hatte.

Anschließend sind wir in Onkel Georgs Wohnung gefahren. Das weiß ich, weil nur er dort war, und alles nach Zigarren roch. Aber er hatte keine Lust mehr auf Zigarren.

Am nächsten Tag war Klara da und hat uns abgeholt. Nicht mit dem Tragkorb, sondern mit einer gewöhnlichen, großen Tasche. Sie hat ganz fürchterlich mit Onkel Georg geschrien, und der sagte kein Wort, ließ nur den Kopf hängen. Als wir gingen, rief sie: „Komm mir nur ja nie wieder unter die Augen!"

Dann hat sie die Tür so laut zugeworfen, wie der Wind die unsere, als Onkel Georg hinter Sandy herlief.

Jetzt wohnen wir bei Wilfried. Das ist eine ganz kleine Wohnung. Nur ein einziges Zimmer, in dem alles getan wird, auch schlafen. Klara ist den ganzen Tag bei uns, sagt, das ist ihr Urlaub. Telefoniert viel, und wenn sie weg muß, nimmt sie uns im Auto mit. Wir haben jetzt zwei Tragkörbe, sodaß ich nicht zusammen mit der kotzenden Sandy sein muß. Sandy ist wie immer, oder versucht es zu sein, aber Klara ist böse auf sie. Dafür sitze ich auf Klaras Schoß und lasse sie mein strubbeliges, stinkendes, versengtes Fell streicheln. Soll sie nur sehen, was sie angerichtet hat mit ihrem Urlaub.

Mirjam Müntefering

WIE HUND UND KATZ

**** **Kater Vincent**, rot-weißes Luxusfell, vor 10 Jahren geboren mit außergewöhnlichem Sinn für Stil, Geschmack und Gastfreundschaft; zeichnet sich aus durch Bescheidenheit und Toleranz gegenüber niederen, charakterschwachen Wesen, z.B. Hunden.*

Seit Kasper in unser Haus kam, herrscht hier Unfrieden. Schon seit vielen Jahren also. Seit so sehr vielen Jahren, daß Kasper manchmal sogar behauptet, vor mir hier gewesen zu sein. Was selbstverständlich eine blanke Lüge ist. Dieser Kerl schreckt vor nichts zurück.

Man braucht ihn nur anzusehen und weiß schon alles über sein ungehobeltes Wesen und seinen schlechten Geschmack. Den erkennt man zuallererst schon an seiner Wahl des Herzens. Denn als Kasper hierher kam, hat er nicht meine liebe Brrrbrrr bevorzugt – die das wirklich verdient hätte, denn sie ist stilvoll, bewegt sich tänzerisch umher und hat eine leise, einschmeichelnde Stimme. Nein, Kasper warf sich ihrem Gefährten, diesem klotzigen, lauten Hoho-Sitz-Platz an den Hals und, was noch viel demütigender war, vor ihm auf den Boden. Das geschah zu einer Zeit, als Kasper noch sehr klein und unbedeutend war. Nicht, daß er inzwischen an Bedeutung gewonnen hätte, aber er ist größer geworden. Für eine Katze, selbst für einen stattlichen Kater wie mich, ist er sehr groß. Ganz abgesehen davon, daß er selbstverständlich nicht durch meine Katzenklappe paßt und daher nicht kommen und gehen kann wie er möchte, ist dieses Riesenhafte einfach unchic.

Seine ganze Erscheinung wirkt tölpelhaft. Deswegen darf er sich auch nie auf der Sofalehne des Besuchs räkeln oder den Nachbarn auf der Fensterbank liegend demonstrieren, daß hier Leute mit Niveau wohnen.

Am schlimmsten aber ist diese Farbe! Nicht getigert, nicht gefleckt, nicht geschmackvoll in Rot und Weiß gemustert wie ich. Nein, Kasper ist schwarz. Schwarz, schwarz, schwarz, von der Nase bis zur Schwanzspitze. Da muß einem seine rote Zunge, die beständig aus seinem stinkenden Rachen hängt, ja noch blutiger vorkommen und das rollende Weiß seiner Augen noch blitzender. Im Gegensatz zu den gefährlichen Attributen der zwei lückenlosen Reihen zahnsteingepeinigter Zähne wirken seine lächerlichen Schlappohren unfreiwillig komisch. Besonders wenn er so neben dem Sofa liegt, den Kopf auf den riesigen Pfoten. Diese Pfoten, die er, nebenbei bemerkt, zu nichts anderem nutzen kann als zum Laufen – weder kann er sich damit selber das vollgesabberte Gesicht säubern noch flinke Mäuse fangen.

Komisch ist an ihm freilich nicht alles. Kasper ist von niederem Charakter. Und niedere Charaktere scheuen nicht davor zurück, abscheulich zu knurren, wenn man nur an ihnen vorübergeht. Niedere Charaktere fletschen auch gerne die Zähne, wenn man, wendig und flexibel wie Kater nun einmal sind, mit einem einzigen Sprung aufs Fensterbrett gelangt. Niedere Charaktere sind von Neidgefühlen und Durchtriebenheit nur so erfüllt.

Aber natürlich stehe ich über solchen Dingen. Seit Jahren dulde ich dieses schwarze Monster unter unserem Dach. Immerhin scheint Hoho-Sitz-Platz eine närrische Freude daran zu finden, im Garten Bälle zu schleudern, denen Kasper kläffend nachhechtet, nur um sie zurückzubringen.

Nach 30 oder 40 dieser Dressurakte, über die ich von meinem Fensterplatz aus nur müde lächeln kann, hat Hoho-Sitz-Platz von dem Spiel genug. Dann wird Kasper geklopft und gebeutelt, daß es mir schon vom Zuschauen alle Knochen zertrümmert. Aber dieser Berserker freut sich über die grobe Behandlung wie ein alberner Welpe und rollt vor Begeisterung seine Zunge bis zum Boden aus.

Kurz: Meine Verachtung für Kasper ist bodenlos.

Früher, als Kasper jung und noch nicht davon überzeugt war, gleich nach Hoho-Sitz-Platz der Herr im Haus zu sein, war ich aufgeschlossen ihm gegenüber. Ich gab mir Mühe, mich mit ihm freundschaftlich zu verständigen. Aber bald mußte ich einsehen, daß er einfach völlig verrückt und total begriffsstutzig ist. Ich legte mich schnurrend zu ihm neben das Sofa, denn die Stunden tagsüber allein hätten wir ja auch gemütlich zusammen verdösen können. Aber Kasper sprang auf und grollte mich mit aufgestellten Haaren böse an. Ein anderes Mal sprang er mit wild fuchtelndem Schwanz und weit aufgerissenem Rachen auf mich zu. Ich gab ihm mit einer meiner scharfen Krallen Kontra, eins auf die Nase, und er jaulte herum, als hätte ich ihm ein großes Unrecht getan. Nein, unsere Kommunikation war von Anfang an gestört.

Kasper ist eben ein Wesen von minderem Wert. Selbstverständlich kann er mir nicht das Wasser reichen. Und das lasse ich ihn auch spüren.

Es gibt nur einen Moment an jedem Tag, an dem ich vorsichtig sein muß. Oft denke ich schon daran, wenn meine liebe Brrrbrrr abends die Verandatür öffnet, um mich auf die Jagd zu schicken. Das ist etwas Besonderes. Ich gehe nicht durch die Katzenklappe, was ich auch tun könnte, nein, sie öffnet mir die Tür. Ich stolziere hinaus in den Garten, wo ich für sie und mich ein paar Mäuse auftreiben werde.

Dieser Augenblick ist ein besonders stolzer an jedem Tag. Aber immer wieder wird er mir verleidet durch den Gedanken an das, was am nächsten Morgen unweigerlich folgen wird. Denn wenn ich in den frühen Morgenstunden müde und erschöpft über den Weg zur Hintertür schleiche, weiß ich, daß er da sein wird.

Kaum daß mich das leise Klappern der Katzentür verraten hat, stehen wir uns im Flur gegenüber. Kasper ist groß. Morgens, im Dämmerlicht des Flures, sieht er gewaltig aus. Er sträubt sein Nackenfell – die einzige Vokabel, die wir beide auf die gleiche Weise verstehen.

Ich spüre, wie sich ganz automatisch auch meine Haare aufrichten. Angefangen an der Schwanzspitze bis hin zu meinem Schnurrbart.

Aug' in Aug' stehen wir da und starren uns an. Zwei furchtbare Kämpfer, die sich mit Blicken messen. Kasper kennt meine scharfen Krallen und hat schon oft im Garten liegend zugesehen, wenn ich meine spitzen Zähne in den Nacken einer Maus schlage. Auch ich weiß: So wie er die von Hoho-Sitz-Platz geworfenen Bälle schnappt, würde sein Gebiß sicherlich auch mich nicht verfehlen. Doch obwohl wir wissen, daß der andere ein gefährlicher Kämpe ist, ist eine Rauferei dann und wann nicht zu vermeiden. Meist fauche ich nur, oder er knurrt in einem tiefen Grollen. Manchmal aber kommt er mir zu nahe, und ich wische ihm eins auf die Nase, seine Zähne klappen dicht neben meinem Schwanz aufeinander, und wir rasen ins Schlafzimmer, meist er hinter mir (Katzen sind immer schneller, besonders aber auf Parkett), bis ich mich aufs Bett flüchte, und Brrrbrrr oder Hoho-Sitz-Platz sich aufsetzt und eine Runde schlaftrunken meckert.

Im Bett, da bin ich dann in Sicherheit. Es ist nur dieser eine Moment am Morgen, der mir immer wieder nicht geheuer ist, den ich fürchte. Irgendwann einmal wird Kasper es satt haben, der Dumme und Häßliche im Haus zu sein. Irgendwann möchte er vielleicht auch auf dem Sofa liegen oder auf Brrrbrrrs Bettdecke, möchte auch beim Kochen kleine Happen zugesteckt bekommen und vielleicht sogar bei stürmischem Regenwetter mein sauberes Katzenklo benutzen. Falls das einmal so sein sollte, muß Kasper nur geduldig hinter der Katzenklappe warten. Wenn so ein großer Kerl, mit seinem Gewicht, sich in genau dem Augenblick gegen den Mechanismus schmeißt, in dem ich meinen Kopf hindurchstecke ... nun, er hätte für alle Zeiten gesiegt.

Als ich heute über den Weg zur Hintertür schleiche, ist mir plötzlich ganz mulmig. Irgend etwas ist anders als sonst. Wir Katzen haben ein Gespür dafür.

Ich mache am Apfelbaum kurz halt und wetze zur Sicherheit noch einmal meine Krallen. Die tote Maus, die ich eigentlich meiner lieben Brrrbrrr vors Bett legen wollte, lasse ich auf der Fußmatte zurück. Sie würde mich in einem Kampf nur behindern.

Vorsichtig tippe ich einmal mit der Pfote gegen die leicht bewegliche Katzenklappe. Nichts geschieht. Ich spitze die Ohren, höre aber nicht das geringste Geräusch von drinnen. Kein Tapsen von unbeholfenen Riesenpfoten auf dem Holzfußboden. Das kann nur eins bedeuten: Kasper wartet bereits auf mich.

Drei weitere Anstupser der Klappe bleiben ebenfalls unbeantwortet. Ich muß es wohl wagen. Ich trippele wie zur Jagd mit den Hinterbeinen und setze mit einem gewaltigen Sprung durch die Klappe. Die schlägt gegen die Tür, daß es mir in den Ohren schellt. Ich fahre herum, fauche nach allen Seiten, springe im dunklen Flur nach rechts und links. Aber dann merke ich: Er ist nicht da. Kasper lauert mir nicht auf. Kasper ist gar nicht hier.

Das ist seit vielen, vielen Jahren nicht mehr passiert. Kasper steht jeden Morgen hier im Flur, wenn ich hereinkomme. Das war schon immer so.

Vorsichtig schleiche ich durch den Flur, immer auf der Hut. Will der hinterhältige Kerl mich etwa aus dem Wohnzimmer heraus anspringen, während ich ahnungslos auf dem Weg ins warme Bett bin? Aber so ahnungslos bin ich ja gar nicht. Ich weiß Bescheid. Ich weiß, daß er hier irgendwo …

Ich komme bis zum Schlafzimmer und stehe zögernd in der Tür. Da drüben in der Ecke steht der große Korb, in dem Kasper schläft. Auch jetzt liegt er darin zusammengerollt. Alles scheint normal, bis ich plötzlich deutlich Atem höre. Ich vernehme ganz genau zwei Atem, die regelmäßig die Luft ein- und ausströmen lassen … *zwei* Atem.

Langsam gehe ich zu Kaspers Korb hinüber.

Der große, schwarze Leib ist gebogen, die Schnauze liegt auf seinem Schwanz. Er sieht aus, als schliefe er. Aber er schläft nicht. Er sieht aus wie eine tote Maus, der ich den Rücken gebrochen habe. Kasper atmet nicht mehr.

Ich springe aufs Bett und wecke Brrrbrrr. Sie will und will nicht wach werden. Aber ich mache ordentlich Krach. Hoho-Sitz-Platz ist eher klar als meine liebe Brrrbrrr. Er richtet sich auf, reibt sich die Augen und blinzelt mich verstimmt an. Er mag es nicht, wenn man ihn weckt. Aber ich glaube, er sollte wissen, daß Kasper nicht mehr atmet.

„Was ist los? Was hat dieser verrückte Kater?“ brummt Hoho-Sitz-Platz.

„Weiß nicht. Komm, brrrbrrr, komm schön her, leg dich doch hin, sei friedlich."

„Es ist erst viertel vor sechs! Alle Welt schläft noch. Was soll jetzt der Aufstand?"

„Komm schön her, Katerchen, komm ..."

„Ein Wunder, daß Kasper nicht auch noch auf uns rumspringt ..."

Sie sehen zu ihm hin. Sie werden still. Ich setze mich hin.

Hoho-Sitz-Platz sagt nichts. Er steht auf. Langsam und mechanisch geht er zum Korb hinüber und kniet sich hin. Seine Hände tasten über Kaspers nachtschwarzes Fell. Nach einer Weile ist plötzlich ein seltsames Geräusch zu hören. Ich habe das noch nie von Hoho-Sitz-Platz gehört. Meine liebe Brrrbrrr macht manchmal diese Geräusche, wenn sie sich angefaucht haben, oder wenn sie nachts nur mit mir vor dem Fernseher sitzt.

Brrrbrrr steht nun auch auf und kniet sich zu Hoho-Sitz-Platz. Sie ist viel kleiner als er, aber jetzt sieht es aus, als wolle sie ihn mit ihren Armen ganz umschlingen.

Hoho-Sitz-Platz macht ziemlich lange diese Geräusche. Ich sitze hier im warmen Bett, und jedes Schnurren bleibt mir im Halse stecken. Zum ersten Mal in meinem ganzen Leben frage ich mich, was eigentlich mit den Mäusen geschieht, denen ich den Rücken breche. Die Mäuse, die dann nicht mehr atmen.

Es ist jetzt schon zwei Wochen her.

Hoho-Sitz-Platz hat sofort am nächsten Tag ein tiefes Loch im Garten ausgehoben. Mittendrin warf er den Spaten hin und lief ins Haus zurück. Da nahm meine liebe Brrrbrrr die Schaufel und grub weiter. Gemeinsam trugen sie Kasper hinaus in den Garten, wickelten ihn in seine grüne, zerschlissene, stinkende Decke und ließen ihn hinunter in das Loch. Die Erde darüber wird nun schon wieder fest. Ich glaube nicht, daß irgend jemand das mit den toten Mäusen tut.

Hoho-Sitz-Platz geht oft zu der Stelle im Garten. Und Brrrbrrr hat gestern sogar Blumen dorthin gelegt.

Ich weiß nicht, wieso ich von meinem Platz auf der Fensterbank immer dorthin sehen muß. Es ist eben ein Fleck im Garten, und ich schaue direkt darauf, wenn ich hier sitze.

Ich sitze oft auf der Fensterbank, in letzter Zeit. Und manchmal ist es mir, als spürte ich einen schwarzen Blick im Rücken. Aber wenn ich mich erschrocken umwende, ist da niemand. Es ist wirklich niemand hier, wenn ich tagsüber mein Schläfchen mache. Ich verpasse jetzt immer den Briefträger, denn niemand bellt, wenn er die Post in den Kasten schmeißt.

Am schlimmsten aber war, wie ich gestern auf der Sofalehne lag und Hoho-Sitz-Platz daherkam und im Vorübergehen kurz stehenblieb, um mich zu streicheln. Er beugte sich herunter zu mir und sah mir in die Augen, und ich sah mich in den gläsernen Pupillen gespiegelt, wie ich mich immer in Brrrbrrrs Pupillen spiegele, und wie Kasper sich gewiß immer in Hoho-Sitz-Platz' Pupillen gespiegelt hat. Kaspers Bild aber ist aus aller Augen verschwunden. Nur morgens, wenn ich aus dem Garten durch die Katzenklappe den Flur betrete, ist mir manchmal so, als stünde dort der große, schwarze Schatten im Flur. Aber diese Sekunden sind kurz und der Rest des Tages dagegen sehr lang.

Ich sitze auf der Fensterbank, sehe in den Garten, in dem niemand Ball spielt, oder liege stumm auf der Sofalehne. Wozu auch schnurren, wenn niemand sich darüber ärgern würde? Nirgends ein schwarzer Fleck im Augenwinkel. Nirgends dieser morbide Geruch. Brrrbrrr kauft seit zwei Wochen das beste Dosenfutter. Aber ohne den gierigen Blick im Nacken will es nicht so recht schmecken. Ich kann mir ja Zeit lassen beim Fressen. Meist höre ich auf, lange bevor die Schale leer ist.

Abends läßt Brrrbrrr mich hinaus in den Garten. Sie streichelt meinen Kopf und flüstert mir zu: „Komm bitte wieder!" Das hat sie sonst nie gesagt. Sie beklagt sich auch nicht, wenn ich von meinem nächtlichen Streifzug wieder nichts mit heimgebracht habe. Ich schaffe es einfach nicht mehr. Diese toten Mäuse. Diese nicht mehr atmenden Mäuse.

„Er frißt nicht mehr", sagt Brrrbrrr abends plötzlich, als Hoho-Sitz-Platz und sie im Wohnzimmer sitzen.

Hoho-Sitz-Platz schaut mich wieder so sonderbar an. All die Jahre hat er mich nie so angeschaut. Vielleicht ist er doch gar nicht so grob und ungehobelt, wie ich immer dachte.

„Ja, merkwürdig. Und ich dachte immer, sie hätten sich nicht besonders gemocht."

Meine liebe Brrrbrrr und mein lieber Hoho-Sitz-Platz sehen sich lange tief in die Augen. Aber sie sträuben weder die Nackenhaare, noch fauchen sie sich an. Nein, sie lächeln plötzlich.

Am nächsten Tag bin ich lange allein. Es ist schon dunkel, als endlich der Schlüssel im Schloß gedreht wird.

Ich laufe ihnen nicht entgegen. Sie werden gleich zu mir aufs Sofa kommen. Aber statt einer Gestalt auf zwei Beinen erscheint etwas anderes in der Tür. Es ist klein, viel kleiner als ich, aber größer als eine Maus, und vollkommen weiß. Das muß ich mir ansehen!

„Schön vorsichtig!“ mahnt mich Brrrbrrr, die mit Hoho-Sitz-Platz um die Ecke schaut. „Das ist Leo. Sag ihm Willkommen.“

Leo ist eine ulkige Nudel. Er ist keine Katze, aber er stellt auch nicht die Nackenhaare auf. Er hat so große Pfoten, daß eine davon mein ganzes Gesicht bedecken kann. Und das tut sie auch, als wir uns miteinander am Boden kugeln. Leo ist ein Zwicker, aber ich bin ja Gott sei Dank blitzschnell. Er erwischt mich nie. Und wenn ich seine kleine Schnauze ablecke, die immer nach warmer Milch oder Babyfutter riecht, hält er brav still. Ordnung muß sein in einem Haushalt, in dem ich lebe.

Von diesem Abend an ist alles anders. Ich habe kaum noch Zeit, in den Garten zu gehen, denn Leo hält uns alle auf Trab. Hoho-Sitz-Platz hat alle Hände voll zu tun damit, Bälle zu werfen, an Tüchern zu zerren oder Dosen zu öffnen. Brrrbrrrs am häufigsten benutzter Gegenstand ist der Aufwischlappen. Es wird üblich, daß einer der beiden mit Leo im Arm zur Tür rennt und den Kleinen regelrecht hinaus wirft, wofür Leo hinterher auch gelobt wird.

Ich muß das alles nicht verstehen. Ich muß nur da sein, um Leo bei unserer wilden Jagd durch die Wohnung zu zeigen, daß Katzen immer schneller sind (besonders auf Parkett).

Eifersüchtig muß ich auf Leo nicht sein. Auch wenn meine liebe Brrrbrrr das weiße Knäuel dann und wann auf ihren Schoß zieht, ihm ulkige Grimassen schneidet und seine immer feuchte Nase küßt, so bin doch ich es, der weiterhin als einziger auf der Sofalehne liegen darf, der den Nachbarn auf der Fensterbank präsentieren muß, daß hier Leute mit Niveau wohnen. Leo darf auch nicht durch meine Katzenklappe, obwohl er anfangs schon hindurch gepaßt hätte. Leo ist ein Tier des Bodens und des unkoordinierten Tobens. Während ich, als Geschöpf des Feinen, immer auf ihn herabsehen kann.

Nach den ersten Wochen, die für uns alle sehr ereignisreich waren, ist inzwischen wieder Ruhe eingekehrt. Leo und ich sind nun tagsüber allein. Ich liege auf der Fensterbank und schnurre, während ich aus dem Augenwinkel den weißen Fleck neben dem Sofa betrachte. Schön und richtig ist es so.

Nun habe ich auch wieder Freude an meinen nächtlichen Streifzügen. Brrrbrrr öffnet mir abends die Tür in den Garten, und ich schlüpfe hinaus, begleitet von Leos Protestgejaul, weil er am liebsten mit mir gehen würde.

Heute nacht hat es mir mal wieder richtig Spaß gemacht, im Garten zu sein. Ich habe eine fette Maus gefangen, die ich Brrrbrrr unbedingt zeigen muß. Sie wird sich freuen.

Als ich durch die Katzenklappe gestiegen bin und mich dann kurz in den dunklen Flur setz', um mich am Ohr zu kratzen, höre ich plötzlich ein Tapsen von ungeschickten Hundepfoten auf dem Holzfußboden.

Leo steht als großer Schatten vor mir. Er ist ganz schön gewachsen in den letzten Monaten. Für eine Katze, selbst für einen stattlichen Kater wie mich, ist er wirklich riesig geworden. Im dunklen Flur stehen wir uns gegenüber und starren uns an.

Silvia Nemenz

P.-S. SIEHT ROT

**** **Panthe-Silea**, oder auch P.-S., geboren 1987 auf einem Bauernhof im südlichen Niederösterreich, Autodidaktin, zu allem fähig und hat noch viel vor.*

Juhuuu, jippie, ich hab's geschafft. Drin bin ich im Schreibprogramm. Hat mich ganz schön Mühe gekostet, mir das selbst beizubringen. Nur durch hartnäckiges Beobachten von Murggh unter ausgefeilter Tarnung, Marke: interessiert mich ja gar nicht, was du da tust, ich sitz' nur so daneben und träum' vor mich hin ... Nichts hat sie gemerkt.

Ich muß aber weiterhin vorsichtig sein und dieses Dokument mit einer ungewöhnlichen Bezeichnung irgendwo abspeichern, wo sie nicht nach eigenen Dateien sucht. Da sie sich nicht besonders gut mit Computern auskennt, läßt sie dann sicher die Finger davon. Leider kann ich nur schreiben, wenn sie außer Haus ist. Zum Glück kann man ihr Schnaufen schon hören, wenn sie noch ein Stockwerk unter uns ist ... dann schleunigst Datei speichern, beenden, Win und exit, wenn ich auf C:\ bin, den Kippschalter betätigen, der leider etwas streng geht.

Mit der Tastatur hab' ich überhaupt kein Problem mehr. Das Vierpfotensystem hat sich bewährt, nur das Tempo läßt noch etwas zu wünschen über. Na, das krieg' ich schon noch hin.

Anfangs hab ich's ja nur aus Neugier probiert, *curiosity killed the cat*, wie meine Mutter zu sagen pflegte (sie hatte einen Hang zur Anglophilie sowie zu Sprichworten), ich wollte einfach wissen, was daran so faszinierend ist, daß Murggh Stunden vor diesem Computer verbringt.

Und ich muß sagen, es hat schon was. Nicht, daß ich darauf wirklich abfahren könnte, aber es macht durchaus Spaß …

Um nicht wieder aus der Übung zu kommen, hab' ich beschlossen, regelmäßig so meine Gedanken über die Göttin und die Welt, vor allem auch über die Menschen, die rätselhaftesten aller Wesen auf diesem Planeten, aufzuschreiben. Eigentlich für meine drei klugen und hübschen Töchter, die, falls ich noch rauskrieg', wie das Kopieren auf Diskette funktioniert und ich eine rausschmuggeln kann, mein Werk eines Tages vielleicht auch lesen werden. Mit einer von ihnen hab' ich ja wenigstens täglichen Blickkontakt übers Gangfenster und, wenn es sich ergibt, ein kurzes Gespräch. Im Scannen ist sie natürlich noch nicht so geübt, sie ist ja noch recht jung. Von den andern beiden hör' ich nur hin und wieder etwas durch Murggh.

Den zwei Söhnen würd's zwar auch nicht schaden, ein bißchen was zu lernen, aber da seh' ich nicht viel Hoffnung. Die waren von Anfang an nicht besonders helle, na, und auch, wenn sie das Lesen irgendwie erlernen sollten, wäre das kaum von großem Nutzen, sie könnten sich ja doch nur über Alltagsdinge austauschen, da ihnen nun einmal die Göttin die Fähigkeit des Reflektierens und Philosophierens nicht mitgegeben hat. Das ist eben etwas genuin Weibliches.

Zum Ausgleich dafür sind die Typen halt hübsch anzuseh'n, manche wenigstens. Also, wenn ich da so an meinen Ex denke, der war schon eine Augenweide: Dieser federnde Gang, und die unverschämt gelben Augen … Und wenn ich sein sonores Gurren hörte, war ich völlig von den Socken …

Tja, vielleicht sollte ich mich besser wieder auf das Schreiben konzentrieren.

Sublimieren nennt Murggh das bei sich. Mit mir spricht sie ja nicht über solche Themen, weil sie meint, daß ich Abstraktes sowieso nicht verstehe. Sie befleißigt sich also im Umgang mit mir einer höchst peinlichen, retardierten Sprechweise, so wie : „Na, bist du aber eine Brave!“ oder: „Hat mein Mausezähnchen Hunger?“ Es ist zum Aus-der-Haut-fahren! Als ob sie ein blindes Neugeborenes vor sich hätte!

Aber katz gewöhnt sich an alles mit der Zeit. Und wer weiß, ob es nicht auch besser so ist. Wenn die Menschen nämlich erst wüßten, daß wir alles versteh'n, was sie sagen und denken, viel ist es ja nicht gerade, wer weiß, was ihnen dann aus Neid auf unsere größere Intelligenz und Sensibilität noch so einfiele. Sie haben den Planeten auch so schon an den Rand des Abgrundes gebracht.

Gut, nicht gerade Murggh im besonderen. Die ist zugegebenermaßen für eine Menschin ganz okay, werkelt in irgendwelchen „Umweltgruppen“ vor sich hin und hat, wie katz so schön sagt, ein Herz für Tiere.

Das geht bedauerlicherweise so weit, daß es bei uns fast nie ein nettes, saftiges Stück Steak gibt, sie meint nämlich, ihr ewiges Seelenheil hinge davon ab, daß sie sich vegetarisch ernährt. Wenn sich die Nachbarin nicht ab und zu unserer erbarmte, wäre ich vor Fadesse wohl schon an dieser eintönigen Dosenkost gestorben.

Schwabbel stört das weniger. Dieses beklagenswerte Negativbeispiel dafür, wohin Opportunismus führen kann, ist bereits selbst ein halber Vegetarier. Mir kommt die Galle hoch, wenn ich dran denke, wie er sich bereits beim Frühstück bei Murggh einzuschleimen versucht, im wahrsten Sinne des Wortes, indem er dümmlich grinsend die Haferschleim- oder Müslireste aus ihrer Tasse schleckt, ein absolut gräßliches Zeug. Brrrrr! Zuweilen erniedrigt er sich dergestalt, daß er Sojabohnenkeime oder Spinat frißt, am liebsten auch noch roh. Vor lauter vegetarischer Friedfertigkeit und frommer Denkungsart hängt ihm die Zunge dabei raus. Ekelhaft! Den möchte ich einmal in freier Wildbahn seh'n, beim Mäusefangen, wo er mit seinem Wabbelbauch nicht einmal den Kleiderkasten hochkommt! Verhungern müßte der glatt, oder nach Wurzeln graben.

Nie werd' ich Murggh verzeih'n, daß sie damals vor zwei Sommern dieses kläglich miauende, kleine, rote Bündel Scheiße angeschleppt hat. Gleich war mir klar, das geht nicht gut. Sich die Wohnung mit einer Menschin teilen ist ja nun lästig genug, aber immerhin ist sie eine relativ erfolgreiche Dosenjägerin. Und in Zeiten wie diesen, wo Mäuse und Frösche wegen der Insektenspritzmittel immer weniger werden, muß katz schließlich kompromißbereit sein.

Für eine zweite Katze ist dieses Revier schlicht und einfach zu klein. Na, und dann noch dieser vermaldeite Kater! Ein absolut charakterloses Subjekt, der würde Murggh für einen Müsliriegel am liebsten hinten reinkriechen. Rollt sich demütig vor ihr auf dem Boden und schleckt ihr die Zehen ab! Alles, was recht ist! Und dumm, daß es auf keine Kuhhaut geht!

Katz erwartet ja ohnehin bei philosophischen, religiösen oder allgemeinpolitischen Themen nichts von einem Kater, aber mit meinen verflossenen Liebhabern konnte man wenigsten amüsanten Smalltalk betreiben. Mit Schwabbel kann katz nicht einmal übers Wetter reden. Für ihn existieren zwei Dinge auf dieser Welt: Futter und Murggh. Letztere hält er für die Madonna höchstpersönlich und verbringt ganze Tage mit ihrer Anbetung. Wenn er mehr als fünf zusammenhängende Worte behalten könnte, würde er ihr täglich den schmerzensreichen Rosenkranz beten. Na, und über das erste Thema verbreitet er sich den Rest der Zeit sozusagen theoretisch, wenn er nicht gerade frißt, was sowieso meistens der Fall ist. Die Folgen sieht man deutlich. Könnt ihr euch einen drei Sommer alten Kater vorstellen, der so breit ist wie lang und keuchen muß, wenn er auf einen Sessel springt?

Er redet sich meist auf seine Drüsen aus, beziehungsweise auf das Nichtmehrvorhandensein derselben. So ein Quatsch! Fett wird katz vom Zu-viel-in-sich-reinstopfen und mangelnder Bewegung, nicht von abgeschnipselten Eiern, soviel ist sicher. Außerdem muß früher oder später jede Katze von diesem schrecklichen Grünzeugfraß krank werden. Der und Drüsen! Als hätte er je sowas besessen! Wie ihr sicher nicht umhin konntet zu bemerken, kann ich ihn nicht besonders gut leiden.

Permanent intrigiert er, was seine dürftige Intelligenz nur hergibt, und schafft es, den Großteil von Murgghs Streicheleinheiten abzuzieh'n. Kaum passe ich einen Augenblick nicht auf, hat er nach seiner auch meine Schüssel leergefressen. Und, was am schlimmsten ist: er nervt und nervt und nervt durch sein ewiges undifferenziertes Gesabbere, was er heute schon alles Gutes gegessen hat, wie lieb doch Murggh wieder ist, und was er im weiteren Verlauf des Tages noch vorhat zu essen. Zum Aus-dem-Fell-fahren! Und er kriegt nicht einmal mit, wie sehr er nervt. Wenn ich knapp daran bin, ihm eine zu wischen oder ihn zumindest anzupfauchen, laß ich's manchmal einfach sein, wenn ich sein dümmlich-gutmütiges Grinsen seh'. Bei einigen hat die Göttin wirklich ein wenig am Material gespart …

Naja, so viel zu Schwabbel, aber jetzt zurück zum Thema Menschen. Also, was ich an ihnen auch nicht so ganz verstehe – oh shit! Ich muß aufhören, Murggh kommt die Stiegen herauf, bis morgen dann!

Hallo, da bin ich wieder. Murggh ist aus dem Haus, und ich tanze über die Tasten. Ich nehme an, sie kommt frühestens in drei Stunden, sie ist in der städtischen Sauna ums Eck. Eine perverse menschliche Erfindung: Wenn ich Murgghs Gedanken dazu richtig gescannt habe, ist das ein ziemlich enger Raum, den sie sich mit mehreren anderen Menschinnen teilt. Dort hat es mindestens 100(!) Grad, und sie vollführen seltsame Rituale, wobei sie streng riechendes Wasser über heiße Steine gießen, bis der Raum nicht nur unerträglich heiß sondern ebenso feucht geworden ist. Dann laufen sie ins Freie und reiben sich das (spärlich vorhandene) Fell mit Schnee ein. Was sagt katz zu so einem Unsinn? Murggh scheint das ganze aber auch noch zu genießen. So wie sie sich täglich unter einen heftigen Regenguß stellt, in diesem eigens dafür gebauten Zimmer unserer Wohnung. Diesen Raum meide ich wie der Teufel das Weihwasser, seit ich als kleines Kätzchen, nichtsahnend auf Entdeckungsreise am Badewannenrand, in diese unbeschreibliche Ensetzlichkeit hineingefallen bin. Ich kann euch sagen, sowas kann ein Katzenkind für immer traumatisieren.

Ich mach' mal eine kurze Pause, um mir ein Dosenhäppchen Huhn in Aspik zu vergönnen, bevor der Kater aufwacht und meine Schüssel plündert.

Zwei Stunden später: Hab' mich nach dem Mittagessen ein bißchen auf dem Aquarium zusammengerollt, dort ist's immer so schön warm, und dieses anheimelnde Schnurren der Pumpe ... Naja, jedenfalls bin ich ein wenig eingenickt.

Ja, also zum gestrigen Opportunismusvorwurf: Um Mißverständnissen vorzubeugen – ich mag Murggh ganz gern. Sie versorgt mich (und aus unerfindlichen Gründen auch dieses fette, rote Monster) gut, sie hat an sich keine schrille oder allzu laute Stimme, ihr Putzinstinkt ist ziemlich schwach ausgeprägt, sprich: höchstens einmal die Woche Staubsaugergebrüll (es schüttelt mich dennoch beim bloßen Gedanken daran), sie ist für eine Menschin nicht unintelligent, und manchmal ist es direkt amüsant, in ihren Gedanken zu scannen. Und, last not least, ist sie eine hervorragende Streichlerin.

Aber ich meine halt, katz muß nicht übertreiben, immer der goldene Mittelweg, wie meine Mutter zu sagen pflegte. Und was Schwabbel so aufführt, diese Affenliebe zu Murggh, ist eindeutig too much.

Ich bin eben der Meinung, jedwede Lebensgemeinschaft, auch die mit einer Menschin, sollte geprägt sein von einem vernünftigen Abwägen des gegenseitigen Nutzens, und nicht von irgendwelchen künstlich aufgeschaukelten Emotionen.

Die sind bestenfalls angebracht, wenn unsereins rollig ist und ein ansehnlicher Katerboy in Sicht (nicht so ein Waschlappen wie eh schon wissen). Da geht's dann heftig zu ... Das ist Erotik, das ist Geilheit pur! Für einige Stunden halt. Nachher ist natürlich auch der wildeste Typ mit dem schönsten Body wieder out. Da sind wir Katzen zum Glück nicht so inkonsequent wie die Menschinnen. Manche von ihnen schaffen's angeblich jahrelang nicht, ihre Kater loszuwerden, aus blanker Sentimentalität.

Dabei ist das Leben doch so schon kompliziert genug, auch ohne zusätzliche Gefühlsverwicklungen. Göttin sei Dank ist mir wenigstens erspart geblieben, daß Murggh so einen Dauerkater anschleppt. Da fällt mir grad' auf, daß sie eigentlich überhaupt wenig mit Menschenmännchen am Hut hat, aber sie ist doch sicher noch nicht zu alt, um rollig zu werden? Dafür stellt sie sich manchmal an, wenn diese Freundin vorbeikommt, völlig verrückt so was. Na, ich werd' die Menschen wohl nie wirklich versteh'n.

Obwohl ich mir solche Mühe mit dem Scannen mach'. Unter erwachsenen Katzen ist gegenseitiges Gedankenscannen ja selbstverständlich, wenn katz nicht gerade sperrt, weil sie im Moment ihre Gedanken für sich behalten möchte. Und es strengt ja auch kein bißchen an. Im Gegenteil, es wäre doch viel zu mühsam, dauernd alles in akustische Sprache umzumodeln. Außerdem läßt sich unsere komplexe Gedankenwelt nicht in ein Sprachkorsett zwingen. Ich merk' auch gerade beim Schreiben, daß dieses Ausformulieren meine Gedanken auf Banalitäten reduziert.

Schwieriger wird's schon, wenn wir bei anderen Tieren scannen, weil manche auf einer ganz anderen Wellenlänge denken. War gar nicht einfach, die Kommunikation mit der Schildkröte, die ein paar Wochen bei uns wohnte. Es hat aber dann doch geklappt, worüber ich sehr froh bin. Eine ziemlich betagte Dame von 45 Sommern, die mir ein paar interessante Dinge erzählt hat.

Ja, und das Scannen bei Menschen ist überhaupt sehr kompliziert, nicht nur, weil es noch eine relativ neue Methode ist. Früher standen wir ja auf dem Standpunkt, es wäre völlig egal, was die so dächten, weil sie ja doch recht einfach gestrickt sind. Aber seit vor ein paar Generationen immer klarer wurde, daß die Zukunft des Planeten von den irrationalen Handlungen dieser minderbemittelten Spezies abhängen könnte, haben wir uns schleunigst ans Menschenscannen gemacht.

Es ist halt einfach eine Sache der Konzentration und Transformation. Mir gelingt's am besten abends, in Ruhelage, mit geschlossenen Augen. Murggh denkt dann immer, ich schlafe.

Inhaltlich wär's ja wirklich nicht sehr schwer, aufzunehmen, was sie so vor sich hin denkt, aber das Lästige dran ist dieser Wirrwarr, sie können anscheinend keinen einzigen Gedanken klar zu Ende denken, immer hoppeln sie von einem zum andern, vermischen Rationales und völlig Irrationales wild miteinander; kein Wunder, daß sie so gut wie kein Lebenskonzept haben und permanent frustriert sind.

Das hat irgendwie auch damit zu tun, daß die Menschen ein seltsam libidinöses Verhältnis zu Gegenständen und wenig Sinn für Humor haben.

Murggh zum Beispiel reagiert manchmal geradewegs hysterisch auf absolute Kleinigkeiten. Da war zum Beispiel die Sache mit diesem unnötigen Topf:

Ein ganz gewöhnlicher Topf, wie Murggh sie hat, um Futter drin aufzubewahren. War aber kein Futter drin. Und auch sonst nichts. Naja, und ich bin während einer kleinen Auseinandersetzung mit Schwabbel im Eifer des Gefechts halt mit der linken Hinterpfote etwas an diesen blöden Topf am Regal gestoßen. Topf fällt runter. Ist danach kein Topf mehr, sondern Scherben von Topf. Ihr könnt euch nicht vorstellen, wie diese Menschin draufhin ausgerastet ist. Schreit mich an, auf die denkbar unfeinste Art, als ob Menschen nicht schon im Normalzustand eine häßliche, grobe und laute Stimme hätten, nein, sie muß auch noch schreien. Sie verfolgt mich unter wüstesten Beschimpfungen quer durch die Wohnung und ist den ganzen restlichen Abend unausstehlich. Ich würd' ja nichts sagen, wenn das ihr einziger Topf gewesen wäre, aber sie hat jede Menge Töpfe in allen Größen.

Da ich mir dieses absurde Verhalten nicht erklären konnte, versuchte ich's mit einem Gedankenscanning, ich bin zwar durchgedrungen, konnte aber diesem wirren menschlichen Gebrabbel wieder einmal keinen Sinn zuordnen. Irgendwas mit Erbstück und Jugendstilvase oder so, was immer das auch heißen mag. Naja, sie verhalten sich eben manchmal reichlich seltsam …

Da fällt mir gerade die Sache mit dem Aquarium ein, wo Murggh für Schwabbel und mich Fische mästet. Selbst frißt sie ja aus Prinzip keine. Sie füttert die mickrigen Dinger täglich, trotzdem könnte ich nicht sagen, daß sie schon sehr an Gewicht zugenommen haben. Trotzdem wurde sie kürzlich absolut ekelig und ungerecht, weil ich eins dieser Krispindeln gefangen und gefressen hab'.

War eh nichts dran. Nein, sie gönnt mir nicht einmal das, macht ein Mordstheater und legt neuerdings Steine auf den Aquariumdeckel, daß ich kaum mehr bequem drauf liegen und schon gar keine Fische mehr fangen kann. Na bitte, dann muß sie das verhungerte Zeugs eben selber herausangeln.

Auch sonst stellt Murggh sich manchmal absonderlich an: Wenn mir sehr langweilig ist – mit Schwabbel läßt sich's ja nicht einmal ordentlich raufen, der heult gleich los, wenn katz ihn ein wenig in den Schwitzkasten nimmt –, springe ich halt – mangels besserer Beschäftigung – ein bißchen herum oder übe oben auf Türen und Fenstern das Balancieren. Seit sie das spitzgekriegt hat, steht sie beim sogenannten Lüften immer neben dem Fenster und versucht, mich dran zu hindern. Sie befürchtet, ich könnte oben vom Kippfensterrand rutschen und vier Stockwerke runter auf die Straße fallen. Lächerlich, ich bin doch kein patschertes Katzenbaby mehr. Dieses neurotische Verhalten nennt katz overprotective, wie ich aus dem Fernsehen weiß.

Ah, ja, wieder so ein Thema: Ein bei den Menschen sehr beliebtes Spielzeug. Auch wenn sie manchmal so tun, als würden sie sich damit über die Weltlage informieren.

Am meisten machen ihnen die Sendungen Spaß, die am wenigsten Informationsgehalt haben. Ich persönlich bevorzuge *Universum,* wo Vögel oder Mäuse oder Großkatzen zu sehen sind, oder, was Murggh anscheinend auch mag, Reisefilme, da lauf' ich in Gedanken durch die Wüste oder den Regenwald.

Hier enden unsere gemeinsamen Interessen leider bereits. Ja, eventuell noch manche Diskussionssendungen oder Buchbesprechungen. Dabei ist es allerdings ziemlich einschläfernd, daß diese Menschen beim Sprechen ihre dicken Hintern nicht von den Lederfauteuils hochkriegen. Sie könnten doch auch in einer Baumkrone schaukelnd diskutieren, wie es ihre nächsten Verwandten heute noch machen, oder, wenn sie schon in Städten leben müssen, könnten sie sich wenigstens während der Besprechung des letzten Bestsellers von Hochhaus zu Hochhaus schwingen. Nein, da sitzen sie vor und hinter der Mattscheibe wie angenagelt, um dann am nächsten Tag extra joggen zu geh'n. Weil sie Dinge, die zusammengehören, immer aufspalten müssen.

Das restliche TV-Programm, das Murggh sich so reinzieht, kann katz überhaupt vergessen ... Zum Beispiel diese öden Filme, wo Menschen sich gegenseitig (wie pervers!) jagen und killen, und eine Kommissarin erlegt dann die Übriggebliebenen. Oder triefenden Kitsch wie „Mädchen in Uniform“, das hatten wir bereits dreimal, oder alte Schnulzen mit Katherine Hepburn, die sie anbetet. Naja, da bin ich sogar einmal einer Meinung mit Schwabbel, wir verzieh'n uns dann ins Bett oder auf den Vorzimmerkasten. Schwabbels Vorstellung von einem guten Programm beschränkt sich allerdings auf Bioleks Kochsendung oder die neueste Katzendosenwerbung. No comment.

Mir ist aufgefallen, daß Murggh besonders ausgiebig in den Phasen Schund glotzt, in denen sie nicht zu Hause am Computer schreibt, sondern auswärts Dosen und Grünzeug jagen geht, was sie „entfremdet arbeiten“ nennt, und anscheinend gar nicht mag. Sie hat dann, wenn ich sie beim Heimkommen kurz scanne, immer ziemlich schwarze und gehässige Gedanken, die sich vor allem um einen sogenannten „Chef“ drehen.

Irgendwas stimmt nicht mit diesem Computer, seit ich vorhin eine Pinkelpause eingelegt hab. Ob ich eine unabsichtliche Tastenkombination gesprungen bin? Oder war Schwabbel an meinem Text, der ist vorhin so seltsam schnell aus der Tür zum Arbeitszimmer gewischt?

2$/)& 3()& §“J H(%   §   ö

HILFE, ich glaub', der stürzt ab!!

093zg?B$%7dneoizuhui789234054hke§$&(nh/Ei,ehio %$&

hjdeuojoezi479h3G/wev0lß8034hR&§7itu

uieil78hjgf$df89ufg/65rcgBJ894vh

§NFH/%%()ft4

ztdd%fvUI7

?

Hallo, ja, also ich bin Murggh, das heißt, meine Freundinnen nennen mich Silvia. Keine Ahnung, wie Panthe-Silea, meine silbergraue Katze, ausgerechnet auf Murggh kommt …

Jedenfalls hab‘ ich diesen Text nach der Computerreparatur, welche, nebenbei bemerkt, ziemlich teuer war, unter „qr§xx%. doc“ auf meiner Festplatte vorgefunden und denke, der paßt in diese Anthologie. Natürlich hab' ich versucht, mit Panthe-Silea darüber zu sprechen, ob sie weiterschreiben möchte, und wie sie das mit den Urheberinnenrechten sieht, aber diese sture Katze schweigt sich aus, terrorisiert den Kater und spielt beleidigte Leberwurst.

Solltet Ihr Verwendung für ihren Text haben, würde sich Panthe-Silea bestimmt über ein paar Dosen Lachs freuen. Schickt nur ja keine Müsliriegel, sonst flippt sie aus!

Liebe Grüße!

Silvia-Murrgh

Hannelore Nics

FLEISCHESLUST

**** **Kater Ossi**, wurde vor sieben Jahren verletzt am Rande der Autobahn gefunden und bereichert seither das Familienleben von Hannelore. Den Ringellook, den er im Text trägt, hat er sich vom Freßschüsselkollegen, dem Kater Erwin, ausgeborgt.*

Ohne ihn ist seine Menschenfamilie nicht lebensfähig, so die feste Überzeugung Ossis, des Hauskaters. Daß er sich damit ein Gros an Verantwortung aufbürdet, was wiederum eine Menge an Pflichten nach sich zieht, dessen ist er sich voll und ganz bewußt. Unermüdlich ist er am Überwachen, Inspizieren, Checken, Kontrollieren, Eskortieren, er durchforstet Abfalleimer, entsorgt Nahrungsreste, hält Testschläfchen auf frischgebügelter Wäsche, fordert Streicheleinheiten und erinnert mit bewundernswerter und unermüdlicher Konsequenz acht- bis zehnmal am Tag an die Nachfüllung seiner Freßschüssel. Nicht einmal seine Nächte verlaufen ungestört, muß der Brave doch mehrmals eilfertig aus dem Körbchen springen, um schlaftrunkenen WC-Gängern den Weg zum und vom Bestimmungsort zu zeigen.

All dieser Verpflichtungen entledigt sich Ossi jedoch in bewundernswerter Treue. Dafür steht ihm aber – und das hält der Kater für selbstverständlich – jede Menge an Anerkennung seitens seiner Menschen zu, wobei er Gunstbezeigungen in Form von Naturalien den Vorzug gibt – freßbaren Naturalien, versteht sich.

Heute abend wäre die Gelegenheit für eine nahrhafte Würdigung seines Permanenteinsatzes günstig.

Herrchen sitzt vor einem goldbraunen Wiener Schnitzel und Ossi voll gespannter Erwartung auf dem Sessel daneben. Himmlische Düfte entschweben der noch leise brutzelnden Köstlichkeit und driften in Ossis geblähte Nasenschlitze.

Der Kater ist bereits in der für ihn typischen Bettelpose erstarrt: die Vorderbeinchen zierlich zusammengestellt, damit die Fellmuster gefällig zueinanderpassen, den üppigen Barockschwanz in einem weichen Bogen appetitlich linksherum plaziert und das Köpfchen in optimalem Appellwinkel der Duftquelle zugewendet. Schräggeschlitzte Katzenaugen richten sich in intensiver Beschwörung auf den Essenden:

„... Herrchen, du mußt wissen, daß es mir eine wahre Freude ist, dir beim Essen zuzusehen! Laß es dir nur schmecken – du hast es, weiß Gott, verdient! ... Ich labe mich inzwischen am Duft ... Mehr will ich gar nicht! ... Ist die Fleischqualität auch zu deiner Zufriedenheit? Man kann ja heutzutage nicht mehr vorsichtig genug sein! ... Aber das da ist mit Sicherheit ein 1A-Schnitzel, das erkenne ich schon am Geruch! ... Vielleicht könnte ich es noch besser beurteilen, wenn du mir ein klitzekleines Häppchen zukommen ließest. – Ach, vergiß es! War nur so ein Gedanke ... Fühl dich um Gottes willen zu nichts gedrängt! Hör einfach nicht auf mich und genieß dein Nachtmahl! ... Solltest du aber, unter Umständen, doch daran denken, deinem treuen Ossi eine Kostprobe zukommen zu lassen – nun, ich würde mich nicht unbedingt dagegen sträuben und dich womöglich durch Ablehnung kränken ...“

Herrchen ißt ungerührt weiter und ignoriert Ossis sprechende Blicke. Der Kater schaltet daraufhin auf Nebelscheinwerfer – die Eindringlichkeit seiner Bernsteinblicke verdreifacht sich. Sodann rückt er näher, stützt sein Sabberkinn am

Tischrand ab (der gierige Neigungswinkel erlaubt ihm keine stabile Sitzhaltung mehr) und versucht, durch jammervolle Schluckbewegungen Eindruck zu schinden. Hie und da erscheint eine Pfote auf dem Tisch, macht eine hilflose Kratzbewegung und wird wieder zurückgezogen. Jedoch vergißt Ossi in all seinem zur Schau gestellten Elend keineswegs auf ein dezent lockeres Geschnurre, womit der Listige drei strategische Ziele verfolgt: Zum ersten täuscht er damit Desinteresse am Schnitzel vor, zum zweiten schafft er eine seinen Zwecken dienliche amikale und zwanglose Atmosphäre, und drittens kann, so denkt der Schlawiner, sein Herrchen dieser Art von Tischmusik garantiert nicht widerstehen.

Greifbar hängen Ossis Gedanken in der Luft.

„... Herrchen, ich muß es wohl nicht extra betonen, daß zu all meinen Tugenden auch eine außerordentlich starke Willenskraft gehört ... Nicht jeder Kater würde dir nämlich so selbstlos beim Schnitzelessen zusehen wie ich ... Sei es, wie es sei: Das Glück deines Ossi besteht jedenfalls darin, dich glücklich zu sehen! Ich bin eben ein Ausbund an christlicher Tugend! ... Übrigens, da fällt mir noch etwas Christliches ein – kennst du das? *Geben ist seliger denn Nehmen!* – Nur, was hätte ich armer, ausgemergelter Schatten meiner selbst schon zu geben? Du hingegen ... Nichts für ungut, Herrchen, aber du bist doch ein Christ, oder? Was hältst du von folgendem Vorschlag: Ich könnte eventuell als dein Vorkoster agieren. So zwei, drei Maulvoll Schnitzel, und du hättest (so ich mich nicht blau färbe und umfalle) die Gewißheit, gefahrlos speisen zu können ...

Ich würde mich für dich glatt opfern, Herrchen!“

Herrchen ißt ungerührt weiter. Ossi wirkt sichtlich irritiert, und sein Katergesicht nimmt einen bekümmerten Ausdruck an. Jetzt heißt es: alles oder nichts!

Und er zieht sämtliche Register seiner Schauspielkunst. Schlapp rollt der abgestützte Kopf auf die Seite, schwach hängt die Katerzunge aus dem Maul des Tieres, und kraftlos liegen die Barthaare links und rechts von der Schnauze, rührend weiß auf blauem Tischtuchgrund. Gekonnt erzeugte Hohlwangigkeit simuliert den nahenden Hungertod. Ossis Schnurren wird fadendünn und arhythmisch.

„... Herrchen, ich würde – und das kannst du mir glauben – alles für dich tun! Hand aufs Herz: Würdest du auch alles für deinen Ossi tun? ... Ich könnte zum Beispiel nie mit Genuß eine Maus verspeisen, wenn du mauselos und hungrig neben mir sitzen würdest. Zumindest den Kopf und das dünne Ende des Schwanzes würde ich dir überlassen ... Umgelegt auf die Schnitzelgröße wäre das – na, sagen wir, ein Drittel. Wenn du mir bloß ein winziges Drittel schenkst, dann bleiben dir ja noch zwei ganze, große Drittel übrig. Außerdem sagt dein Hausarzt doch immer, daß üppige Nachtmähler Gift für den Körper sind. In diesem Punkt ist dein Hauskater mit deinem Hausarzt einer Meinung! ... Keine Angst, ich bin schon still. Nur noch soviel: Kalorien – Cholesterin – Löffel abgeben! Also denk an deine Gesundheit und gib mir jetzt mein Drittel – aber avanti!“

Herrchen ißt ungerührt weiter. Jetzt gerät die seelische Balance des felinen Giermauls denn doch ins Wanken. Der Adrenalinspiegel des Katers schnalzt hinauf, das Tier beginnt bösartig zu vibrieren. In schlangengleicher Gefährlichkeit wickelt sich sein Ringelschwanz rechts herum, während sich der Bogen des gekrümmten Katzenrückens zusehends spannt. Selbst die Schnurrlaute haben nun nichts Anheimelndes mehr an sich; unterschwellige Aggressivität macht sich breit. Bedrohlich wächst der Hals des Katers aus seinem Flohhalsband, kalt blickt das Tier aus schmalgeschlitzten Augen.

„... Herrchen, nun überspannst du den Bogen, und das verstimmt mich zusehends. Wieso habe ich eigentlich das Gefühl, daß du überhaupt nicht daran denkst, mit mir zu teilen? ... Jawohl! Teilen habe ich gesagt, du Fettsack! Und zwar fifty-fifty! Was glaubst du eigentlich, wen du vor dir hast? Einen blöden Schoßhund? Wir wollen ein- für allemal etwas klarstellen: Ich bin derjenige, ohne den nichts läuft! Schreib dir das gefälligst hinter die Ohren! Und meine dezent gepolsterte Taille geht dich überhaupt nichts an. Was du hier siehst, ist nichts anderes als ein galoppierendes Hungerödem im letzten Stadium. Und du mit deiner Knauserigkeit bist schuld daran! ... Sitzt der Mensch doch da und stopft, was das Zeug hält, kann vor lauter Speckwampe ohnedies nicht mehr schnaufen, und hinter mir steht bereits der große, schwarze Kater mit der Sense! Herrchen, ich fürchte, du hast ein Problem: Mir ist nach Schnitzel – und zwar jetzt! – Also los! Her mit der Schnitzelhälfte, oder du lernst mich kennen!"

Herrchen ißt ungerührt weiter, immun gegen wie auch immer geartete Appelle. Gut, dann ist Initiative angesagt. Ab nun wird der Kampf mit offenem Visier ausgetragen.

Kater Ossi steht steif auf allen vieren und strahlt düstere Entschlossenheit aus. Wild zuckt seine Schwanzspitze. Leise fauchend schiebt das Tier sein dreieckiges Gesicht mit dem gierigen Tartarenblick in Richtung Schnitzelteller. Und während Herrchen noch voll Nachsicht den bäuchlings anrobbenden Kater des Tisches verweisen will, fährt dieser blitzschnell eine Vorderpfote aus, nadelspitze Häkchen verankern sich im Objekt seiner Begierde und befördern das gute Stück schwungvoll auf den Fußboden.

Und schon steht der Zimmertiger triumphierend und speichelnd über seiner Beute, während ein tiefes Grollen aus seiner stolzgeblähten Brust aufsteigt. Gemäß alter Kateretikette muß vor dem Freßakt jeder präsumptive Feind mit Nachdruck in seine Schranken verwiesen werden. Dann erst kommt der Genuß.

Jedenfalls: Herrchen versteht und verzichtet auf sein Schnitzel.

„Tja, Pech gehabt, mein Lieber! Der schlaue Ossi hat dich ausgetrickst! Und damit wir uns recht verstehen: Glaub ja nicht, daß ich mit dir teile! Jetzt wirst du mir eben zusehen müssen beim großen Schnitzelschmaus! ... Das ist der Welten Lauf, liebes Herrchen! Übrigens – grrrrrr! – ich an deiner Stelle würde das Schnitzel braaaav liegenlassen. Es sei denn, du willst meine Krallen im Handrücken haben! Grrrrr! Na also! Ganz cool bleiben, Herrchen!

Und jetzt wünsch mir gefälligst guten Appetit!"

Herrchen, solcherart rüde auf Diät gesetzt, kehrt resigniert zu seinem Teller zurück, begnügt sich mit Gurkensalat ohne Drumherum und trauert seinem schönen Nachtmahl nach. Der Kater beendet seinen dramatischen Auftritt und schrumpft auf Normalmaß zusammen. Sein Flaschenbürstenschwanz mutiert wieder zum herzigen Ringelschlepp.

Und dann arbeitet sich der Sieger unter aufgeregtem Brummeln quer durch das Fleisch.

„Wo fang' ich an, wo hör' ich auf? Blöde Panier, blöde! Wer frißt schon sowas? Und der grausliche Ketchupklecks mitten drauf – scheußlich! Das ist kein Schnitzel, das ist eine Zumutung!"

Kater Ossi reißt an der Panier herum und schafft es in kürzester Zeit, das Innenleben des Schnitzels bloßzulegen.

Aber mit dem Abbeißen ist das so eine Sache, denn dafür ist die dentale Ausrüstung des guten Tieres nicht gerade optimal zu nennen. Ossi zerrt und zieht und brummelt und schwitzt.

„Herrrrrrchen! Ich kann das Gummischwein nicht zerlegen!!! So hilf mir doch und schau nicht so langsam! Herrrrrrchen!!!! Du, das Messer ist doch schon erfunden!! Tu endlich was! Es ist nicht zu fassen! Da kämpf' ich mit dem blödsinnigen Lederlappen, und der Mensch sitzt da und haut sich auf die Schenkel vor Lachen! Du Ekel du! Das ist unfair und gemein von dir! Und sowas will mein Herrchen sein!"

Herrchen amüsiert sich königlich. Endlich blüht sein Weizen.

Währenddessen umtanzt der Kater mit grämlich angelegten Ohren das widerspenstige Stück Fleisch und appliziert ziellos Verzweiflungsbisse – Ergebnis gleich null.

„Typisch Mensch! Alles Gute selber fressen und mir den Abfall servieren! Flachsenzeugs, grausliches! Schmeckt wie ein Putzfetzen, ist nicht zu beißen, schimpft sich aber Schnitzel! ... Aber mit unsereinem kann man's ja machen! Nein, Herrchen, da spiel ich nicht mehr mit! Frotzel gefälligst jemand anderen!"

Der Kater tritt zurück vom ramponierten Schnitzel, nimmt sozusagen Abstand vom Verursacher seiner Niederlage, distanziert sich quasi vom Geschehen.

Und um zu signalisieren, daß wiederum ein Kapitel seines Katerlebens abgeschlossen ist, vollzieht Ossi nun ein uraltes Katerritual.

Es beginnt damit, daß seine eng und säulenartig nebeneinanderstehenden Beinchen sich zusehends nach oben verlängern, Teleskopständern gleich, die eine Roboterkatze ausfährt. Und während das Tier wächst und sich dabei ganz schmal macht, beginnen seine angespannten Körpermuskeln zu vibrieren. Langsam entsteht unter der sich sträubenden Rückenbehaarung ein prächtiger Katzenbuckel. Und während sich diese Metamorphose vollzieht, blickt Ossi feierlich ins Nichts.

Sekunden später ist alles vorbei. Ossi sinkt wieder weich in sich zusammen. Und dann hebt er die rechte Vorderpfote und beginnt – mit einem verächtlichen Seitenblick auf Herrchen – das ehemalige Schnitzel symbolisch zu verscharren. Zwischendurch kurzer Pfotenwechsel, bis nach etwa zwanzig Kratzern die Angelegenheit sozusagen unter den Teppich gekehrt ist. Ein Schnitzel hat es nie gegeben.

„... Herrchen, damit betrachte ich die Angelegenheit für mich als erledigt. Solltest du noch immer Schnitzelambitionen hegen, nur zu! Grab dir das Zeug wieder aus, ich schenk' es dir!

Was jedoch unser gestörtes Vertrauensverhältnis anlangt, da wirst du dich schon sehr anstrengen müssen, mich wieder zu versöhnen. Leicht werde ich es dir jedenfalls nicht machen. Dazu hast du mich heute zu sehr gekränkt!"

Hoheitsvoll steigt der Kater über das Schnitzel und stolziert mit arrogant aufgestelltem Schwanz davon in Richtung Katzentür.

Johanna Nowak

KATER MUR

**** **Kater Mur**, leider verstorben, schwarzer Denker mit einer Vorliebe für das Fenster im Erdgeschoß im Haus gegenüber von Johanna; wälzte stets schwerwiegende Gedanken und wollte dabei nicht gestört werden.*

Sie sollten sich schämen. Kccch! Miau! Mich so anzustarren. Bloß weil ich hier hinter diesem Erdgeschoßfenster sitze. Haben Sie noch nie einen Kater gesehen? Sie müssen doch an meinem in mich versunkenen Blick erkennen ... Heute habe ich meinen philosophischen Tag, sinne über alles nach, was sich so ergibt: Die großen Göttinnen mit ihren Katzenköpfen, ihren von Katzen gezogenen Wagen, über die Katzenwelt im allgemeinen und ein Katzenleben im besonderen, am meisten allerdings über meine Devise: immer das Beste aus einer Situation machen. Daher sitze ich augenblicklich über der Heizung. Wärme steigt auf, umhüllt meine Pfoten, meinen Bauch. Herrlich, wunderbar! Ich kann Ihnen nur raten: Eilen Sie zu sich nach Hause. Tun Sie das gleiche.

Wie! Sie gehen noch immer nicht weiter? Na, jetzt haben Sie mich aus meinen Gedanken gerissen. Wenn es Ihnen gefällt, draußen in Kälte und Schnee zu stehen und mich zu betrachten. Bitte! Ich halte Sie nicht auf. Aber ich weiß, was sich gehört. Gestatten Sie, daß ich mich vorstelle: Mur, Kater Mur! Die Menschen, denen ich erlaube, bei mir zu wohnen, rufen mich zwar „Murli" – höre ich diesen Namen, sträuben sich meine Haare. Eine Frechheit! Kccch! Miau! Aber solange sie etwas Gutes zum Fressen für mich herbeischaffen, dann – meinetwegen ...

Sie schauen mich weiter an. Was ist so Interessantes an mir zu entdecken? Ich bin ein großer, kräftiger Kater mit schwarzem Fell, schwarzer Nase und gelbgrünen Augen. Scharf sind meine Zähne und erst meine Krallen! Vorsicht! Ich rate Ihnen ... Kommen Sie mir nicht zu nahe! Wie? Sie gehen noch immer nicht weiter? Gefällt Ihnen vielleicht der Schnee? Mir nicht. Ich hasse nichts mehr als nasse Pfoten. Wollen Sie vielleicht, daß ich hinausspringe und in dieser scheußlich klebrigen, kalten Soße spazieren gehe? Wie vorhin mein Frauchen, die bei mir hier wohnt: „Na, Murli, heut' nicht hinaus? Andere Katzen tun's auch. Denen gefällt's sogar." Mag sein – anderen Katzen, aber nicht mir. Und ICH bin ICH. Mich so zu veräppeln. Kccch! Miau! Ich begreife nicht. Was seid ihr Menschen für lächerliche Stümper. Es gab eine Zeit – heute erscheint sie mir fast unvorstellbar – da glaubte ich an euch. Wirklich! Doch jetzt! Nicht einmal das Schneien könnt ihr aufhören lassen oder ... bereitet euch am Ende der Winter Vergnügen, fallen jene Flocken nur herunter, meinen Feinden, den Hunden, zuliebe? Diese herumhüpfenden, schnüffelnden, widerlichen Biester! In jeden Dreck stecken sie ihre Nasen. Ein paar von ihnen haben mich vorhin hier, hinter diesem Fenster, entdeckt, sind auf- und abgesprungen, haben ihre Körper verdreht, die Mäuler aufgerissen, gebellt wie die Wahnsinnigen. Würdelos, sage ich Ihnen.

Sie starren mich weiter an, bestärken mich nur in meiner Ansicht. Menschen sind kaum weniger würdelos als Hunde. Nicht beleidigt sein. So bin ich eben – ein ehrlicher Kater –, sage gerade heraus und ohne Umschweife meine Meinung. Miau! Glauben Sie nur ja nicht, ich fürchte mich vor Hunden. Ich blecke meine Zähne, kommt mir einer zu nahe, knurre, zeige meine Krallen, aber dann – nun ja, ich gebe es zu – flitze ich doch lieber auf einen Baum.

Kennen Sie jemanden, der besser und schneller klettern kann als ich? Sie behaupten – ein Eichkätzchen. Wie? Eine Frechheit, allein schon diesen Namen zu nennen. Kccch! Kommt mir allerdings ein kleiner Hund in die Nähe, dann … Das muß ich Ihnen erzählen. Vorigen Sommer … ich lag gerade unter der Parklinde. Sie kennen Sie sicher, dort hinten steht sie. Da kam der langweilige, dicke Köter vom Haus gegenüber an mir vorbei, die Nase auf dem Boden. Schnell streckte ich mein linkes Vorderbein aus. Er fiel darüber, direkt auf die Schnauze. Ich plusterte mich auf, tat sehr beleidigt, pfauchte, knurrte und haute ihm die rechte Vorderpfote um die Ohren. Hijccch! Hijccch! Sein verdattertes Gesicht! Sie stehen noch immer da? Na ja, wenn Sie unbedingt ein Gespräch mit mir führen wollen. Kennen Sie meine Freundin Mira? Mira! Rassig, temperamentvoll, geschmeidig wie – wie eben nur eine Katze. Sie wissen schon, wen ich meine? Miau! Dann sind Sie ebenfalls bereits auf sie hineingefallen. Ihr Trick – wirklich originell! Durch den Park wanken, kläglich raunzen, die arme, verlassene Mieze mimen. Dabei erkennt jeder auf den ersten Blick, wie gepflegt und gut ernährt sie ist. Aber etliche von euch Zweibeinern bleiben immer wieder stehen, bemitleiden, streicheln sie, schaffen für sie die besten Leckerbissen herbei. Hjccch!

Oh, hören Sie? Mein Frauchen ruft nach mir. Essenszeit. Soll sie! Justament! Ich komme nicht, und wenn sich mir vor Hunger der Magen umstülpt. Ich speise dann, wenn ich es wünsche. Miau! Wie laut sie schreit! Eigentlich habe ich mein Frauchen gern, kann mich nicht über sie beklagen. Ich habe sie mir auch sorgfältig ausgesucht und erzogen. Stundenlang spiele ich den Gekränkten, wenn sie es wagt, ohne meine Erlaubnis fortzugehen und mich allein zu lassen. Dann jammere ich, verlange meine Catmilk, schlecke sie genußvoll. Mein Frauchen dazu: „Na, Murli, schmecki, schmecki?" Blöd redet sie eigentlich mit mir. Aber wenn es sie freut! Das Motto einer Katze lautet: Jeder soll nach seiner Fasson selig werden. Denn sonst! Warm und bequem ist meine Wohnung, mein Klo geputzt, der Körbchenpolster frisch überzogen, auch das Essen wird pünktlich serviert. Im Zimmer steht sogar eine Bilder erzeugende Flimmerkiste, in der jeden Tag einige Male Katzenfütterung vorgeführt wird. Menschen stellen eben die nützlichsten Haustiere dar, die sich ein Kater wie ich halten kann. Bloß einmal ... Kccch! Stellen Sie sich vor! Eine solche Frechheit! Die Frau hat behauptet, ich stinke. Dabei bin ich bloß ein wenig in den Dreck gestiegen. Ich wurde eingeseift und in die Badewanne gesteckt trotz meines Maunzens, Pfauchens, Beißens. Kccch! Kccch! Nachher habe ich mich erst recht in Sand und Erde gewälzt. Miau!

Aber sonst muß ich zugeben, Menschen sind im allgemeinen nett, besonders die weiblichen. Bloß ein wenig Anschmiegen, Schmusen, Schnurren, und schon erreiche ich alles, was ich will: selbst um vier oder fünf Uhr in der Früh, wenn ich von meinem nächtlichen Ausflug zurückkehre – ein warmes Fressen. Niemand anderer läßt sich so leicht und gründlich dressieren wie eine Menschenfrau. Das habe ich schon als kleines Kätzchen herausgefunden. Ja, mein Frauerl! So etwas Liebes, Nettes und – Dummes! Sagen Sie einmal, sind alle Menschenweibchen so blöd? Ein solches Getue um einen Mann zu veranstalten! Wenn er brüllt: „Mama, a Bier!" rennt mein Frauerl schon, holt es ihm. Aber das ist nicht das ärgste. Zu Hause hockt noch der erwachsene Sohn.

Keine Katze läßt sich so etwas gefallen, die jagt ihre Jungen, die nicht mehr zu ihr ins Körbchen passen, davon. Nicht mein Frauerl mit ihrem weichen Herzen. Wenn ihr Sohn brüllt: „Mama, a Bier!" läuft sie genauso wie bei ihrem Mann. Sie ist eben dreifach gut dressiert, von ihrem Mann, ihrem Sohn und – mir. Warum soll ich – gerade ich – so etwas nicht ausnützen? Ich bin eben ein ICH-Kater. Aber das ist noch lange nicht so schlimm wie ein ICH-Menschenmann. Von uns dreien bin ich nämlich der einzige, der meinem Frauerl zeigt, wie dankbar ich ihr bin, wie lieb ich sie habe. Und sie anerkennt das auch, sagt: „Murli, mein lieber Murli, nur du verstehst mich." Denn Mann und Sohn – pfff! Meistens – wenn sie schon einmal zu Hause sind – sitzen sie vor der Flimmerkiste und kreischen, ärger als zehn Hunde zusammen. Dabei rennen dort drinnen nur einige erwachsene Zweibeiner einem Ball nach. Ich spiele auch gerne mit so einem runden Ding, rolle es hin und her, aber mit meinen eigenen Pfoten, kann mir nicht vorstellen, daß ich herumsitze, anderen dabei zuschaue und selbst bloß schreie. Abwechselnd brüllen dann entweder der Mann oder der Sohn: „Mama, a Bier!" Und mein Frauerl rennt ... Ich überlege. Hm! Miau! Was meinen Sie, soll ich nicht doch zu ihr laufen? Gewiß gibt's wieder Köstliches zum Fressen. Die Unterhaltung mit Ihnen hat mich gefreut, obwohl ich es anfangs nicht glauben wollte. Entschuldigen Sie, wenn ich Ihnen jetzt den Rücken zukehre, es geschieht nicht aus Unhöflichkeit. Es geht nicht anders. Miau! Miau!

Sabine Prochazka

CaTiVi – KANAL 1, LIVE !

**** **Berta von Schnurr**, Shooting-Star der heimischen Medienszene, maunzt über Geschichten, die unters Fell gehen, miaut von Themen, die unter den Krallen brennen – live und exklusiv jeden Samstag im Hauptabendprogramm von CaTiVi.*

Wir berichten heute live von der Erstpräsentation der großangelegten Studie *Dein Mensch und Du*. Aus der Wiener Veranstaltungshalle meldet sich unsere Moderatorin Berta von Schnurr:

– Ja, meine lieben Katzen, einen schönen guten Abend Ihnen zu Hause vor den Fernsehgeräten! Ich habe bereits die erste Interviewpartnerin vor dem Mikrofon und begrüße Lilo Katz, Verhaltensforscherin, Psychologin und vor allem Autorin jener Studie, die heute hier präsentiert werden soll. Lilo, warum haben Sie sich gerade das Spezialgebiet Mensch für ihre Forschungen ausgesucht ?

– Nun, mein Interesse an den zweibeinigen Hausgenossen wurde schon sehr früh geweckt, wuchs ich doch in einer Familie auf, die sich gleich fünf Menschen hielt. Ich hatte also von klein auf die Möglichkeit, diese Spezies genau kennenzulernen. Während meines Psychologiestudiums spezialisierte ich mich dann endgültig auf das Fachgebiet Mensch.

– Die Studie, die Sie in Kürze präsentieren werden, darf wohl als vorläufiger Höhepunkt Ihrer Arbeit bezeichnet werden. Wie fühlen Sie sich nach der Fertigstellung dieses Mammutprojekts?

– Zugegebenermaßen müde und erschöpft! Wenn man aber bedenkt, daß eine Studie dieser Größenordnung im deutschsprachigen Raum einmalig ist, dann erfüllt es mich mit großem Stolz, die Untersuchungen geleitet zu haben und die Ergebnisse auch einem größeren Publikum zugänglich machen zu können.

– Vielen Dank, Lilo, für dieses erste Interview, Ihre Rede beginnt ja in etwa einer halben Stunde; ich hoffe, wir werden im Laufe des Abends noch einmal Gelegenheit haben, uns zu unterhalten.

Sehr verehrte ZuseherInnen, die Veranstalter haben sich wirklich große Mühe gegeben und hier ein bemerkenswertes Rahmenprogramm auf die Pfoten gestellt. Ein Hauptprogrammpunkt wird etwa die Wahl zum schönsten Hausmenschen sein. Lassen Sie uns nach der nun folgenden Werbeeinschaltung einen ersten Blick auf die Teilnehmer und Teilnehmerinnen werfen – wir melden uns in Kürze wieder !

Beauty Line – die anspruchsvolle Bademodenkollektion für Ihren Menschen! Nicht nur zweckmäßig, sondern auch wunderschön anzusehen präsentiert sich die neueste Sommermode in diesem Jahr. Vermindert die Entwicklung unangenehmen Schweißgeruches an heißen Tagen und schmückt Ihren Liebling beim Badevergnügen. Beauty Line – die anspruchsvolle Bademodenkollektion für Ihren Menschen widmet Ihnen den folgenden Beitrag.

– Meine lieben Katzen zu Hause, meine nächste Interviewpartnerin ist Benjamina Tigra, Besitzerin von Hannes, der sich hier der Wahl zum schönsten Menschen stellen wird. Benjamina, warum haben Sie Ihren Menschen zu dieser Veranstaltung angemeldet?

– Mein Hannes ist ein ausgezeichnet gewachsener Mann, ich bin sehr stolz auf ihn! Und weil es ihm sichtlich Spaß macht, zu posieren und sich mit anderen Menschen zu messen, gönne ich ihm gerne das Vergnügen. Im Vorjahr hat er ja schon beinahe eine international beschickte Konkurrenz gewonnen, er ist letztlich zweiter geworden. Vielleicht haben wir heuer mehr Glück!

– Das wünschen wir Ihnen, Benjamina, toi, toi, toi! Leider konnte ich Esmeraldo, der für die heutige Menschenwahl verantwortlich zeichnet, nicht mehr vor das Mikrofon bekommen, da er noch einige organisatorische Dinge zu erledigen hat. Vor der Sendung hat er mir aber bereits die wichtigsten Details zur Wahl verraten: gewertet wird in zwei Durchgängen, zuerst bewegen sich die Menschen in leichter Sommerkleidung über den Laufsteg, und es werden ausschließlich der Körperbau und die Gesichter bewertet. Im zweiten Durchgang präsentieren die Leute ihr jeweiliges Talent, sie singen oder tanzen beispielsweise, auch Pantomime wird erlaubt sein. Wenn ich mir all die blonden Kurzhaarmenschen, gelockten Rothaarigen oder dunklen Langfelle so anschaue, kann ich nur sagen, die Jury wird es schwer haben, ihre Wahl zu treffen! Apropos Jury – sie besteht aus namhaften Fachkatzen aus der internationalen Szene. Vielleicht können wir den einen oder die andere später noch vor das Mikrofon holen, aber ich höre gerade von der Regie, daß sich Lilo Katz für ihren Vortrag bereitmacht, wir schalten daher in Kürze auf die Hauptbühne!

Diesen Beitrag widmete Ihnen Beauty Line – die anspruchsvolle Bademodenkollektion für Ihren Menschen!

– Liebe Anwesende, liebe Zuschauer vor den Fernsehschirmen, als Veranstalter der heutigen Präsentation ist es mir eine besondere Ehre, Ihnen eine Wissenschafterin von Format präsentieren zu dürfen. Sie hat sich auf dem Gebiet der Menschenforschung bereits einen Namen gemacht und mit ihrer neuesten Studie wird sie, das wage ich jetzt schon zu behaupten, einen weiteren großen Erfolg erzielen. Ich freue mich auf die Erstveröffentlichung der Studie *Dein Mensch und Du – Trends und Fakten*, und ich freue mich ganz besonders auf jene Katze, die diese Studie gemacht hat und nun auch persönlich vorstellen wird. Begrüßen Sie sie mit einem herzlichen Sonderapplaus: Lilo Katz!

– Danke und einen schönen guten Abend! Österreichweit gibt es bereits 1,4 Millionen Katzenhaushalte mit Menschenbeteiligung. Grund genug, wie ich meine, einmal genauer zu untersuchen, was uns Katzen denn eigentlich dazu bewegt, uns einen oder gar mehrere Menschen als Weggefährten ins Haus zu holen. Neben spezifisch menschlichen Eigenheiten haben mich die verschiedenen Formen des Zusammenlebens interessiert, und ich habe die Unterschiede zwischen Singlemenschen und Familien unter die Lupe genommen. Zu guter Letzt habe ich der menschlichen Körpersprache ein großes Kapitel meiner Studie gewidmet.

Um herauszufinden, welches die Hauptbeweggründe für die Menschenhaltung sind, veranstaltete ich zu Beginn meiner Studie eine Fragebogenaktion unter mehr als 1000 Katzen. Überraschenderweise stehen die praktischen Vorteile, wie die unbestritten hervorragenden Kochkünste oder die stets gewissenhafte Reinigung des Katzenklos, mit 27% Häufigkeit erst an zweiter Stelle der Antwortskala. 54% aller Katzen nämlich halten sich aus rein emotionalen Gründen einen oder mehrere Menschen – sie lieben deren Gesellschaft, fühlen sich weniger einsam und finden Entspannung und Erholung in der Beschäftigung mit den zweibeinigen MitbewohnerInnen. Zu guter Letzt sind es die lieben Kleinen, die sich oftmals nichts sehnlicher wünschen, als einen eigenen Menschen zu haben – 19% aller befragten Katzen haben sich auf Drängen ihres Nachwuchses einen Menschen ins Haus geholt.

Auf die Frage, warum sie sich keinen Menschen ins Haus nehmen, antworteten – Mehrfachnennungen waren möglich – 42% aller Befragten, daß bei ihnen eine Menschenhaarallergie diagnostiziert worden sei, 29% gaben an, in zu beengten räumlichen Verhältnissen zu leben, und 11% fürchteten menschliches Fehlverhalten, Kriminalität oder Sucht. Daß Menschen zu teuer in der Erhaltung seien und auch zuviel Mist beziehungsweise Lärm machen, meinten immerhin noch 9% der menschenlosen Katzen. Lediglich 3% der Befragten bezeichneten Menschen als generell unsympathisch.

Auf die beiden meistgenannten Begründungen möchte ich an dieser Stelle kurz eingehen: Zum Thema Menschenhaarallergie ist zu sagen, daß sich dieses Argument bei näherer Betrachtung oftmals als Ausrede entpuppt. Viele Katzen wollen einfach nicht die Verantwortung für einen Menschen übernehmen oder versuchen auf diese Art, lästig gewordene Hausmenschen bequem wieder loszuwerden. MitarbeiterInnen der heimischen Menschenasyle wissen besonders in der Nachweihnachtszeit ein trauriges Lied davon zu singen.

Zum Platzbedarf wiederum gibt es sehr unterschiedliche Richtwerte. Das städtische Wohnungsamt nennt 10m≈ Fläche pro Mensch ausreichend, vor allem von ärztlicher Seite kommt allerdings die Ansicht, daß für eine artgerechte Haltung zumindest 20m≈ Platz nötig seien. Besonders engagierte Menschenschützer vertreten sogar die Meinung, daß sich überhaupt nur GartenbesitzerInnen einen eigenen

Menschen anschaffen sollten. Und verschiedene Untersuchungen kommen tatsächlich zu dem Ergebnis, daß Menschen, die im eigenen Garten ein Betätigungsfeld haben, deutlich weniger oft depressiv sind und auch eine höhere Lebenserwartung haben.

Nach so viel trockener Statistik sind Sie, liebe Gäste, sicher durstig geworden. Ich darf Sie in der nun folgenden Pause zu einem kühlen Schälchen Wasser an unser Buffet einladen. Und für unsere lieben ZuseherInnen zu Hause gebe ich nach einer kurzen Werbeeinschaltung zurück an Berta von Schnurr.

Fühlen Sie sich durch Nachbars streunende Menschen in Ihrer Ruhe gestört? Der neue Massivzaun vom Holzfachkater schafft Abhilfe! Mannshoch und die Latten dicht nebeneinander, bietet er sicheren Schutz vor den menschlichen Eindringlingen. Ihr Holzfachkater berät Sie gerne und wünscht gute Unterhaltung mit dem folgenden Beitrag!

– Hallo, liebe Katzen daheim, wir melden uns nun wieder live aus der Wiener Veranstaltungshalle! Sicher sind Sie genauso begeistert von dieser Studie, wie ich – sie ist ja auch so realitätsnah: Ich erinnere mich noch gut daran, wie meine Nichte, gerade drei Monate alt, zum ersten Mal einen Menschen gesehen hat: „Ich will auch einen Menschen haben, bitte Mami, Menschen sind sooo lieb und weich und lustig und kennen ganz viele ursuper Spiele, bitte Papi, ich werde auch immer ganz toll aufpassen auf meinen Menschen, ihr hättet gar keine Arbeit mit ihm, bitte, bitte, bitte ...“ – so maunzte meine Nichte den ganzen Tag. Ich brauche wohl nicht zu erwähnen, daß sie den heißbegehrten Spielgefährten letztlich bekommen hat! Jetzt wissen wir, daß es 19%

aller MenschenbesitzerInnen ganz ähnlich ergangen sein muß!

Ach, Esmeraldo – ich darf Sie doch so nennen? Schön, daß Sie ein paar Minuten für unsere Zuseher daheim opfern können, guten Abend!

– Liebe Berrta von Schnurrr, es ist mirr eine Ehrre, einerr betörrenden Katze wie Ihnen Rrede und Antworrt stehen zu dürrfen …

– Esmeraldo, diese Menschenwahlen sind ja nicht unumstritten, immer wieder werden kritische Stimmen laut, die behaupten, es handle sich dabei um eine entwürdigende Fleischbeschau, zu der die Menschen regelrecht gezwungen würden – was meinen Sie zu diesen Vorwürfen?

– Aberr meine Liebe, … Sie werrden diesen Zynikerrn doch keinen Glauben schenken … sehen Sie sich nur um! Errst vorrhin hat mirr sogarr die ehrrenwerrte und hochgeehrrte Lilo Katz bestätigt, daß Menschen sich sehrr gerrne hübsch machen, herrausputzen und zurr Schau stellen fürr sie ist das doch ein Riesenspaß …

– Und da zieht es ihn auch schon wieder zurück zur Bühne – vielen Dank für dieses Flash-Interview, Esmeraldo!

Bevor der erste Durchgang gestartet wird, bitte ich noch schnell meine nächste Interviewpartnerin vors Mikro. Guten Abend Mirinda, schön Sie zu sehen, Sie sitzen heute abend in der Jury. Worauf werden Sie achten?

– Als Menschenärztin interessiert mich natürlich besonders der konstitutionelle Zustand der Models, für die Bewertung sind in erster Linie die Figur, die Proportionen und der Grad der Fitneß ausschlaggebend.

– Welche Merkmale müssen vorhanden sein, Mirinda, damit man von *schönen* Menschen sprechen kann, und was können die BesitzerInnen zum guten Aussehen ihrer Menschen beitragen?

– Ganz allgemein spricht man von schönen Menschen, wenn sie einen schlanken Körper und ein ebenmäßiges Gesicht mit großen Augen aufweisen. Aufgrund der geringen Körperbehaarung kommt auch der Haut eine besondere Aufmerksamkeit zu, sie sollte glatt und feinporig sein. Zu Ihrer zweiten Frage: So eitel sie auch sein mögen, neigen Menschen doch auch leicht zu Übergewicht und vorzeitiger Hautalterung, die sich in unschönen Gesichtsfalten zeigt. Das Geheimnis liegt in der einfachen Formel: Viel Bewegung plus ausgewogener Ernährung mal ausreichendem Schlaf – darauf sollten die MenschenbesitzerInnen achten, wenn sie gesunde, gutaussehende Schützlinge wollen.

– Herzlichen Dank, Mirinda, da macht sich bereits der erste Mensch für den Laufsteg bereit. Wir werden unmittelbar nach dem ersten Durchgang live wieder einsteigen und von allerersten Trends bei dieser Wahl berichten. Nun aber zurück zur Hauptbühne und zurück zu Lilo Katz, die uns gleich etwas über die verschiedenen Formen des Zusammenlebens erzählen wird. Vorher bitte ich alle Internet-User um Ihre Aufmerksamkeit!

CaTiVi im Internet! Damit Sie an dieser Sendung so richtig aktiv teilnehmen können, haben wir eine eigene Homepage eingerichtet. Ob kritisch, begeistert, verärgert, neugierig, lustig oder menschlich ernst – wir freuen uns auf Ihre e-mail!

Unsere Adresse: cat@net.com

– Bei der Untersuchung über die bevorzugte Haushaltszusammensetzung kamen teilstrukturierte Interviews zum Einsatz. Sehen wir uns die verschiedenen Varianten nun einmal näher an: Ich beginne mit dem einzeln gehaltenen Menschen, dem sogenannten Single. Ein Vorteil besteht darin, daß den KatzenbesitzerInnen von ihrem Singlemenschen die größtmögliche Zuwendung zuteil wird – sofern er oder sie zu Hause ist! Singles neigen nämlich – und das muß eindeutig als Nachteil bezeichnet werden – ein wenig zum Herumstreunen, ja, sie bleiben oft ganze Nächte lang weg. Andererseits ergeben sich dadurch zahlreiche Bekanntschaften, die im Normalfall danach trachten, bei der Hauskatze einen möglichst guten Eindruck zu hinterlassen. Die Vorteile der Einzelhaltung dürften überwiegen, da wir Katzen mehrheitlich Singlemenschen als Hausgenossen bevorzugen.

Eine andere Möglichkeit ist die paarweise Haltung gemischt-geschlechtlicher Menschen. Im Idealfall ist dabei auf gleich zwei Fixpunkte für Zuwendung und Küche Verlaß, und wenn sich Mann und Frau gut vertragen, ist sogar menschlicher Nachwuchs möglich. Ich möchte Ihnen aber nicht verschweigen, daß es sehr schwierig ist, zwei Menschen zu finden, die einander über einen längeren Zeitraum lieben. Die Spezies Mensch ist nämlich nicht gerade die verträglichste, und einige ihrer VertreterInnen müssen als sehr streitbar bezeichnet werden. Und auf Streit und schlechte Stimmung kann wohl jeder Katzenhaushalt gut verzichten.

Gleichgeschlechtliche Menschenpaare unterscheiden sich eigentlich nicht von ihren gemischt gehaltenen KollegInnen, sie sind lediglich zur Zucht ungeeignet und neigen in Gesellschaft fallweise zu ausgeprägter Heimlichtuerei.

Hält man sich mehrere Generationen von Menschen in seinem Haus, so wird zwar die Einsamkeit niemals ein Thema sein, aber das Fehlen von Rückzugsmöglichkeiten kann sich äußerst nachteilig auswirken. Und so sehr uns

Katzen kleine Menschenkinder auch entzücken mögen, so sind sie doch auch sehr laut und oft richtiggehend lästig.

Zusammenfassend kann ich sagen, daß jede Lebensform ihre AnhängerInnen findet, und es zahlreiche Vor- und Nachteile zu bedenken gilt, will man sich einen oder eben mehrere Menschen ins Haus nehmen.

In der anschließenden Pause haben Sie, liebe ZuhörerInnen, die Gelegenheit eine Informationsbroschüre zu meiner Studie zu kaufen, Sie erhalten Sie gleich vorne am Schalter VII!

Schmecks – das neue Fertigmenüsortiment von Frosties – nährstoffreich, vielfältig, geschmackvoll – verwöhnen Sie Ihren Liebling mit Schmecks-Huhn, Schmecks-Linsen oder Schmecks-Apfel-im-Schlafrock! Frosties wünscht viel Vergnügen mit dem folgenden Beitrag!

– Mmmh, entschuldigen Sie, hochverehrte ZuschauerInnen, mh, daß ich hier mit vollem Mund, mmmh, spreche, aber ich habe soeben von diesen köööstlichen Häppchen genascht! Paulina, seien Sie so nett und stellen Sie sich doch gleich selbst vor!

– Freut mich, liebe Berta von Schnurr, freut mich, daß Ihnen die Snacks so gut schmecken! Leider können Sie zu Hause vor den Fernsehschirmen nicht zugreifen, sondern müssen sich mit einem *Augenschmaus* begnügen ... Aber genaugenommen, liebe Katzen, genaugenommen sind all diese Köstlichkeiten ja auch gar nicht für uns gedacht, sondern für Ihre geliebten Hausmenschen. Mein Name ist Paulina, ich bin Ernährungsberaterin, und mein Spezialgebiet ist die menschliche Ernährung.

– Die menschliche Ernährung ist, wie Sie mir vorhin verraten haben, ein sehr großes Gebiet, und Sie, Paulina, beschäftigen sich nicht nur mit der Erforschung menschlicher Freßgewohnheiten, sondern geben auch krallenfeste Tips, worauf man als Menschenhalter achten muß.

– Zunächst, liebe Berta, zunächst muß ich Sie höflich korrigieren: Menschen legen Wert auf die Bezeichnung essen für ihre Art der Nahrungsaufnahme, ich erforsche also richtigerweise die menschlichen *Eß*gewohnheiten!

– Oh, das wußte ich nicht.

– Das Essen also nimmt für den Menschen einen ganz besonderen Stellenwert ein, es wird als weit mehr als die bloße Versorgung mit Nährstoffen angesehen! Die Menschen haben eine eigene Wissenschaft, ja eine Philosophie aus ihrer Ernährung gemacht.

Es gibt übrigens Spezialisten, deren Hauptaufgabe in der Verköstigung der Artgenossen besteht – sie stehen den ganzen Tag am Herd und bemühen sich um die Zubereitung von Speisen für eine große Anzahl von Menschen. Interessant ist auch die Beobachtung, daß Essen für die Menschen gewissermaßen ein soziales Ereignis darstellt – kaum jemand ißt ganz alleine, sondern meist treffen sich Familien oder ganze Rudel an einem bestimmten Ort, um gemeinsame Mahlzeiten einzunehmen. Ich gehe sogar so weit zu sagen, daß Essen zu zweit ein Bestandteil des menschlichen Balzverhaltens ist.

– Das ist ja hochinteressant, Paulina, Sie meinen, daß die gemeinsame Nahrungsaufnahme beim Menschen direkt die Paarung einleitet?

– Ja, das kann durchaus passieren! Essen gilt unter den Menschen als sinnlich-erotische Tätigkeit, dies um so mehr, wenn es paarweise geschieht.

Ich habe vorhin die philosophische Ebene des menschlichen Eßverhaltens erwähnt: kein anderes Lebewesen führt derart vielfältige Experimente mit der eigenen Ernährung durch. Manche Menschen zum Beispiel verzichten völlig auf Fleisch, andere essen nur ganz bestimmte Tiere. Einige nehmen nur tropische Früchte zu sich, andere wiederum schwören auf in der Erde Gewachsenes. Viele Menschen ernähren sich über weite Strecken ausschließlich flüssig – sie nennen es Heil- oder Saftfasten – oder achten strikt auf die getrennte Einnahme bestimmter Nahrungsmittel. Ich habe Menschen beobachtet, die ihre Mahlzeiten nach der Uhrzeit einteilen oder die Zusammensetzung ihrer Nahrung von den Mondphasen abhängig machen!

– Ach, sagen Sie bloß! Das klingt ja nun schon ein wenig verrückt.

– Sie sagen es, Berta, Sie sagen es! Uns Katzen kommt es oft reichlich sonderbar vor, welchen Kult die Menschen mit ihrem Essen betreiben. Da überrascht es wenig, daß zahlreiche Krankheitsbilder in direktem Zusammenhang mit der Ernährung stehen.

– Ich habe heute schon mit der bekannten Menschenärztin Mirinda gesprochen, die gemeint hat, daß Menschen sehr leicht zu Übergewicht neigen.

– Ja, Übergewicht ruft eine Menge von Folgeerkrankungen hervor, ist aber bei weitem nicht das einzige ernährungsbedingte Übel. Denken Sie nur, Berta, denken Sie nur, manche Menschen hungern sich regelrecht zu Tode, und andere wieder zwingen sich selbst dazu, nach den Mahlzeiten zu erbrechen. Aber nicht, was ja noch verständlich wäre, um verschluckte Haare loszuwerden, sondern um nicht zuzunehmen. Diese Menschen verschlingen gewaltige Mengen, erbrechen, essen wieder und geraten so in einen Teufelskreis …

– Unvorstellbar! Aber genug aus diesem Gruselkabinett, wenden wir uns wieder den schönen Dingen des Lebens und den schönen Menschen zu! Ich höre gerade von der Regie, daß ein erstes Zwischenergebnis von der Menschenwahl vorliegt – vielleicht können wir das kurz einblenden? Und in Führung liegt Hannes! Sie erinnern sich doch, liebe ZuseherInnen, an das Interview mit der reizenden Benjamina, die ihren hübschen Hannes zur Wahl mitgebracht hat? Vielleicht können wir auch ein Bild von Hannes einblenden – ah, vielen Dank an die Regie! Paulina, wie gefällt Ihnen dieser Hannes?

– Man sieht deutlich, liebe Berta, man sieht deutlich, daß Hannes ausgewogen ernährt wird. Seine makellose Figur weist auf eine ideal zusammengestellte Mischkost hin, 55% Kohlehydrate, 30% Eiweiß, 15% hochwertiges Fett – da läuft mir doch das Wasser im Maul zusammen ... Ich würde sagen, die Jury hat Geschmack bewiesen, und Hannes' Besitzerin kann sehr stolz auf ihren hübschen Schützling sein.

– Im Moment liegt mit sieben Punkten Rückstand eine Anita auf Rang zwei hinter unserem Hannes – wir dürfen also gespannt sein, wie diese Wahl ausgehen wird! Bleiben Sie dran!

Schmecks von Frosties – jetzt auch im preiswerten Doppelpack. Aber nur für kurze Zeit!

– Ich darf Sie nach der Pause wieder herzlich begrüßen. Wie ich von meinem Assistenten erfahren habe, sind die Broschüren am Schalter VII bereits ausverkauft. Weitere Exemplare können Sie gerne schriftlich anfordern, eine Adressenliste wurde bereits aufgelegt. Besten Dank für Ihr Interesse!

Wir kommen zu einem umfangreichen Kapitel meiner Studie, zur Körpersprache des Menschen. Umfangreich nicht zuletzt deshalb, weil der Mensch mit seinen zahlreichen Gesichtsmuskeln über eine variationsreiche Mimik verfügt. Auch die Gestik gehört zu seinen wichtigsten Ausdrucksmitteln.

Einige Beispiele: zusammengezogene Augenbrauen, eine in Falten gelegte Stirn, zur Faust geballte Hände, fuchtelnde Arme, das Aufstampfen mit einem Fuß, zusammengebissene Zähne, verkrampfte Körperhaltung – diese Posen sind zumeist als Drohgebärden zu verstehen und weisen auf einen verärgerten oder gar zornigen Menschen hin. Untermalt wird diese Stimmung häufig von gepreßten Atemgeräuschen oder lautem Geschrei. Machen Sie getrost einen Bogen um Ihren Menschen, wenn er so schlechte Laune hat – meistens beruhigt er sich ohnehin von selbst.

Anders beim traurigen Menschen – erkennbar etwa am gesenkten Kopf, den hängenden Mundwinkeln, naß überlaufenden Augen. Der betrübte Mensch läßt sich durch zärtliche Zuwendung recht leicht wieder aufheitern, oft genügt schon die bloße Anwesenheit von uns Katzen. Als Trostverstärker hat sich das Anschmiegen an den betroffenen Menschen bewährt.

Apropos Zärtlichkeit – ein wichtiges Element menschlicher Existenz! Menschen zeigen ihre Zuneigung hauptsächlich durch Berührung, sie halten einander an den Händen, saugen sich mit ihren Mündern fest, umarmen einander.

Und so steht es mit der Freude: leuchtende Augen, ein lächelnder Mund, ein gewisses Strahlen im Gesicht sind die wichtigsten Merkmale des erfreuten Menschen.

Interessant ist, daß der Mensch meiner Beobachtung nach für negative, destruktive Gefühle offensichtlich mehr körpersprachliche Ausdrucksmöglichkeiten hat als für positive Empfindungen. Auch sind individuelle Unterschiede zu bemerken: Manche Menschen entwickeln im Lauf ihres Lebens eine unglaubliche Vielfalt an Grimassen. Andere dagegen haben anscheinend nur ein bis zwei Variationsmöglichkeiten, sodaß sich mit zunehmendem Alter zum Beispiel tiefe Zornesfalten auf der Stirn oder traurig hängende Mundwinkel einprägen.

Im Verlauf meiner Studie beobachtete ich öfters menschliche Verhaltensweisen, die ich anfangs nicht recht einordnen konnte: Personen lächelten, obwohl sie sich keineswegs freuten, oder sie umarmten andere, die sie nachweislich nicht mochten, um nur zwei Beispiele zu nennen. Bald wußte ich, es ist eine typische Eigenart des Menschen: Er versucht seine ArtgenossInnen durch bewußt falsch gesetzte Körpersignale zu täuschen! Es bedarf also einer gehörigen Portion Menschenkenntnis, um diese komplizierten Wesen zu verstehen …

Um Ihre diesbezüglichen Chancen zu steigern, habe ich gemeinsam mit meiner kongenialen Fotografin Zse-Zse den Bildband *Zoom. Menschen aus der Nähe betrachtet* herausgegeben. Sie finden darin neben einer Zusammenfassung meiner Forschungsergebnisse zahlreiche Beispiele für die menschliche Körpersprache. Das Buch ist im Wissenschaftsverlag erschienen und im gut sortierten Fachhandel erhältlich …

– Nach Lilo Katz' kleiner Werbung in eigener Sache entführe ich Sie, liebe ZuseherInnen, zurück zur Wahl des schönsten Menschen. Im Rahmen dieser Veranstaltung ist soeben eine grandiose Modeschau über die Bühne gegangen! Ich habe daher keine Mühen gescheut, jemand ganz Besonderen für Sie vor das Mikrofon zu holen, und hier ist er. Modeschöpfer, Produzent und Szeneidol: Bennett Feldlager! Bennett, erzählen Sie uns von den Menschen?

– Die Nacktheit, die Scham und die Eitelkeit der Menschen sind es, die unsere Bekleidungsindustrie am Leben erhalten. Wir Katzen sind da genügsamer, ich persönlich trage beispielsweise am liebsten nur dieses Brillanthalsband – sehen Sie ?

– Oh Bennett, das ist ja wunderschön …

– Danke, charmante Berta, Ihr Lederband ist aber auch höchst elegant. Zurück zum Thema. Kleidung für den Menschen hat drei Aufgaben: sie muß ihn vor der Witterung schützen, seine Blößen bedecken und soll ihn möglichst auch noch schmücken. Manchen Leuten ist der dritte Aspekt sogar der weitaus wichtigste – das macht uns Modeschöpfer so reich! Es geht noch weiter, bezaubernde Berta, ich sage Ihnen: Die Menschen definieren sich sogar über ihre Kleidung! Wer das richtige Marken-Label auf der Brust trägt, ist akzeptiert. Wer falsch gekleidet ist, fällt durch. Gnadenlos.

– Verraten Sie unseren ZuseherInnen, wie Ihre Zweibeiner in dieser Saison modisch garantiert bestehen?

– Meine schöne Berta von Schnurr, kurz und körpernah heißt die Devise. Und wer die schicksten Menschen dieses Landes haben will, kleidet sie in *Leading,* wie ich meine neueste Kollektion genannt habe. Küß die Tatze, liebe Katze!

– Immer charmant, immer kreativ, tausend Dank, Bennett Feldlager! Und wer die Menschenwahl gewonnen hat, erfahren Sie nach dem nächsten Spot!

CaTiVi im Internet! Fragen Sie, kritisieren oder loben Sie uns, reden Sie mit, seien Sie dabei: Besuchen Sie unsere Homepage und senden Sie Ihre e-mail an unsere Adresse: cat@net.com

– Die Wahl ist vorbei und neben mir steht eine, wenn ich so sagen darf, alte Bekannte, eine strahlende Benjamina Tigra! Ihr Hannes hat es geschafft und wurde zum schönsten Menschen des Landes erkoren, wie fühlen Sie sich?

– Ja, ich weiß gar nicht, was ich sagen soll, so überglücklich bin ich. Es war wieder sehr, sehr knapp. Diese Anita ist zum Schluß noch auf wenige Punkte herangekommen. Aber schließlich hat sich doch der Schönste durchgesetzt!

– Ja! Und dazu gratulieren wir herzlichst! Und wünschen Benjamina und ihrem Hannes für die nächste Konkurrenz wieder viel Glück!

Es war tatsächlich spannend bis zur letzten Runde. Anita war im Kreativbewerb zweifelsfrei die Beste – sie überzeugte die Jury mit einem herrlich vorgetragenen, selbstkomponierten Lied. Auch in den Kategorien *Sympathische Ausstrahlung* und *Gesunder Menschenverstand* erreichte sie die höchste Benotung. Im Endklassement landete Anita jedoch mit drei Punkten Rückstand auf Platz zwei hinter Hannes, der mit seinen schlankeren Hüften und den bestechend blauen Augen den Sieg davontragen konnte.

Aber nun von dieser menschlichen Augenweide zurück zur hehren Wissenschaft. Lilo Katz – eben noch auf der Hauptbühne hier in der Wiener Veranstaltungshalle und jetzt bereits vor meinem Mikrofon! Herzliche Gratulation, Lilo, zu Ihrer gelungenen Präsentation, ich glaube, man kann auch dem Veranstalter ein dickes Lob aussprechen.

– Vielen Dank, Berta von Schnurr. Ja, die Veranstaltung ist insgesamt sehr gelungen – unglaublich, wie interessiert und begeistert die Anwesenden sind! Da macht es auch als Vortragende großen Spaß dabeizusein.

– Interesse und Begeisterung, dieses Motto gilt keineswegs nur für die Anwesenden! Wir haben im Lauf der Sendung eine rekordverdächtige Anzahl an e-mails erhalten! Es kamen dabei durchwegs positive Rückmeldungen über die Studie, einige kritische Kommentare zum Ausgang der Menschenwahl und vor allem viele, viele Fragen zum Thema Mensch. Lilo Katz hat uns in der Pause zugesagt, eine kleine Auswahl der eingelangten Fragen vor laufender Kamera zu beantworten! Mein Redakteur Tomtom hat daher fleißig ausgewertet und mir die drei meistgemailten Fragen zugespielt. Die erste Frage, Lilo, kommt stellvertretend für viele ZuseherInnen von Marko R. aus Siebenberg und betrifft den Bereich der menschlichen Aggressionen.

– Das ist allerdings ein schwarzes Kapitel in der Geschichte der Menschheit. Unter ungünstigen Umständen neigen manche Hausmenschen zu Aggressionen, die sie verbal oder tätlich gegen sich oder andere zum Ausdruck bringen. Solche Umstände können beispielsweise sein: Streß, allgemeine Unzufriedenheit, Ärger mit dem Partner, dem Kind, im Beruf, mit einem seiner Statussymbole – oder mit allen gleichzeitig. Aggressive Ausbrüche verlaufen zudem unter Einfluß von Alkohol deutlich heftiger.

– Das klingt fast so, als müßte man sich vor den Menschen schützen?

– Vor manchen leider ja! Aber die Menschen selbst haben zahlreiche einheitliche Verhaltensregeln festgeschrieben, die sie Gesetze nennen. Wer sich nicht daran hält, wird anhand eines komplizierten Straf- und Vergeltungssystems zur Rechenschaft gezogen. Es gibt eigens konstruierte Behausungen, in denen straffällige Menschen isoliert gehalten werden. Zum Schutz vor ihren Artgenossen absolvieren viele Menschen Selbstverteidigungskurse oder greifen schon auch einmal zur Waffe. Jedenfalls haben sie alle dicke Schlösser an ihren Türen!

– Nächstes Thema: Genau wie eine Reihe anderer interessierter ZuseherInnen möchte Carina T. aus Mistelstätten nähere Details zum menschlichen Paarungsverhalten erfahren. Lilo?

– Paarungen, die den Zweck der Fortpflanzung erfüllen, sind eindeutig in der Minderzahl. Menschen sind daher entweder schlicht und einfach ungeschickt oder aber relativ unfruchtbar! Wir vermuten allerdings auch, daß sie die Fortpflanzung mit teils primitiven, teils hochentwickelten Mitteln zu verhindern versuchen. Der Paarungsvorgang selbst ist von unterschiedlicher, oft beachtlicher Dauer, auch entwickeln viele Menschen eine ausgesprochene Kreativität, was die Durchführung des Geschlechtsaktes betrifft. Ein Zusammenhang mit der Art und Dauer der Lebensform der beiden Partner ist nicht auszuschließen. Als gesichert gilt, daß die Paarung zu des Menschen Lieblingsbeschäftigungen zählt!

– Dazu paßt auch die letzte Frage, sie kommt von Mira K., die aus Badkirchen und selbst Mutter dreier Kätzchen ist. Sie erkundigt sich nach dem menschlichen Nachwuchs.

– Die menschliche Nachkommenschaft wird *Kinder* genannt, Schwangerschaft und Geburt sind Sache der Frau, die Erziehung wird in der modernen Familie zunehmend partnerschaftlich gehandhabt. In unserem Kulturkreis bekommt die Frau während ihres Lebens durchschnittlich ein oder zwei Kinder, Ausnahmen von bis zu fünf oder mehr Kindern sind schon recht selten, es gibt aber ebenso die völlige Kinderlosigkeit. Die Schwangerschaft dauert neun Monate, die Sozialisation Jahrzehnte. Lösen sich viele Kinder mit Erreichen der Volljährigkeit, etwa im 19. Lebensjahr, aus dem Elternhaus, verbleiben ebensoviele noch einmal zehn Jahre oder länger im Familienverband. Die emotionale Abhängigkeit von den Eltern bleibt in der Regel lebenslang bestehen. Über das komplexe Thema Kindererziehung gibt es eine große Auswahl an Fachliteratur, die ich den Interessierten unter Ihnen sehr empfehlen kann.

– Liebe Lilo Katz, vielen herzlichen Dank für Ihren Fachkommentar und weiterhin so gutes Gelingen für Ihre Studien! Darf ich neugierig sein – worüber werden Sie denn als nächstes forschen?

– Jetzt mache ich erst einmal Urlaub, dann werde ich weitersehen. Das genaue Thema steht noch nicht fest, sicher ist nur, daß es sich wieder um die Menschen drehen wird – weil sie doch nach uns Katzen mit Abstand nicht nur die interessantesten, sondern auch liebenswertesten Wesen auf dieser Welt sind!

– Wie wahr! Mit diesem schönen Schlußwort beenden wir unsere Live-Übertragung und verabschieden uns aus der Wiener Veranstaltungshalle. Danke fürs Zuschauen, und behandeln Sie Ihren Menschen gut … bis zum nächsten Mal auf CaTiVi, Kanal 1 – wenn es wieder heißt:

Bertas Pfoten quoten!

Bärbel Rädisch
RACHE DER GÖTTER

**** **Osira**, im Text von adeligem Geblüt; das reale Modell, das Bärbel zu Studienzwecken zur Verfügung stand und nach einem Sommer wieder verschwand, ist eher keine „von und zu" sondern mehr eine „auf und davon"-Katze.*

Flink huscht sie über die *Piazza del Drago,* schlüpft unter der Pforte der *Villa Farnesia* über die ausgetretene Schwelle und hebt das Näschen. Es stinkt nach Katzenurin.

An Größe kann sie es mit jedem Kater im Trastevere aufnehmen, die Kloaken sind voll, und die Abfallkübel der Stadt bersten vor Leckerbissen.

In dem verfallenen Haus kein Duft mehr nach Levkojen und Rosen, kein Hauch Parfum, nicht ein Puderwölkchen in der Luft.

Nur noch zu ahnen der Geruch gebratener Kapaune.

Wo aber ist der Klang der Gläser, gefüllt mit Wein?

Sie lauscht.

Nichts mehr von den Tumulten bei den Gelagen später Stunden, wenn Gäste übermütig Bestecke, Teller, Schalen in den Tiber warfen.

Am meisten fehlen mir die Tänze, denkt sie, hebt sich auf die Hinterbeine, dreht sich und hält den Schwanz wie einst die Schleppe ihres Kleides.

Sie lacht laut auf und wirbelt schnell und schneller, lacht und lacht.

Abrupt bleibt sie stehen und streicht sich fahrig die Ohren und das Fell.

Nicht das Lachen der Claudia Metello, nein, das Quieken einer Ratte hallt durch den leeren Saal.

„Ach Catull", seufzt sie, „du Liebling aller Götter. Hätt' ich dir einst den Becher nicht mit Gift gereicht, ob mir die Strafe, als Ratte zu fristen, erspart geblieben wäre?"

Plötzlich spürt sie im Nacken einen Atemhauch, dreht sich um die eigene Achse und entkommt dem Prankenhieb der Katze mit knapper Not unter die Kuppel eines herabgestürzten Kandelabers.

„Glaub ja nicht, du bist schlauer als ich!" faucht das Ungetüm, „es heißt zwar, Ratten seien intelligent, aber ich halte das für ein Gerücht! Hockt da unter einer gläsernen Glocke! Wie lange wohl? Eine Stunde, zwei? Wer von uns beiden hat mehr Geduld?"

Schon fahren die Krallen in einem Trommelwirbel über das gesprungene Glas.

Die Gefangene wirft sich von rechts nach links.

„Osira! Ich bin es, deine Herrin!"

Ruckartig ziehen sich die Pfoten zurück, und in grünen Augen liegt für eine Sekunde alle Liebe, die eine Katze bereit ist, einem Wesen zu geben, das keine Katze ist.

Dann nur noch grüne Schlitze, ein Buckel wächst empor, und Gelächter hallt von den Wänden wider.

„Meine Herrin? Sie war die schönste Frau in Rom, war keine fette Ratte! Zugegeben", schnurrt es jetzt zuckersüß, „du bist ein hübsches Tier mit einer ordentlichen Portion Fleisch auf den Rippen, das mir das Wasser im Maul ..."

„Osira! Du warst einst meine Lieblingskatze! Woher sollte ich deinen Namen kennen, wenn ich nicht Claudia bin? Erinner dich an köstliche Langustenhäppchen, die ich dir in den Napf aus Silber legte, das violette Seidenkleid, das dein Versteck, husch, warst du unter meinen Röcken, wenn mich ein Freier stürmisch küßte."

Die Katze, den runden Kopf im Nacken, läßt einen gurrenden Laut aus der Kehle steigen und senkt die Lider.

Den Bruchteil nur einer Sekunde, dann läuft ein Zucken durch das Fell, und mit vier Pfoten zugleich wirft sie sich auf das Glas.

„Lüge! Du bist nicht Claudia, bist eine Ratte!"

„Ein Fluch liegt auf mir. Glaub mir doch!

Erinnerst du dich an Catull?" keucht die Gefangene unter der Kuppel, „wie liebten wir ihn, doch ich ließ mich blenden, von falschen Zungen täuschen! Gaius Valerius Catull, ich reichte ihm ....", sie schiebt die Nasenspitze ein Stück hervor und zieht sie augenblicklich wieder zurück.

Geduckt, gestreckt und fauchend schlagen Krallen zu, der Schwanz gesteilt, Wut sträubt das Fell.

„Schweig! Rede nicht von Catull, dem großen Dichter, der meine Herrin dazu brachte, mich in Ekstase zu versetzen mit ihren Händen, dank seiner Liebesverse.

Nie kraulte sie mich zärtlicher als an den Abenden im Brunnenhof, wenn sie der Stimme lauschte, das Mondlicht sich in den Fontänen brach."

„Aber so glaub mir doch! Ich bin es, deine Herrin, die Bälle dir zum Spielen brachte, in deren Bett dein Körper ruhte, und die dir Milch mit Honig um den Schnurrbart strich."

Die Katze maunzt ein wenig, leckt ihr Maul, dehnt ihren Körper doppelt lang, verlagert das Gewicht auf beide Vorderpfoten und wirft sich plötzlich in der Luft herum.

Funken geistern über Haarspitzen, und aufgerissen

faucht ein Raubtiermaul: „Hör auf, mich weiter einzulullen mit dem Geschwafel! Vergangen ist das Glück, vorbei das schöne Leben, alles hat sich verschworen. *Farnesia* in Trümmern! Catull ist tot. Verschollen meine Herrin, ich bin heimatlos."

Die Krallen fahren aus den Hornscheiden, haken unter das Glas, heben es an, fegen es gegen die Wand, wo es zersplittert.

Tief gräbt sich eine Pfote in das Genick der Ratte.

Ihr Fell hat fast die Farbe violetter Seide.

Ditta Rudle

WAS GEHT MICH AIDA AN

**** **Kater Felix**, geboren als Ältester unter fünf Schwestern. Seine Hoden lagen innen, was zur im Text beschriebenen geschlechtlichen Verwirrung nach erfolgter Operation führte. Seiner Lebensfreude tut dies jedoch keinen Abbruch; seine Literarisierung betreibt er mit dem Hinterteil: Er sitzt leidenschaftlich gern auf offenen Büchern. Wäre er ein Zweibeiner, wären seine Haare bereits grau.*

Sie ist zurück.

Wer vermag die Empfindung zu beschreiben, als ich sie nach drei Wochen wieder erblickte. Lässig hingestreckt ruhte ich auf dem warmen Stein vor dem Haus, gegen die Straße gut abgeschirmt vom dichten Blattwerk am dunklen Gesträuch.

Lazy summermonday, denke ich. Auf Englisch, verstehen Sie. Dann meditiere ich über meinen dritten Namen. Die Schatzi kniet auf der Erde und wühlt mit ihren Händen darin herum. Sie denkt, ich schlafe. Ignorantin. Ich blinzle durch das Laub, da sehe ich sie. Sie. Holde Aida. Auf leisen Pfoten. Oh, die samtweichen Pfoten!

Alle Sinne sind hellwach, meine Barthaare beben, das Fell knistert, der Schwanz richtet sich steil nach oben, zittert an der Spitze. *Stop!* denke ich. Das ist international. Bleib gelassen. *Take it easy*. Wieder Englisch. *Really, I am a very well educated cat.* Was geht dich Aida an. Ja, was geht mich Aida an. Ich nehme es leicht, kratze mich hinter dem linken Ohr, gähne laut, strecke mich auf allen vier Pfoten und setze meine geistige Übung fort.

Aida hat mich nicht gesehen. Nicht nur weil ich, wie schon gesagt, hinter dem unbeschnittenen Fliederstrauch liege, sondern auch weil sie selbst, Aida, die unvergleichliche, bewunderungswürdige, wenngleich grausame Aida, nicht rechts noch links blickt. Sie läuft, nein sie humpelt schnurstracks in Richtung Elisabethstraße. Was sie dort wohl zu finden hofft? Doch nicht den Rambo, diesen Halunken, *crazy cat, dirty Harry.* Er sollte Fritz heißen, der Schmutzfink, doch er wird Arnie gerufen. Vor wenigen Tagen ist er in das blaue Haus an der Ecke eingezogen, dieser ordinäre Kerl. Ein plumper Bauernkater, rothaarig, ordinäres Orange, nicht dezent, wie es sich für einen noblen roten Kater gehört, kupferfarben. Gewöhnlich ist er, struppig und ungepflegt. Aber Muskeln hat er, *cool,* wundervoll große Ohren und einen Schwanz! Einen Schwanz, lang, beweglich, mit entzückender Spitze. Jedoch, er interessiert mich nicht, unter meinem Niveau. Ich beachte ihn gar nicht, er hat kein Benehmen, *no education*, ist so erschreckend ungebildet und bildet sich doch ein, er sei der Größte. Ich rede kein Wort mit ihm, aber ich höre seine Stimme, seine Stimme klingt süß wie frischer Baldrian, sie durchdringt mich bis ins Mark, mir wird unendlich wohl zumute, und ich vergesse, daß er ein unkultivierter Lümmel ist, der unter uns anderen, uns Gebildeten nichts verloren hat.

Aida, die seidenweiche Aida, kann nicht die Absicht haben, mit Arnie Bekanntschaft zu schließen. Sie ist eine Aristo, sie hat es selbst gesagt und dabei das reizende Näslein gerümpft. Ich wollte ihr mein wild schlagendes, liebend Herz zu Pfoten legen, doch sie hat mir die Kehrseite ins Gesicht gestoßen und gemauzt, daß in ihren Adern anderes Blut fließe, besseres, dünneres, und sie auf Bildung niese. Dann sagte sie noch etwas Drolliges, nämlich, daß ich mal nachschauen sollte, was mir fehle. Mir fehlt aber nichts.

No lack.

Das hab ich auch dem roten Arnie, diesem ungehobelten Lackel gleich am Tag seines Eintreffens in unserer City gezeigt und ihm mitgeteilt, daß er im höchsten Maße unwillkommen ist. Wie es sich schickt, und wie es mir meine Lehrer beigebracht haben, begab ich mich zu dem Neuankömmling, um mich ihm vorzustellen. Zugleich wollte ich ihn über Sitten und Gebräuche im Revier unterrichten, um ihn vor Schaden zu bewahren. Doch der impertinente Flegel zeigte sich allen Vorhaltungen gegenüber unzugänglich. Primitiv und borniert. Man kennt das. Die Katzenwelt ist voll davon. Ich sah mich gezwungen, ihm mit der linken Tatze eins (oder auch zwei oder drei) hinter die schönen Ohren zu geben; mit ausgefahrenen Krallen versteht sich, damit er sich merkt, wer hier der *Sir* ist. Wäre ich ein Zweibeiner im Gewand, dann würde ich sagen, ich hab' dem schönen Arnie beigebracht, wer die Hosen anhat. Denn die Frage, wie weit ich Herr bin, Kerl oder *Sir*, Katze oder Kater, sollte tunlichst nicht gestellt werden. Im Vertrauen gesagt, ich kann sie nicht beantworten. Sie ist für ein gebildetes Katzentier auch nicht wirklich von Bedeutung.

Seit Aida diese fürwitzigen Dummheiten von sich gegeben hat – oder waren es doch dreiste Unverschämtheiten? (nein, nicht von Aida, sie ist töricht, jedoch nicht ungezogen) –, seit also Aida mich angeblafft und dann so gelacht hat, daß sie nicht mehr aufhören konnte und nur noch prustete und nieste, will ich auf keinen Fall mehr darüber nachdenken. Schließlich ist für unsereinen der Kopf wichtiger als der Schwanz – menschisch ausgedrückt, jedenfalls. „Felizia, Felinchen", hat Aida gekräht. Tatsächlich, sie hat gekräht, mit umschlagender Stimme, und mir damit das Herz im Busen zerschnitten. Sie ist für ihre Grausamkeit – ich muß mich der Tatsache stellen: sie war grausam – auch bestraft worden. Sie hat so grauenvoll gekeucht, daß ihre Mitbewohnerin, also die ahnungslose, aus purer Zweckmäßigkeit geduldete Zweibeinerin, vermuten mußte, Aida sei erkrankt. Die unsäglich krähende Aida wurde zu einer Folterung verdammt. Das heißt Impfung und ist schmerzhaft. Ich als Person verweigerte der gezierten Schnurrtrommel jegliches Mitleid. Meine Wertschätzung ist verschwendet. Was geht mich die Aida an!

Seit damals stelzt sie an mir vorbei, als ob ich, Felix, der Glückliche, nicht existierte auf dieser Welt. Einfältige Katze, holde Aida. Egal, ich habe mit Aida nichts zu schaffen.

Heute stolziert sie nicht, die hochmütige Mieze, nein sie lahmt, hinkt, humpelt, an der rechten Hinterpfote. Arnie wird keinen Blick auf die Ausreißerin werfen. Drei Wochen war sie verschwunden, das ist mir zwar gleichgültig, aber ich konnte nicht umhin, ihre Absenz genau zu vermerken. Jetzt ist sie reumütig zurückgekehrt, aber wie sie aussieht, völlig geknickt und zerfetzt! Es wird ihr nicht gelingen, sich bei dem Neuen anzuschmeicheln, ihr Fell an seinen roten Haaren zu reiben, wie sie es früher bei mir immer wieder versucht hat. Ekelhafte Schmeichelkatze, falsche Aida. Die Zeit, da sie entschwunden war, ist es ihr nicht wohl bekommen. Einigermaßen desolat, fast verwahrlost schaut sie aus. Sie könnte mein Erbarmen erregen, würde sie mich überhaupt erregen. Das linke Ohr ist ausgefranst, als hätte eine ganze Mäusefamilie daran genagt. Keine Widerrede – ich weiß schon, daß keine Maus es wagt, sich unsereinem auch nur zu nähern, aber was ich gesagt habe, ist eine Metapher. Das ist zwar menschisch gesprochen, aber auch Katerhochsprache. Nicht ohne Erfolg habe ich die Literatur studiert und mich durch eingehende Lektüre der Werke meines gerühmten Ahnherren, des renommierten Autors Murr gebildet. Seine Lebens-Ansichten sind mir Muster und Maxime. Auf Bildung und gutes Benehmen lege ich allerhöchsten Wert, deshalb kommt es mir auch gar nicht in den Sinn, mit Arnie, diesem unzivilisierten Kraftprotz, in näheren Kontakt zu treten. *Never play with the Schmuddelcat.*

Kater Murr ist tatsächlich mein Ururgroßvater, das hat sich mein Urgroßvater schriftlich geben lassen. Die Idee für die Urkunden haben wir von den ZweibeinerInnen übernommen, der Sinn entzog sich lange meinem Verständnis, denn es ist doch schnurregal, ob ich ägyptisch oder siamesisch, persianisch oder burmesisch bin, Hauptsache, ich bin (und denke, klarerweise). Als ich aber erfuhr, daß ich in direkter Linie, mit nur wenigen Abweichungen, von einem Literaten, dessen Name in jedem menschischen Lexikon verzeichnet ist, abstamme, machte sich stolze Freude in meinem geschundenen, von Aida getretenen Herzen breit. Ich kann die Ohren hoch tragen, die Barthaare aufrecht. Was soll mir fehlen? Bin ich ein Manx, ein Schwanzloser? Nie und nimmer. Sehen Sie selbst.

Nun, da die trivialen Abenteuer des Lebens hinter mir liegen, da Aida sich meiner nicht würdig erwiesen hat, und Arnie einer gesitteten Beziehung nicht fähig ist, habe ich beschlossen, es meinem Ahnherrn nachzutun und ebenfalls zur Feder, oder den Anforderungen der Zeit entsprechend, zum Computer zu greifen und die Laufbahn eines Dichters einzuschlagen. Was Aida gesagt hat, ist nicht mehr von Bedeutung, ein Dichter ist nämlich über alles erhaben, auch über die Frage nach dem Namen. Außerdem, was geht mich Aida an, ich bin Felix.

Was Aida maunzt und mault ist purer, schändlicher Neid, weil sie des menschischen Schreibens und Lesens und der kätzischen Bildung niemals mächtig sein wird. Vermutlich ist sie auch verärgert, daß ich mich keineswegs für ihr Hinterteil interessiere und es nicht besonders estimiere, wenn sie sich an mir zu reiben versucht – was sie einst mit Inbrunst zu tun pflegte. Ein Irrtum der Hormone. Das knisternde Geschabe gefiel mir mäßig, doch Aidas Nähe tut, ich meine tat, wohl.

Wie Ihr, geschätzte Leserin, bereits erkennen konntet, bin ich ein außergewöhnliches Exemplar meiner Spezies, das bestätigen auch die menschischen Bücher. Insofern nämlich, daß ich – schwarzschwarze Haare, schwarze Nase, wunderhübsche rosa Tatzenballen, grüne Augen – als unzukömmliche Mischung beschrieben bin. Das heißt, ich muß mich nicht gemein machen und an irgendwelchen Schönheitswettbewerben beteiligen. Ahnungslos wie die Zweibeinigen nun mal sind, sagen sie, die Smaragdfarbe meiner Augen harmoniere nicht mit meinem Ebenholzhaar. Das sind menschische Äußerlichkeiten, die mich als gebildetes Wesen, gleichviel ob Felizia oder Felix, nicht tangieren. Nur provinzielle Dummkatzen, *total stupid cats*, lassen sich in Körbe setzen und mit menschischem Tand behängen, damit die ZweibeinerInnen dann mit ihnen unter anderen ZweibeinerInnen samt Körbchen umherspazieren können. *Not for me.*

Die zwei Zweibeinigen, die mein Haus in Ordnung (ihrer Ordnung natürlich) halten und mein Fleisch klein schneiden (weil sie es für schändlich halten, wenn ich damit durch die Zimmer jage und nach altem Katzenbrauch die blutigen Brocken zu verstecken trachte) sind nicht die Übelsten. Von meiner Herkunft und Bildung, von meinen Gedanken, aus welchen später meine Schriften werden sollen, haben sie naturgemäß keine Ahnung. Zu meinem Leidwesen habe ich feststellen müssen, daß sie des Lesens kaum mächtig sind. Wenn sie nicht fressen, starren sie auf einen Spiegel, der spricht. Der Spiegel heißt Fernseher, und wenn sie davor hocken, hat es den Anschein, als ob sie über ihren dritten Namen nachsännen. Doch sie haben nur einen – Schatzi und Papi – und sie denken und philosophieren niemals. Wenn sie vor dem Spiegel sitzen, fressen sie auch und dann wollen sie, daß ich mitfresse und zwischen Schatzi und Papi vor dem Spiegel sitze. Das Futter schmeckt mir nicht, aber ich setze mich – um ihr Herz zu erfreuen – dazu, mache die Augen schmal und sehe – nichts. Dann denke ich wieder über diesen dritten Namen nach, aber ich kann ihn nicht finden. Seit Aida mich ausgelacht hat, fällt mir das Denken nicht mehr so leicht. Wie dem auch sei, selbst wenn ich ihn fände, dürfte ich ihn niemandem mitteilen, denn er ist ein Geheimnis und muß es auch bleiben. Mit dem ersten Namen heiße ich jedenfalls Felix. Aber die Aida hat gelacht und gekirrt und mit den Barthaaren gezittert und den Hintern gehoben und gerollt und mich ganz komisch angeschaut. Dann hat sie gefaucht und ganz unverständliche Wörter gegreint, die ich nicht wiederholen werde, denn sie waren sicher beleidigend, das habe ich an ihrer verächtlichen, gemeinen Miene gesehen. An diese verhängnisvolle Stunde will ich nie mehr erinnert werden. Was geht mich diese *crazycat* an. Unholde Aida.

Ersprießlicher ist es, an Schatzi und Papi zu denken, die beauftragt sind, für mein Wohlergehen zu sorgen. Manchmal geben sie vor zu meditieren und machen vor dem Spiegelseher die Augen zu, ich höre aber, daß sie dann schlafen. Einmal hat der Spiegel gezwitschert, genauso wie die Flugmäuse, die ich von Zeit zu Zeit im Garten sehe. Spielen kann ich mit ihnen nicht, obwohl ich weiß, daß das Jagdspiel ebensolchen Spaß machen würde, wie mit einer Bodenmaus. Schließlich existieren die Mäuse, um uns zu unterhalten. Mäuse, ob auf dem Boden rennend oder im Himmel fliegend, wären auch eine Möglichkeit, das Leben heiter und glücklich zu gestalten. Ich aber habe beschlossen, mich der Literatur hinzugeben. Vielleicht bringen mir Schatzi und Papi später auch Kinder. Doch das würde Müh und Plage bedeuten, ein wirkliches Sehnen nach Kindern fühle ich nicht in mir. Schade ist nur, daß die Luftmäuse nicht zu meinen Diensten stehen – kaum versuche ich eine zu erhaschen, erhebt sie sich in unerreichbare Höhen – und die Bodenmäuse nahezu ausgestorben sind. Vermutlich sind sie von den geruchlosen Mäusen, die die Zweibeinerin immer vor meine Nase wirft, ausgerottet worden. Obwohl, das Fressen ist doch nur die Pointe nach dem Spiel. Mit den Geruchlosen kann man nicht spielen; ihr Herz klopft nicht, sie haben keine Stimme, und wenn ich hineinbeiße, schmecken sie abscheulich. Egal, die zwitschernden Luftmäuse im Garten sitzen auf den Bäumen, und bis ich dort bin, sind sie schon wieder weg. Die Töne aber aus dem sprechenden Spiegel bedeuten gar nichts, denn ich kann nichts erkennen, nichts spüren und auch nichts riechen. Außerdem kommt aus dem Spiegel ein komischer Ton, den die ZweibeinerInnen, scheint mir, gar nicht hören. Ich habe keine Einwände gegen diesen Ton, aber ich weiß nicht, was er bedeuten soll, und ich kann auch nicht verstehen, warum der Spiegel jeden Tag sprechen muß und der Zweibeiner jeden Tag mit ganz starren Augen davor sitzt.

Die Schatzi sitzt nicht so oft davor, denn sie muß nicht nur mein Futter richten, sondern auch das von dem Papi. Der ist ein ziemlicher Streuner, denn er ist immer unterwegs und kommt erst heim, wenn es dunkel wird. Da will ich gerade weggehen, doch dem Papi paßt das nicht. Die Schatzi sagt, er ist ein richtiger Pascha, wenn er tobt, daß am Abend alle – „Und wenn ich sage alle, dann meine ich alle!" – im Haus sein müssen. Alle, das sind die Schatzi und ich. So ein orientalisches Gehabe paßt mir nicht. Ich bin doch ein rein europäisches Katzentier, ein Kater mit der angeborenen Sehnsucht nach Freiheit (steht im Lexikon).

In der Tat verspüre ich von Zeit zu Zeit die allergrößte Lust, den Gartenzaun zu überspringen, bis zu dem großen Platz unter den Linden zu laufen und die anderen Kater zu treffen. Arnie ist sicher auch dort. Einmal hat der Papi mit der Schatzi so geschnurrt und geschleckt, daß er nicht gesehen hat, wie ich entwischte. Arnie war da noch nicht in der Stadt, und wir Kater haben uns sehr gesittet und sehr klug unterhalten. Doch dann kamen die Katzen, das war das Ende jeglicher förderlichen Diskussion. Die Kater begannen zu kreischen und führten sich wirklich *crazy* auf, damit die Katzen auf sie aufmerksam würden. Ich bin nach Haus' gegangen, dieses ordinäre Gerangel hat mich nicht interessiert. Ich lege mehr Wert auf gepflegte Unterhaltung, dazu benötige ich keinen Körperkontakt, kein widerliches Geheule und Gehüpfe.

Zur Diskussion wollte ich schon wieder gehen, doch ein zweites Mal ist mir der Abendausgang nicht gelungen. Er, der Großkater Papi, sperrt die Haustür zu und sagt, er hat eine Moral, und dann hat er natürlich Hunger und Durst, und die Schatzi werkelt an meinem Freßplatz, sodaß es angezeigt ist, nicht unter ihre Pantoffel zu geraten. Ich springe schnell auf den Tisch und fange eine Fliege. Auf den Tisch springen darf ich nicht, die Schatzi schimpft, aber der Papi lacht, weil es ihm gefällt, daß ich so flink bin. Wer von den beiden an dem Schicksalsschlag, so es tatsächlich einer ist, schuld ist, weiß ich nicht. Wenngleich ich nicht genau verstanden habe, worüber sich die hohnlachende Aida so ereiferte und daher das Ausmaß des angeblichen Unglücks nicht wirklich abschätzen kann, bringt allein ihre Behauptung, daß mich ein Verhängnis ereilt habe, mein Blut in Wallung. Und dann ist da noch die Verwirrung mit meinem Namen, dem ersten meine ich. Die Schatzi will nämlich, daß ich Felizia heiße, außerdem nennt sie mich mit vielen anderen Wörtern, die gar nicht meine Namen sind, aber nett klingen mit den wunderbar hohen, spitzen Vokalen. Minki und Miezmiez, Pussi, Mimi und andere Kindernamen ruft sie durch das ganze Haus. Aber ich höre nicht. Ich bin Felix. Kater Felix?

Der Papi ist ganz meiner Meinung. „Für mich bleibt er ein Kater, du mußt ihm seine Würde lassen", sagt er zur Schatzi. Die lacht wie die Aida und fragt ihn, wieso eine Felizia keine Würde hat. Dann sagt sie was sehr Dummes, nämlich daß es in meinem Zustand egal ist, ob ich Felix oder Felizia heiße. Ich bin zwar in keinem Zustand, aber mein Name ist mein Selbst, den wird mir niemand abzwicken.

Jetzt hab' ich mich total verrannt, wegen der mangelnden Literarisierung meiner Zweibeinigen, obwohl ich von Aida, der Hochnäsigen (pfui, rosa Nase, wie abgeschmackt), erzählen will. Nein, eigentlich will ich von Arnie erzählen, oder noch besser von meiner Zukunft, wenn ich als Dichter meinen Ahnherren Murr übertrumpfen werde. Allerdings, es drängt mich, das Geheimnis auszudiskutieren, das der Papi als Unfall bezeichnet und die Schatzi eine notwendige Vernunfthandlung, „egal ob Katz' oder Kater" nennt. Was immer sie damit meint. Fest steht jedenfalls, daß ein schreckliches Mysterium über meinem Leben schwebt. Der Papi behauptet, er hätte es verhindert, hätte er nur mehr gewußt. Aber ich kann mich genau entsinnen, als ich eintraf, hat er sich keineswegs für mich interessiert. Jetzt reut es ihn, daß das Verhängnis über mich hereinbrach, und wenn er mit der Schatzi darüber spricht – immer nur in Andeutungen – zwickt er seine zwei Beine zusammen und sieht drein, als schmerzten ihn seine *Genialien*. Vermutlich will er auch deshalb, daß ich selbst in Mondnächten im Haus bleibe, damit die Schicksalsmächte meine Karriere als Literat, Literaturprofessor gar, nicht vernichten. „Wenn ich das gewußt hätte, wäre es niemals passiert", hat der einmal gesagt, als er dachte ich kann nichts hören, weil ich wieder mal räsonierend auf dem roten Polster, der mir so gut steht, gelegen bin. Was wollte er gewußt haben? Was wäre nicht passiert?

Also wirklich, sie geht tatsächlich in das blaue Haus, das heißt, sie springt mit Müh und Not auf das Fensterbrett, rutscht im Blumenbehältnis aus, daß die Erde spritzt, und plumpst auf den Zimmerboden. Sie hat sich nicht einmal umgewandt und überhaupt nicht bemerkt, daß ich hinter ihr hergeschlichen bin. Obwohl, es ist mir doch völlig egal, was sie tut, Aida, diese affektierte Miezekatze. Ich bin nur neugierig und langweilte mich auch schon im Vorgarten. Wenn ich ein Dichter werden will, muß ich doch etwas erleben, *adventures & passions*, sonst habe ich nichts zu berichten. Die Aida wird schon erfahren, welch ungeschliffener Geselle dieser Arnie ist, wenn sie sich ihm vorstellen will. Möglicherweise will sie sich ja auch Kinder holen von Arnie, diesem rüden Burschen. Von mir aus, soll er ihr lauter struppige, orange Kinder geben, wenn sie sich nicht ohnehin schon welche mitgebracht hat von ihrem Ausflug. Das reden nämlich die Zweibeinigen dauernd: „Daß du nur keine Kinder mitbringst von deinen Ausflügen."

Wie das genau geht, mit den Ausflugskindern oder den Arniekindern oder überhaupt, weiß ich nicht, aber die Schatzi hat zu einem Zweibeiner, nicht dem Papi – der war streunen –, zu einem anderen, der Tiger heißt, und den Papi nicht sehen will, hat die Schatzi gesagt, sie will kein Kind am Rockzipfel haben. Der Tiger hat mit der Schatzi Vierbeiner gespielt, ein ähnliches Spiel wie die aufgeregten, primitiven Kater es auf dem Platz unter den Linden spielen, sobald die einfältigen Katzen eintreffen. Die Schatzi und der Tiger führen dieses Spiel immer auf, wenn der Papi nicht da ist, manchmal auf dem Teppich, häufig im Bett, einmal auch im Garten, aber da hat der Tiger der Schatzi den Mund zugehalten, und sie hat geglaubt, sie erstickt. Fast hätte er sie zum Impfen bringen müssen. Mit dem Papi spielt die Schatzi das Kämpfen und Keuchen ganz selten, und dann schubst er mich weg, ich darf nie mitspielen. Als die Schatzi das mit dem Kind gesagt hat, hat der Tiger gequiekt wie ein Schwein in der Falle: „Keine Gefahr, ich bin steril." Da hat die Schatzi gelacht: „Hoffentlich keine Verwechslung wie beim Felix."

Der Arnie ist zwar ein Rabauke, aber ein ganz armer, denn er ist verstümmelt, ein bedauernswerter Krüppel. Dem fehlt wirklich was. Die Aida wird das noch feststellen. Ich will aber nicht, daß sie ihn so auslacht wie mich. Sie soll sich beherrschen. Einen Krüppel lacht man nicht aus. Bei mir ist das etwas anderes, ich bin ja nicht verstümmelt. Soweit mir bekannt ist. Der Arnie aber schon: Als ich ihm mit meiner Krallentatze eine (oder zwei oder drei) übergebraten habe, hab' ich gleich gebuckelt und mich mit aufgestelltem Schwanz und gesträubten Haaren für einen Gegenangriff gerüstet, doch der erfolgte nicht. Arnie nämlich, der armselige Schnurli, hat keine Krallen. Angeblich hat er welche gehabt, aber seine Zweibeinigen haben sie ihm amputiert. Ich frage mich ernstlich, ob er ohne Krallen überhaupt ein richtiger Kater ist. Damit habe ich, dem Gestiefelten sei's gedankt, keine Probleme. Ich bin ein richtiger Kater mit scharfen Krallen, wie sich's gehört.

Die Aida wird schöne Augen machen, wenn sie bemerkt, daß der Arnie defekt ist. Sie wird es bereuen, daß sie mich wegen des dummen Irrtums mit dem Namen, den die Zweibeinigen begangen haben, verschmäht hat. Ich hätte es ihr nie erzählen dürfen. Ich dachte jedoch, und so steht es ja auch in den Büchern, Liebe heißt Vertrauen. Doch eine so putzsüchtige, oberflächliche Katzenperson wie die Aida kann gar nicht lieben, nur keuchend lachen. Besser man vertraut ihr kein Geheimnis an. Außerdem ist mir das dauernde Geschwenke und Gekreise von ihrem *Derrière* ohnehin auf die Barthaare gegangen. Ich weiß gar nicht, warum sie mir den immer entgegengehalten hat. Bin ich ein Hund? Nein, ein Kater der Literatur, *un chat des lettres*, wie der Franzose sagt, *a cat of wide reading, says the Englishman*. Der springt nicht auf den Hinterteilen von Katzen herum. Wozu auch?

Was sie aber dem Arnie angetan haben, ihn so zu verstümmeln, nur wegen der Möbel und der Stoffe an den Wänden, das empört mich. Ich bin sicher, mir hätten sie das nicht bieten dürfen. Ich frage mich zum zweiten Mal, ob er ein richtiger Kater ist, wenn er sich das hat gefallen lassen. Das geht nicht in meinen Katzenkopf. Wir haben schließlich Möglichkeiten, von einem kleinen Hieb ins Auge des Feindes bis zu einem Funkensprühregen aus unserem *Nu*, wie ich als zukünftiger Dichter zu sagen pflege. Ich war dann aus tiefster Seele froh, daß ich mit Arnie nicht weiterkämpfen mußte. Die Chancen waren zu ungleich, da verzichtet ein *gentlecat* auf den Sieg und zieht sich zurück. Am folgenden

Tag – Aida war noch immer verschwunden – hatte ich dann mit Arnie ein anregendes Gespräch. Wenn er auch in seiner Unbildung zu keinem wichtigen Thema etwas von Relevanz beitragen konnte, scheint er im Grunde seines Wesens jedoch ein netter Kater zu sein. Ich könnte mich langsam für ihn erwärmen. Er müßte natürlich einiges dazulernen und sich auch besser pflegen, aber eine innige Katerfreundschaft könnte sich schon ergeben. Er hat mich hinter den Ohren geleckt, das war nicht unangenehm, ich habe sogar laut geschnurrt. Eventuell wäre es angebracht, Arnie zu lieben und Aida endgültig zu vergessen. Sollte es ihm jedoch einfallen, mit der Aida, dieser arroganten Hochnase (rosa, abstoßend), zu schnurzeln, kann er mich gleich wieder aus seinem Gedächtnis streichen. Dann kann die Aida sich ihren Hintern von ihm lecken lassen, wenn er unbedingt ein Hund sein will. Die Hunde – in unserer Straße wohnen zwei, aber ich ignoriere sie geflissentlich – machen dauernd an sich rum, so schmatzend und knatschend, eklig.

In unserer anregenden Diskussion hat der Arnie gesagt, dieses Rummachen können Hunde und Zweibeiner und auch Kater nicht nur allein, sondern auch zu zweit und noch besser ist es, wenn sie dazu eine Hündin oder eine Zweibeinerin haben, und es heißt Sex. Dann hat er mir erklärt, daß das Vierbeinerspiel, das der Tiger mit der Schatzi macht, auch so ein Rummachen ist, aber das heißt Betrug. Ganz kenne ich mich nicht aus, aber vielleicht kann ich bei meinem Urahn Murr nachlesen, der kannte auch die Zweibeiner ganz genau. Jedenfalls ist es ein ganz anderes Spiel als Katz und Maus, und niemand wird gefressen. Das heißt auch, daß es keinen Sieger gibt. Wozu dann?

Trotzdem habe ich dem Arnie angeboten, den Sex oder den Betrug doch auch mit mir zu spielen. Das war voreilig,

Arnie bleibt ein Primitivling. Zuerst hat er seinen Schwanz steil in die Höhe gestellt, dann hat er ihn zwischen die Hinterpfoten genommen und sich blasiert umgedreht: „Auch wenn ich keine Krallen habe, ich bin ein Kater." Was dieser Einwurf bedeuten sollte, kann ich heute noch nicht entschlüsseln. Schließlich bin ich auch ein Kater, klar, Felix, der Kater. Als Arnie sich so provokant umdrehte, mußte ich heftig an Aida denken, oder war es doch Arnie, der mir diese unsichtbare Schlange über den Rücken kriechen ließ? Ihre Abwesenheit schmerzte ebenso wie seine Anwesenheit. An ihn konnte ich mich jedoch halten, er war hier, real, anwesend, und ich versuchte, mich an sein etwas drahtiges Fell zu schmiegen. Fast hätte er mich mit seiner armseligen Krüppeltatze erwischt: „Du ahnungsloses Neutrum", hat er geröhrt, ohne Modulation, mit spröder Stimme, „was weißt denn du vom Leben."

Ich konnte mir keinen Reim auf diese rauhen Töne machen und beschloß, mich fürderhin weder mit Aida, falls sie jemals zurückkehren sollte, noch mit Arnie abzugeben. Mann hat schließlich seinen Stolz. Jedenfalls mehr als die Aida, die rosennäsige *pussycat*, die nun um diesen rohen Kerl raunzt. Beide wissen vom Leben nicht das wirklich Wichtige. Das, was ich weiß. Die Aida muß wieder geimpft werden, und der Arnie wird verschwinden. Eben habe ich es vernommen, ihre Zweibeinerin hat das gesagt. Erschöpft von der Beobachtung der beiden überflüssigsten Katzen der Welt, lag ich wieder friedlich unter dem Fliederbusch, als meine Schatzi und die von Aida miteinander kommunizierten. „Der wird weg sein, wie alle Mannsbilder, und die kleine Süße wird mit dem vollen Bauch dasitzen." Das war meine, „die kleine Süße" nennt sie Aida immer. „Jetzt wird geschnippelt, so was kommt mir kein zweites Mal vor." Das war die andere. Im Augenblick hab' ich das Menschenwelsch nicht verstanden, aber weil sie nicht aufgehört haben zu *talken* und dabei zu kichern, habe ich begriffen, daß Aida wieder geimpft werden muß, aber diesmal ausgiebiger. Die Sache hat mit Kindern zu tun und mit einem Schnitt in Aidas Bauch. Mit meinem Desaster, dem geheimen, kann das Aufschneiden jedoch keine Ähnlichkeit haben. Ich fühle keine Narbe und habe mich auch niemals bei einer Katze mit einer Krankheit infiziert. Außerdem war ich ein Kind, als das Unglück über mich hereinbrach. Jetzt ist Schluß, ich denke nicht mehr an Aida. Mir doch egal, was ihr passiert.

Ich liege noch unter dem Fliederbusch und denke darüber nach, ob das Wissen um meinen dritten Namen alle Geheimnisse lüften würde, da kommt der Papi nach Hause. Der Tiger schleicht keuchend durch den Garten davon. Ich habe ihn gar nicht eintreffen gesehen. Ein aufregender Tag. Aida ist da wirklich nicht wichtig. Vor dem Sprechspiegel hat der Papi die Schatzi in den Bauch gezwickt und gesagt: „Die Nachbarkatze wird jetzt ausgeräumt, eine Gefahr weniger." „Wieso", hat die Schatzi drauf gemaunzt – manchmal maunzt sie nämlich, meistens, wenn der Tiger zum Spielen da ist – „wieso Gefahr, die Gefahr sind doch die Kater." Da ist der Papi aufgesprungen, hat der Schatzi auf den Hinterteil geprackt und gesagt: „Merk dir das, die Männer brauchen Schwanz und Eier, für Saft und Kraft."

Die Schatzi hat mich dann gestreichelt, obwohl sie das sonst nur macht, wenn der Tiger aus dem Haus geht. Manchmal gefällt mir das, wenn sie so zärtlich gestimmt ist, aber diesmal ist die Annäherung äußerst unpassend. Ich will mit diesen Menschensachen nichts zu tun haben, und wenn die Schatzi „arme Fee" sagt, könnt' ich ihr gleich auf den

Teppich pischen. Pardon, urinieren. Jetzt rettet mich aber der Papi und sagt: „Laß den Felix, du weißt genau, daß nicht einmal der Arzt ganz sicher war. Ich hätte es nie zugelassen, wenn du nicht dauernd gesagt hättest, wir haben ein Weiberl." Der Schatzi bemächtigt sich heftiger Ärger, und sie fragt ihn, ob er glaubt, daß man mit einer Frau alles machen kann. Er will diese Frage nicht beantworten und beginnt zu schnurren und neckisch nach ihr zu grapschen. Sie wollen das Sex-Spiel spielen und schubsen mich aus dem Zimmer. Ich trabe in den Garten, doch der Tiger ist nicht mehr da. Die fremden Katzen schreien, ich werde mich lieber nicht unter dieses gemeine Volk mischen. Ich frage mich, worin der Sinn des Spruches von Saft und Eiern zu finden ist. Hin und wieder schmeckt mir das Gelbe. Doch das hat Papi wohl nicht gemeint. Menschensprech ist nicht immer verständlich, selbst für einen gebildeten Kater. Ich benötige jedenfalls keine Eier, und über meinen Schwanz werde ich mit niemandem debattieren. Was geht der den Papi an. Was geht mich Aida an.

Evelyn Sperber

SEHNSUCHT NACH ZÄRTLICHKEIT

**** **Herr von Meyer** kam als namenloser Winzling zu „netten Menschen", von denen er urlaubsnotwendigerweise an der Autobahn ausgesetzt wurde. Im Tierheim begegnete er seiner Dame, die ihm wegen seines vornehm-liebevollen Wesens seinen Namen gab. Er lebt mit ihr zusammen in dem zufriedenen Gefühl: Hier bin ich Kater, hier darf ich's sein.*

„Geh mir aus den Augen!"

Aha, die Dame war mal wieder schlecht gelaunt. Das kam in letzter Zeit öfter vor. Warum, wußte Herr von Meyer nicht. Er hatte inzwischen nur begriffen, daß man der Dame in solchen Augenblicken am besten aus dem Weg ging.

„Verschwinde!"

Na gut. Herr von Meyer steuerte auf die Wohnzimmertür zu, um es sich auf seinem Sessel gemütlich zu machen.

„Hast du nicht verstanden? Du sollst verschwinden!" Sie schlug ihm die Tür vor der Nase zu. So arg hatte sie es bisher noch nie getrieben.

„Raus!" Durch die geöffnete Haustür flüchtete die Kälte vom Hof ins Haus.

Herr von Meyer warf seiner Dame einen ungläubigen Blick zu. Es regnete und stürmte. Bei einem solchen Wetter jagte man keinen Hund vor die Tür, geschweige denn einen Kater. Unschlüssig blieb er stehen.

„Bist du taub?" Die Dame packte ihn unsanft am Genick und setzte ihn hinaus. Krachend fiel die Haustür ins Schloß. Herr von Meyer zuckte zusammen.

Was nun? Erst einmal ins Trockene. Sein Fell triefte schon von tausend Bindfäden. Auf dem Heuboden war er sicher. Während er seinen nassen Pelz leckte, dachte Herr von Meyer an den kuscheligen Sessel im warmen Wohnzimmer. Er seufzte. Was war bloß mit der Dame los? Seit einiger Zeit bekam sie ständig solche Anwandlungen, die er sich nicht erklären konnte. Wegen jeder Kleinigkeit schimpfte sie mit ihm. Diesmal war es der verkrumpelte Läufer im Wohnzimmer gewesen, über den sie sich fürchterlich aufgeregt hatte. Sie habe keine Lust, pausenlos hinter ihm herzuräumen, hatte sie gesagt und war dann vollkommen aus der Haut gefahren, als sie im Läufer ein Fleischbröckchen fand, das Herr von Meyer sich dort für den Abend aufbewahrt hatte. „Du bist ein richtiges Schwein", hatte sie zu ihm gesagt und sehr wütend ausgesehen.

Herr von Meyer fror. Er hörte, wie die Haustür geöffnet wurde und spitzte die Ohren. Gleich würde die Dame ihn rufen. Ihr tat es bestimmt schon leid, daß sie ihn so gemein behandelt hatte. In ihm breitete sich ein Gefühl glücklicher Erwartung aus.

Die Dame rief ihn nicht, sondern ging zum Hoftor und ließ jemanden eintreten. Der Mann war in letzter Zeit öfter zu Besuch gekommen. Die Dame schien ihn sehr zu mögen. Herr von Meyer konnte ihn nicht leiden. Anfangs hatte er zwar gute Miene zum bösen Spiel gemacht und sogar versucht, sich bei dem Eindringling einzuschmeicheln. Doch der hatte jeden seiner Annäherungsversuche brüsk unterbunden und Herrn von Meyer einmal sogar „Mistvieh" genannt. Die Antipathie beruhte auf Gegenseitigkeit. Wenn der Mann bei seiner Dame im Wohnzimmer weilte, wurde der Kater ausgesperrt und mußte im Körbchen auf dem Flur schlafen. Na ja, unbequem war das auch nicht.

Auf jeden Fall bequemer als seine derzeitige Schlafstatt. Herr von Meyer rollte sich zusammen und kuschelte sich so gut es ging ins Heu. Er sehnte sich nach seinem Sessel. Noch mehr sehnte er sich nach den zärtlichen Händen seiner Dame. Wie oft hatte sie ihn hinter den Ohren und am Kinn gestreichelt. Wahrscheinlich streichelte sie jetzt diesen unangenehmen Menschen. Herr von Meyer konnte ihn deutlich schnurren hören. Oh, wie er diesen Mann verabscheute. Seit er aufgetaucht war, hatte sich seine Dame verändert. Sanft war sie gewesen und liebevoll. Und jetzt war sie oft mißgestimmt. Herr von Meyer litt darunter. Hunger hatte er auch.

Ein furchtbarer Gedanke durchfuhr den Kater. Was, wenn dieser Mensch die Dame mit seiner Antipathie gegen Katzen angesteckt hatte? Das hätte ihr verändertes Verhalten erklärt. Der Kater stellte sich vor, daß er künftig immer draußen im Heu schlafen und sich von Mäusen und Ratten ernähren mußte. Er schüttelte sich. Ratten und Mäuse gehörten nicht zu seinen Lieblingsgerichten. Er bevorzugte saftige Fleischbrocken aus der Dose. Aber seine Dame verschmähte Ratten und Mäuse nicht. Im Gegenteil. Herr von Meyer erinnerte sich daran, wie sehr sie ihn immer gelobt hatte, wenn er ihr seine frische Jagdbeute vor die Füße legte. Gelobt und gestreichelt hatte sie ihn. Oh, wie sehr er sich nach ihrer Zärtlichkeit sehnte. Plötzlich wußte er, wie er seine Dame zurückgewinnen konnte.

Herr von Meyer streckte sich, machte einen kräftigen runden Buckel, streckte sich noch einmal und begab sich auf die Jagd. Er kannte sich aus in seinem Revier und hatte in kurzer Zeit sechs Mäuse gefangen. Fein säuberlich legte er sie seiner Dame vor die Haustür. Ratten gab es hier auf dem Hof nicht. Da mußte er ein paar Schritte weiter zum Bach laufen. Es regnete immer noch, aber Herr von Meyer merkte nichts davon. Er spürte nur das Jagdfieber. Eine Stunde später lagen außer den Mäusen drei wunderschöne, große Ratten vor der Tür. Mehr konnte er im Augenblick nicht tun. Deshalb kletterte er erst einmal wieder auf den Heuboden, leckte sein Fell trocken und legte sich schlafen.

Ein markerschütternder Schrei weckte Herrn von Meyer aus seinen Katzenträumen. Im Nu war er hellwach. Vom Heuboden beobachtete er, wie der verhaßte Mensch wild fluchend vor der Haustür seiner Dame hin- und hersprang.

„Blödes Katzenvieh! Ekelhaftes Miststück!" brüllte er.

Die Dame versuchte, ihn zu besänftigen. „Der Kater wollte dich bestimmt nicht ärgern. So etwas tun Tiere nicht. Er wollte uns eine Freude machen, das ist alles", sagte sie und lächelte.

„Du brauchst gar nicht so blöd zu grinsen. Ich weiß ja, daß du mit deinem Kater verheiratet bist", knurrte der Mann sie an.

„Quatsch. Aber im Gegensatz zu dir mag ich Katzen. Und mein Herr von Meyer ist ein ganz besonderer Kater."

„Du machst dich mit deiner Katzenliebe lächerlich", entgegnete er und stieß angewidert eine Ratte mit dem Fuß zur Seite.

„Nun sei doch nicht so ärgerlich. Herr von Meyer hat uns auf seine Art seine Sympathie gezeigt", wollte sie einlenken und legte dem Mann die Hand auf den Arm.

Er stieß sie wütend von sich. „Du mußt dich entscheiden. Entweder der Kater oder ich", schnauzte er sie an.

Herr von Meyer hielt die Luft an. Instinktiv spürte er, daß genau in diesem Moment die Würfel über sein Schicksal fielen. Genau in diesem Moment würde sich entscheiden, ob er künftig auf seinem geliebten Sessel oder im Heu schlafen mußte. Er fühlte sein Herz klopfen und spannte alle Muskeln an. Was würde seine Dame tun?

Sie hatte aufgehört zu lächeln.

„Entweder der Kater oder ich", wiederholte der Mann und kickte eine zweite Ratte über den Hof.

Die Dame ging zum Hoftor. Sie sagte nichts. Sie öffnete das Tor.

Der Mann zögerte einen Augenblick. Dann ging er hinaus. Nicht einmal ein Küßchen gab er ihr zum Abschied.

Sie drehte sich um und rief leise: „Herr von Meyer!" Ein bißchen traurig klang das, aber auch sehr zärtlich. So zärtlich, daß Herr von Meyer schon zu schnurren anfing, als er vom Heuboden hinunterkletterte.

Am Abend lag er auf ihrem Schoß. „Ein bißchen zusammenpassen muß man schon", sagte sie und kraulte sein seidiges Fell.

Dorothea Schafranek

GEDANKENSERMON

*** *Ich bin die* ***rote Katze,***
die mit der weißen Tatze
nach dem Vöglein griff
fünf Stockwerke hinunter
aus allen Löchern pfiff
hungrig, zerschunden, zerschlagen
um die Häuser schlich
bis zum Erbarmen
sie mich im Tierheim aufnahmen
dort fand sie mich wieder
fütterte, pflegte, hegte mich
seither geht's mir gut
ich beobachte alles
wonniglich

Einfach so dasitzen und das Leben spüren, wie es da ist, pausenlos den Körper beseelt ohne Murren, ohne Klagen, klaglos abläuft und unablässig gebend spendet, den lichten Himmel, die Wolkenpracht, das Blau, in dem alles lacht, das Vorbeiziehen ohne je Halt zu gewähren, das soll nicht stören, sondern ist ständig nur Neubeginn, in diesem Sinn zieht das Leben hin, jeden Tag ein Wunder, das sich aus dem Dunkel herausschält, um sich im hellsten Licht zu präsentieren und abklingend kein Verweilen begreifbar macht, Tag für Tag dies im Lehrprogramm eingespeichert, offen darbietet und nahtlos aneinandergereiht, als Geschehen, das keinen Ton kennt, nur Stille nennt und niemals schreit, so wie die Augen der Menschen aus Gesichtern schreien, ohne zu sehen, ihre Kehlen schreien, ohne zu verstehen, ihre Worte schreien, ohne zu ermessen, wonach sie schreien, im vielfältigen Zueinander, das sich begegnet, verflicht und wieder löst, weil kein Halt in diesem fließenden Geschehen ausgespart ist, weil keine Möglichkeit zur Festigung liegt, weil keine Wärme bleibend, weil alles in Kälte flieht, wie ein Gesetz, das ist, worüber sich die Menschen wundern, in jeden Tag hinein, das Manko fühlen, das niemals vorhanden ist, nur ihre Enge drückt sie, ihr enges Denken und Fühlen schmerzt in ihrem Leib, so wie mir niemals etwas weh tut, weil ich nur da bin, um zu betrachten und zu beobachten, niemals in die Hetzjagd mit einstimme, in der ein Mensch herumläuft, ohne zu wissen wohin, nein, das kann mir nicht passieren, wenn ich laufe, dann weiß ich, daß ich meine Muskeln trainiere, so einmal am Tag, versteht sich, da fetze ich durch die Wohnung, wische zugleich den Boden, damit die mit den großen braunen Augen nicht so viel Mühe hat, die mir immer so freundlich mein Schüsselchen gibt, jeden Tag einen anderen Geschmack, Schweinefleisch, Leber, Hühnerfleisch, Fisch, Menschen in vielen Ländern haben nicht diese Auswahl, wie das duftet, ich ergötze mich, sie läßt es den ganzen Tag für mich bereit, so kann ich ungestört noch ein paar Happen nehmen, wenn ich dazu Lust verspüre, wenn ich zusehe, wie die mit den großen braunen Augen Wurst, Käse, Schokolade in sich hineinschlingt, nie Zeit zum Essen hat, kann nicht fassen, wie falsch sie alles macht, wenn sie nicht hetzt, dann sitzt sie vor der Glotze und starrt leblos in die vorbeiziehenden Bilder und glaubt noch, es ist Leben, ach, ist das ein schönes Leben, ich dehne mich und strecke mich in den Tag hinein, oft verschlafe ich ihn, weil die Nacht eine wunderbare Schwingung, spaziere am liebsten durchs Haus, ungestört, bin ich in meinem Element, fühle mich richtig wohl, da liegen die Menschen wie Tote, wenn ich die Sterne betrachte, und segeln in ihren Nachtmeerfahrten durch ihre möglichen und unmöglichen Vorstellungen, die sie im Traum einholen, weil sie diese am Tag nie verwirklichen, weil sie am Morgen, kaum öffnen sie die Augen, ihre Träume vergessen, in denen Botschaften sprechen für ihr Leben, die Hinweis und Leitung geben, aber sie haben alles im ersten Augenaufschlag vergessen, anstatt dem nachzuspüren, was sie die ganze Nacht durchschifft und aufgefischt haben, was ihnen dienlich, wenn sie mehr nach innen hörten, wie ich es den ganzen Tag über mache, eine feine Stimme leitet mich, ich folge unentwegt, sie ist immer da, berät mich bei jedem Schritt, daß ich nie fehl gehen kann und meine wundervolle Zeit dazu verwende, alles zu beobachten, es ist mein liebstes Tagwerk, aber die Menschen können die Augen nicht öffnen, es ist, als ob sie in den Tag laufen, noch mit dem Nachtschleier in den Augen, ihre Handlungen, die sie setzen, nicht sehen, ja nicht einmal bemerken, so schlaftrunken eilen sie ungeheuer hastig herum, ich sehe es ja, wenn ich durch Klosterneuburg spaziere, das ist vielleicht eine Welt, in der sie leben, sie kommen aus prachtvollen Häusern, ihre Gesichter sind stumm und verdrossen, wenn sie sprechen, dann erzählen sie unentwegt von Krankheit, festigen mit jedem Wort Schmerz, den sie sich immer selbst zugefügt haben, besser verlieren sollten, Gesundheit ist froh sein, sie aber wollen sich mit Krankheit herausheben, als der Besondere gegen den anderen hin, oft muß ich weiterlaufen, weil ich diese Gespräche nicht ertrage, die keine Gespräche sind, sondern nur Aneinanderhäufung von Egospielen, die sie nicht durchschauen, die sie auch noch ernst nehmen, daß ich lachen könnte, wenn ich lachen könnte, und sie, die lachen könnten, lachen selten oder nur mit hysterischem Überton, daß mir Gänsehaut über den Rücken läuft, daß es mich schaudert, unfaßbar, nicht zu übersehen oder zu überhören, wenn ich nur sprechen könnte, aber ob sie auf mich hörten, wenn sie nicht einmal auf ihre eigene Stimme hören, ich weiß nicht, ich weiß nur, ich möchte keiner von ihnen sein, so viele Gaben zu besitzen und sie so schlecht zu verwenden, das kann doch nur Schwachsinn sein, die Menschen sind schwachsinnig, na ja, sie verwenden nur ein Zehntel ihres Gehirns, das muß es sein, daß ihre Aufmerksamkeit so unaufmerksam sich bewegt in allen Regungen, sie immer ein Minus schaffen und niemals ein Plus, Schande, sie haben nicht verdrossene Gesichter, weil sie das erkennen, nein, sie gehen dahin mit aufrechtem Gang, mitten hinein in ihre Miseren, in ihren Haß, Zorn, Streit, der aus offenen Fenstern dröhnt und ihre Lebensatmosphäre schafft, ihre Schlägereien zu nächtlicher Stunde vor Heurigen, Bars, Tanzlokalen, oder aus offenen Autofenstern, beflegeln sich und sitzen allein im Auto, gestikulierend, eruptierend mit den Händen, ich sehe es genau, da ist kein zweiter, was ich da höre, läßt mich erröten, und könnte ich seufzen, würde ich es lautstark in so manchem Augenblick, damit sie innehalten, so viel Unverständnis, so viel sinnloses Tun, wenn sie den Mund öffnen, kommt nur unbedachtes Plappern hervor, als würden Buchstaben förmlich aus ihnen herauspurzeln, nicht durchs Gehirn und schon gar nicht durchs Herz gewandert, bevor sie ihnen von der Zunge kippen wie Gift und Galle, unbedacht, unverfroren, lieblos, neidisch, gierig, ich bin nur froh, daß ich kein Ausländer bin, denn was ihnen da einfällt, als hätte der Teufel seinen Klauenfuß bei ihnen abgestellt, verwirrt will etwas in mir rennen, auswandern, aber wohin, Menschen, die genau so aussehen wie sie, behandeln sie wie

Abartigkeiten, unfaßbar, keiner kann erkennen, es fehlt ihnen das Vorstellungsvermögen, wie glückbringend dieses Leben ist, wenn man so wenig braucht wie ich, wenn sie sich an mir nur ein Beispiel nehmen würden, was bliebe ihnen erspart, sie kaufen Berge von Dingen ein, um sie so neu, wie sie diese mit Mühen, roten Köpfen, Atemnot und Nervenverlust aus den vielen Geschäften an sich gerafft haben, als wäre Leben ein Einkaufsrausch, abzutun, neu werfen sie die Dinge nach kurzer Zeit auf den Müll, die mit den großen braunen Augen kommt täglich mit einem Plastiksack an, Pullover, Kleid, T-Shirt, Body, Strümpfe, feine Dessous, Lippenstifte, Wangenrouge, Schminkzeug, Creme für jeden Körperteil in Mengen, unverwendet zum Wegwerfen, füllt zugleich Plastiksäcke für die Altkleidersammlung mit Dingen, die sie oft nicht ein Mal am Körper trug, vergeudet Lebenskraft und Lebenszeit für ein Nichts, nicht zu kapieren, wie alles, was sie unbedingt haben wollen, dann auf dem Müll landet, ihnen zuerst alles bedeutet, und in kurzer Zeit bedeutungslos, so wie sie mit Dingen umgehen, gehen sie auch miteinander um, da küssen sie, herzen sich, dann höre ich sie streitend aufeinander schlagen, seltsam, sie töten, ohne Hunger zu haben, daß ich die Flucht ergreife, weil ich es nicht sehen will, weil Leben zu kostbar, und wenn ich Stunden später zurückkehre, sehe ich, wie die mit den großen braunen Augen große Tränen in weiße Tücher weint und schneuzt, einfach grauslich, das Gesicht in Falten, wie der alte Dackel vom Metzger, der mir oft am Kirchplatz begegnet, aus der Kirche höre ich am Sonntag ihre Gesänge, verlogene Worte, sie tun so, als ob ihre Stimme mit allem im Einklang wäre, alles in Ordnung, eine Einheit, die sie ja in Wirklichkeit sind, denn ist nur einen Tag das Wasser verschmutzt (das sie selten trinken, weil es in Klosterneuburg nicht besonders gut schmeckt, trinken nur Coca Cola, Almdudler, Fanta, nur süß wollen sie), dann fallen sie um wie ein einziger Körper, da gibt es keine Trennung, keine anderen, da sind sie eins, und wenn ein Atomkraftwerk einem ihrer abertausend Fehler, die sie so unendlich begehen, zum Opfer fällt, dann sind sie ihr eigenes Opfer, fallen um wie ein Körper, aber sie wissen nicht, daß alles miteinander verwoben ist, ich höre mir ja immer die Nachrichten an, kann nicht fassen, was sie aufführen, da wird mir alles vom Kontinent, von der Welt serviert, daß ich manchmal kotze, die mit den großen braunen Augen glaubt, es sind die Haare, die ich beim Reinigen meines Fells schlucke, dabei ist alles anders, weil sie ja nichts genau sehen, nichts erkennen, wie es wirklich ist, weil sie sich selbst nie beobachten, nie die Aufmerksamkeit schulen, und kaum verlassen sie die Kirche, fallen sie übereinander her, mit groben Worten, Kapskutscher und Trunkenbolde haben sich herausgeputzt wie Grafen und Gutsbesitzer, nichts dahinter, alles nur Maskerade, was bleibt, sind ihre Totenmasken, die alle aussehen wie das Bildnis des Dorian Gray, das er im Keller stehen hat, selbst nicht altern konnte, nur sein Bild, es im Fernsehen sah, da sehen alle ihre Gesichter so aus, weil alle ihre Taten eingeprägt, wenn ich mich im Spiegel sehe, wie schön ich bin, obwohl schon im dreizehnten Jahr, ein gewisses Alter erreicht habe, wie schön du bist, sagt die mit den großen braunen Augen oft zu mir, zu sich selbst hat sie es noch nie gesagt, nie gedacht, und zu ihrem Mann, Liebster, niemals, mich bürstet, kämmt und streichelt sie, wenn das die Menschen einander tun würden, dann wäre alles anders, aber das machen sie nur mit mir und mit Hunden, wie mir der Dackel vom Metzger erzählt, sein Herrchen ist so gut, wirft ihm viele Leckerbissen zu, und zu seiner Frau ist er wie zu einem Haubock, nennt sie nur die alte, fette Sau, sein Lieblingswort, der Dackel ist froh, nur der Hund der Familie zu sein und kein Familienmitglied, wenn sie sich auch küssen, wenn sie im Bett liegen, am Morgen sind sie Fremde, sagen, du Ziege, du Affe, du Kuh, du Schwein, du Nutte, du Trottel, du Arsch als Morgengruß, zeigen nur auf den anderen, obwohl er ihnen gegenübersteht wie ein Spiegel, und erkennen sich noch immer nicht, ich muß lachen, innerlich, versteht sich, wie ich ja jeden Tag abwechselnd weinen oder lachen könnte, mich sicher totlachen würde, deshalb ist alles gut, wie es ist, für mich, versteht sich, die Rothaarige mit den weißen Pfötchen.

Anneliese Schodl

DER WAHRE KAISER VON KAISERMÜHLEN

*** ***Kater Karlo**, Verschnitt zwischen Leben und Traum: inmitten des Wienerwaldes gibt es einen Pater, der hat einen Kater, beide heißen Carlo; der Kater liebt Theater, kommt oft zu den Proben der ortsansässigen Amateurtheatergruppe und sitzt schnurrend auf Annelieses Regiesessel – und die hat sich nach langem wieder einmal verliebt …*

„Also, eigentlich will ich nicht gestört werden, aber wenn Sie nun schon da sind und glauben, Sie müssen unbedingt mit mir reden, bitte sehr! Was wollen Sie von mir wissen?"

Durch schmale Sehschlitze fixieren die Augen ihr Gegenüber.

„Wie ich hierher gekommen bin? In diese kleine Substandardwohnung mit Blick auf die Alte Donau? Genauer gesagt sehe ich vom Fenster aus direkt auf die Holzbrücke hinüber, die die Halbinsel des Kleinen Gänsehäufels mit der Uferpromenade verbindet. Dort streiche ich fast jede Nacht umher, um vielleicht doch irgendwann eine der leckeren Enten zu erwischen. Außerdem liebe ich das Murmeln der Katzenköpfe (Pardon, ein alter Seebär wie ich meint: Schaumkronen der Wellen), welche gegen die Kaimauern anrennen. Dann verschwinde ich in den Schrebergärten, knapp hinter unserem Haus, um vielleicht einen schlafenden Vogel zu ergattern, und begnüge mich dann meistens mit einer Babyratte am Lagerplatz der BILLA-Filiale, die dem Kammerjäger entgangen ist.

Der Weg von Triest bis hierher nach Wien, in diese Zimmer-Küche- Wohnung, war ein langer, abenteuerlicher.

Für meine Geschichte müssen Sie sich aber Zeit gönnen. Haben Sie die? Sie nehmen sich einfach Zeit für mich? Für meine Geschichte? Mauz, da bin ich platt. Ein Mensch, der sich Zeit nimmt, ein richtiger Katzenmensch. Gut! Also: Vor zirka zehn Jahren wurde ich hinter dem Altar von S.Giusto, der Kirche hoch oben am Hügel inmitten der alten Hafenstadt am nördlichsten Zipfel der Adria geboren. Mein Vater soll angeblich aus Pula in Istrien – kaisertreuer Kroate – gewesen sein. Von dem habe ich meinen Mut, während meine heute schon etwas verblassende Schönheit meiner italienischen Mama zuzuschreiben ist. Wir waren fünf Geschwister, doch nur mich konnte meine Mutter vor dem schwarzen Sack des Priesters bewahren. An meine Jugend in den Hinterhöfen der Stadt am Meer erinnere ich mich noch gerne. *Che bell' Italia!* Die Aussicht vom Turm der Kirche, oben am Hügel, mitten in Triest, werde ich nie vergessen, und natürlich nicht die italienischen Miezen, wenn die mit ihren staksenden Schrittchen an mir vorbeiflanierten – und dabei wackelte ihr Hintern im Rhythmus meiner Schwanzspitze.

Mein italienischer Traum! Vorbei … vorbei.

Die Sehnsucht nach meiner Geburtsstadt wird besonders arg, wenn der Wind über das anthrazitgraue Wasser der Alten Donau gleitet und den glatten Spiegel zu weißgeränderten Puzzleteilchen zerschlägt, den Duft von brackigem Fischwasser herüberwehend.

Fisch! Der Geruch ist für mich umwerfend und auch der Grund, weshalb ich hier gelandet bin …

Aber, halt … ich muß kurz unterbrechen. Ich höre soeben Herrn Nowatschka in der Küche."

„Bastl!"

Samtpfote am Fensterbrett schüttelt sich und knurrt:

„Eigentlich heiße ich Carlo, Carlo Trieste, aber das kann der Alte nicht wissen."

Der Kater streicht sich mit der schwarzen Samtpfote über das weiße Gesicht, reckt und streckt sich langsam, dann plumpst er vom Fensterbrett auf den abgetretenen Teppichboden, macht einen Katzenbuckel und schreitet gemächlich auf die halboffene Tür im Dunkel des Raumes zu.

Aufgestoßen wird das Türblatt von einem hochgewachsenen Mann in Jeans, der sich, genau wie der Kater, über seinen weißen Bart streicht, sich reckt und streckt, um sich dann mit der linken Hand ins Kreuz zu fassen.

„Bastl, heut' müß ma net nur kehren, sondern a woschen. Der Dreck von de Chinesen pickt vom Erdgeschoß bis in den zweiten Stock. G'spieben hat a schon wieda wer ..."

„Darf ich übersetzen? Der Wiener Hausbesorger meint, daß heute nicht nur der Stiegenaufgang dieses alten Zinshauses mitten in Kaisermühlen zu kehren, sondern auch dringendst zu waschen sei, da die im Hause wohnenden Chinesen, der Koch des im Erdgeschoß befindlichen Chinarestaurants – samt Familie und Untermieter – bereits wieder klebrige Ölspuren aus der Küche der fernöstlichen Gaststätte bis in den zweiten Stock des Hauses verbreitet hätten. Und daß Erbrochenes, unbekannter Herkunft, vom Stiegenansatz zu entfernen sei."

Mit diesen erklärenden Worten wendet sich der weißgesichtige Minipanther wieder um, umstreicht mit dem Rücken die Beine des Mannes, schnurrt und verbeißt sich im nächsten Moment in dessen Knöchel.

Langsam beugt sich der Herr Nowatschka hinunter, streichelt den Rücken des Katers.

„Na, Oida net so aggressiv. Brauchst bei mir do ka Angst net mehr haben ..."

Vorsichtig löst er die Krallen aus den Maschen seiner Socken. Der Kater zieht den Körper zusammen, macht einen kleinen Buckel. Der Schwanz liegt am Boden, die Ohren sind aufgerichtet.

Der Mann wendet sich um, verschwindet, kommt wieder mit einem Teller, auf dem eine geräucherte Makrele liegt, in der anderen Hand trägt er eine Futterschüssel.

„Die gehört mir! Ist das klar?"

Plötzlich schnurrt der Kater ganz leise.

„Na, is' schon recht, Bastl ... aber nach fast fünf Joar kennta'st scho wissen, daß i di mog. Da bring ich dir dein Leibgericht: Fisch! De gnädige Frau schickt den Rest von ihrer Miau, die soll eh net so viel fressn."

Steil strebt der Katerschwanz in die Höhe. Der Hausmeister stellt den Futternapf mitten ins Zimmer, dann wendet er sich um, geht in die Küche und kehrt mit einer geöffneten Bierflasche in der Hand zurück, zwei weitere stellte er auf den Couchtisch vor sich.

„Wenn der Nowatschka soviel säuft, dann hat er wieder Kummer mit der Gnädigen, der Hausbesitzerin, die im zweiten Stock wohnt. Dort wohnt auch Mia, meine Liebe, aber davon später ..."

Und mit einem einzigen Sprung ist der Kater bei der Futterschüssel, schnuppert, hebt den Kopf. Der Hausmeister prostet seinem Kater zu:

„Is' scho guat mei Alter, wenn'st du g'fressn hast, und i des Haus wieda sauber hob, gengan mia zur Mia, des Napferl z'ruckbringen." Der Mann leert die Bierflasche mit einem Zug, rülpst.

Der Kater schnappt nach dem ersten Stück Fisch, der Mann setzt die zweite Flasche an den Mund. Beide schmatzen genüßlich. Drei leere Flaschen, eine leergeputzte Plastikschüssel.

Der Miezerich umstreicht die Beine des Schlafenden.

„Nowatschka, Nowatschka, das wird wieder ein Katzenjammer!" Schwerfällig springt Carlo zurück auf das Fensterbrett.

„Sie sind noch immer da? Hartnäckig, hartnäckig, jetzt, wo ich mein Mittagsschläfchen machen will. Ich hatte noch nicht fertig erzählt, wie ich hierhergekommen bin? Gut, wenn Sie darauf bestehen, will ich weitermachen:

Meine Reise von der Hafenstadt in Italien bis nach Wien erfolgte nicht ganz freiwillig. Der Grund war: einfach Fisch!

In Triest hatte ich eine dralle Italienerin adoptiert. *Una Bellezza!* Brüste, wie zwei Melonen und ein Hintern, halb versteckt hinter ihrer Schürze, als ob zwei Auberginen sich am Spieß aneinanderschmiegen würden. Alle Fischer rissen sich um sie, jeder brachte ihr nur die schönsten Meeresfrüchte zum Verkauf. Lucia hatte den besten Fischstand am Markt und nach drei Jahren auch vier *Bambini* – und mich! Wieviele *Bambini* ich bis dahin hatte, weiß ich nicht, es war ein herrliches Leben!

Doch eines Tages ging Lucia nicht mehr zum Markt, sondern die Fische wurden geputzt und in Styroporschachteln zusammen mit Eiswürfelchen verpackt. Fast jeden Tag wurden wir Katzen im Hof von einem Kastenwagen, der ärschlings von der Straße her einparkte, aufgescheut. Die Türen wurden aufgerissen, und der Wagen verschluckte die Fischbehälter.

Besonders hektisch ging es in der Zeit vor dem Fest La *Befana* zu. Für die italienischen Kinder ein heißersehntes Fest, nur für uns Katzen eine Katastrophe, wird doch die *Befana,* die Weihnachtsfee, mit viel Krach empfangen.

Ich war gerade wieder einmal vorbeigekommen, um nach meiner Familie zu sehen. Der Fischtransporter stand in der Einfahrt, und die neunjährige Ornella spielte mit meinem jüngsten Nachkommen. Das Mädchen saß auf den Stufen, die hinunter ins Kellergewölbe führten, dort, wo die Fische für den Transport präpariert wurden. Auf ihren Knien ein Märchenbuch und vor sich den Katzenkorb mit meinen *Bambini,* die an den Zitzen der Mutter nuckelten.

‚Ascolta! Una favola d'Africa … Come i gatti …'

Sie las ein afrikanisches Märchen vor, von der Wildkatze, die sich eines Tages sehr schwach fühlte und nach einem starken Beschützer Ausschau hielt. Zuerst begegnete die Katze einer Antilope mit ihren gefährlich aussehenden Hörnern. Schon glaubte sie sich in Sicherheit, da wurde das Gazellentier von einem Panther verspeist. Da lief sie dem Raubtier nach, doch in der Nacht versuchte der Panther eine Elefantenkuh zu reißen, aber die Herde vertrieb den Räuber. Die Wildkatze blieb nun bei den grauen Riesen, bis eines Tages ein zweibeiniges Wesen den Leitbullen niedermetzelte, um sich seiner Elfenbeinzähne zu bemächtigen. Der Jäger schulterte die Zähne, und neugierig schlich die Falbkatze hinter dem Niam-Niam einher. Der Afrikaner betrat seine Hütte, schon wollte die pelzige Grazie ihm nachfolgen, als aus dem Rundhaus heftiges Schreien und Schimpfen ertönte. Heraus stürzte der tapfere Jäger, hinterdrein eine Frau, die ihn mit ihrem Besen schlug. Jetzt war der Wildkatze klar, daß sie endlich das stärkste Wesen der Welt gefunden hatte. Die Katze richtete ihren Schwanz steil, betrat das Haus der starken Frau und hat es seitdem nicht mehr verlassen …

Als Ornella das Märchenbuch zuklappte, ertönte aus dem Gewölbe Lucias kreischende Stimme:

,Ornella, vieni subito! Aiuta mi!'

,Immer ich ... und Peppino?' hatte das Mädchen zurückgeraunzt.

Im gleichen Augenblick detonierten mindestens fünf Knallerbsen auf den Steinplatten des Hofes und Peppo, ihr Bruder, schrie:

,Buona festa a tutti!'

Meine damalige Frau sprang Peppo ins Gesicht, während ich mich mit einem Sprung in die Dunkelheit der Ladefläche rettete. Die Türen des Wagens wurden zugeschlagen, und sofort rumpelte der Lkw über das Katzenkopfpflaster. Ich dachte, es ginge Richtung Hafen, und dort würde ich wieder entwischen können. Aber es dauerte immer länger, kälter und kälter wurde es in dem Raum. Als zwischendurch kurz die Türen geöffnet wurden, sah ich vor mir hohe, schneebedeckte Berggipfel. Ich hatte zu mauzen versucht, war aber zu schwach gewesen. Aufgeweckt wurde ich, weil ich an den Hinterläufen hochgerissen wurde, und jemand hatte mir, in einer mir damals unverständlichen Sprache, ins Ohr gebrüllt:

,Na, Prost Mahlzeit für de Festtag! A tiefgefrorana hinicha Katzlmacher mitten in de Fisch! Soll ma den panieren, Chefin?'

Falls Sie des Wienerischen nicht mächtig sind, der Jemand meinte: ,Prost Mahlzeit für diese Feiertage! Ein tiefgefrorener, toter Italiener inmitten der Fischlieferung! Soll ich das Tier in Mehl und Bröseln wälzen, Chefin?'

Eine kreischende Stimme war die Antwort gewesen, ich flog in weitem Bogen durch die Luft, und über mir klappte der Blechdeckel einer Mülltonne zu. Die Tonne war aus dem Fischgeschäft in den Hinterhof gerollt worden, um mich die zerbrochenen Styroporschüsseln, in denen der Fisch von

Triest bis hierher transportiert worden war. Langsam war ich wieder zu einem meiner angeblich neun Leben erwacht. Kaum war ich wieder halbwegs beweglich, wurde der Mülleimer hochgehoben, irgendwo eingeklinkt, der Deckel automatisch zurückgeschoben und ich rutschte samt den Styroporschnitzeln in eine andere Dunkelheit. Der einzige Trost war der Fischgeruch, der den Plastikstückchen anhaftete.

Diese waren erneut meine Rettung, denn knapp bevor das Müllauto seine Ladung in die Verbrennungsanlage entsorgen konnte, bemerkte ein Arbeiter den nicht sortierten Dreck, und der Laster wurde beiseite gefahren. Ich sprang aus dem Mist, glaubte dem Circulus vitiosus entkommen zu sein, da hatte mich dieser Mann bereits am Schwanz erwischt. Zu meinem Glück war es ein sehr tierliebender Wiener, der mich anschließend ins Tierheim brachte.

Zunächst dachte ich, im Paradies gelandet zu sein: Miezen überall, wohin ich blickte, und nur ein Gitter trennte uns.

Eigenartigerweise duftete die ganze Schar nicht! Hübsch anzusehen, aber zwischen meinen Hinterläufen – kein Echo! Ich hatte mich enttäuscht schlafen gelegt, als mitten in der Nacht der Nebenkäfig geöffnet und ein weißes Knäuel hereingeschoben wurde.

Sofort war ich hellwach, vor Freude pischte ich einmal in jedes Eck meines Käfigs, spritzte forsch hinüber durch die Gitterstäbe. Azurblaue Augen strahlten mich an, leise hatte sie geraunzt … ‚Dein Name, schöner Fremdling?' Ihr Nacken streifte am Gitter vorbei, meinen zärtlichen Biß verhinderten die Gitterstäbe. Laut hatte ich aufgeschrien.

Das Licht wurde aufgedreht, blendete mich, und eine weibliche Stimme beruhigte mich, morgen wäre es soweit für uns beide …

Was würde mit uns geschehen?

Doch noch war es Nacht, die Nacht der Nächte! Ein weißbeharter Hintern, kleine Blutströpfchen und ein herrlicher Duft! Der Duft hatte mir die Sinne geraubt. Das Hinterteil meiner Gefängnisnachbarin hatte sich gegen die Gitterstäbe gepreßt.

Mein Körper an das Gitter gepreßt, festverkrallt meine Pfoten, zogen mich in die Höhe. Ihr Hinterteil am Gitter, da stieß ich mein Gemächt durch die Gittermaschen – ins Paradies! Sie schrie! Ich brüllte!

Als ich in ihr explodierte, wurde das Licht wieder angeknipst. ‚Scheiße – der Katzelmacher!'

‚Laß eam die letzte Freud', morgen reißn's ihm eh die Eier ab, und de Muschi wird ausbanlt.'

Keine *Bambini!* Niemals mehr Kinder!

Glück im Unglück:

Nach dem Eingriff fanden wir uns beide im selben Käfig wieder, noch sehr erschöpft und sehr taumelig von der Vollnarkose, wankten wir aufeinander zu, sahen uns tief in die Augen und wußten: das ist LIEBE – und wir wollen uns nie mehr trennen.

Gleich am nächsten Tag kam der Nowatschka, am Arm führte er die ‚gnädige Frau'.

‚Da ist mein Mädi, da ist meine Mia!' rief sie und zeigte mit ihrem Gehstock auf meine Angebetete.

Nowatschkas Zeigefinger schlüpfte durch die Gittermaschen und kitzelte Mia am Bäuchlein, dabei fühlte er die Operationsnaht.

Der Käfig wurde von der Tierwärterin geöffnet, die Hand des Menschenmännchens glitt an mir vorbei und zog meine Liebste vorsichtig heraus.

Ein Hauch von Makrelen strich an meiner Nase vorbei!

Nicht nur der Geruch war es, sondern auch, daß eine Männerhand so zärtlich und fürsorglich sein konnte, das hatte mich schon damals angezogen. Als ich meinen Kopf an die Stäbe preßte und herzzerreißend mauzte, fuhr sein Zeigefinger liebevoll zwischen meinen Ohren.

„Na, Strawanzer, di holt sicher a no wer ...!"

Danach hatte der Nowatschka der Gnädigen die Tränen aus dem Gesicht gewischt, und dann waren die drei verschwunden.

Nur mehr der Duft von Fisch verweilte im Raum und stürzte mich in ein großes, schwarzes Loch, selbst als ich in den großen Käfig zu den anderen Miezen verlegt wurde, konnte ich nur an sie denken – und an die Makrelenhände ...

Todesmutig beschloß ich: Ich mußte aus diesem Gefängnis herauskommen. Als am Nachmittag ein Besucher vor dem Gitter stand – es war der Chinese von unten – begann ich zu singen ...

Mein Italienisch wurde von dem Asiaten anscheinend verstanden. Er nahm mich mit. Hierher in dieses Miethaus nach Kaisermühlen. In der Küche des Chinarestaurants war mir aber irgendwie mulmig. Da wurde plötzlich die Tür aufgerissen, und der Nowatschka stand da, Kübel und Besen in der Hand. Zwischen seinen gespreizten Beinen konnte ich in einen Garten entwischen. Zwei Bäume im Garten, die nächstbeste Tanne erwischt, und ich saß hoch oben und zitterte. Darunter wetterte der Hausmeister mit dem Chinakoch, den er einer äußerst unhübschen Aktion verdächtigte, was aber nur auf einem weitverbreiteten Vorurteil beruhte. Zumindest in Europa landen zähe Kater nicht in Kochtöpfen asiatischer Restaurants.

Ein Fenster im zweiten Stock wurde geöffnet:

‚Nowatschka! Was soll dieser ungebührliche Lärm? Ich habe Ihnen hundertmal, nein, tausendmal gesagt, Sie haben für Ruhe im Hause zu sorgen! Wozu bezahle ich Sie?'

Am Fenster nicht nur die Hausherrin, sondern auch meine kleine Mia-Lady. Ich wäre fast vom Ast gefallen.

Meine Rettung gestaltete sich damals schwierig, denn die Hausleiter reichte nicht bis zu mir, und der Nowatschka mußte in das Geäst einsteigen, um mich zu bergen.

Vom zweiten Stock aus kommandierte die ‚Gnädige' den Hausmeister bis zu mir: ‚Nowatschka noch ein Stückerl, passen's doch auf … jetzt rechts, nein links …"

Die Menschenfrau dirigierte das Menschenmännchen durch die Zweige. Als er nur mehr einen Katzensprung von mir entfernt war, rutschte er aus und konnte sich erst im letzten Moment fangen. Die Frau am Fenster hatte aufgeschrien: ‚Hansl, ich bitt' dich paß doch auf!' und als er wieder fest auf einem Ast gestanden war:

‚Nowatschka, so holen Sie doch endlich diesen Kater vom Baum!'

Mein Todesmut war nicht für die Katz gewesen. Ich habe den Hausmeister adoptiert …

Moment, ich glaube, jetzt wacht der Nowatschka auf. Er wird trotz ‚Kater' die Stiegen waschen und das Erbrochene wegputzen.

Falls Sie mein Leben weiter interessiert, dann kommen Sie doch einfach mit in das Stiegenhaus, dort finden Sie mich sicher wieder auf einem der breiten Fensterbretter sitzend, den Tauben zuschauend. Wenn mein Hausmensch mit seiner Arbeit fertig sein wird, gehen wir beide zu unseren Liebsten in die Hausherrinnenwohnung, oben im zweiten Stock.

Bevor die ‚Gnädige' ihren ersten Schlaganfall gehabt hat, waren wir Männer immer nur ‚zu Besuch', nie ‚über Nacht' gewesen. Doch nun, seit der zweite Blitzschlag die Menschenfrau traf, verbringen wir jede mögliche Zeit bei unseren Frauen, ich zwar noch im Körbchen meiner Mia, der Johann sitzt aber nun neben dem Bett seiner letzten Liebe und hält die Hand der ‚Gnädigen'.

Seine tollen Nächte sind nun auch vorbei …

Gestern hat die Menschenfrau ihrem Männchen vorgeschlagen:

‚Hansl, wenn's vorbei ist ist's vorbei. Am besten ist es, ich gehe in ein Pflegeheim, im Altersheim nehmen's mich nimmer mehr.'

HEIM! … Altersheim … Pflegeheim … TIERHEIM!

Mein erster Gedanke: wohin würde Mia kommen? Heute wird sie geholt werden, die starke, kleine Menschenfrau vom zweiten Stock, darum putzt der Nowatschka auch das Stiegenhaus blitzeblank, trotz ‚Bier-Kater'.

Der Hausmeister aus Kaisermühlen ist … ein armer Hund …und die Hausfrauen-Katze?

Ich werde mich um sie kümmern.

Mia wird einmal das Zinshaus erben, bis dahin bekommt sie eine kleine Rente von der Menschenfrau.

Wir nehmen uns den Nowatschka – als Hausmenschen. Im Stiegenhausputzen ist er Meister!"

Linda Stift

KATZE

**** **Katze Mia**, Kopfgeburt 1998, Veranstalterin diverser Zusammenschlüsse zur Übernahme der Weltherrschaft durch die Katzenheit.*

Als Katze bin ich mir viel zu gut, um den Menschen nur zum Mäusefangen und als Streichelkissen zu dienen. Heutzutage sollte eine Katze schon mehr aufweisen können und Anspruchsvolleres. Mein Lebensziel ist es, ins Fernsehen zu kommen und als Alleinerbin im Testament meiner Frau eingesetzt zu werden. Ich möchte das Erscheinungsbild der Katzen revolutionieren und sie endlich wegbringen von diesem grauenhaften Kuschelimage. Wir sollten endlich zurück zu unseren Wurzeln finden und uns benehmen wie Raubtiere und nicht wie die Hunde. Meine Auftritte im Fernsehen werden unvergeßlich werden. Niemand wird mehr nach den Perser- und Kartäuserkatzenmonstern fragen, einzig und allein die getigerte Hauskatze wird sich mit der Zeit durchsetzen und das „Haus" davor wird man bald durch „Wild" oder „Wald" ersetzen müssen, denn die Zeiten der sogenannten Zimmertiger sind endgültig vorbei. Schließlich sind unsere Verwandten die Tiger, Löwen, Panther, Luchse und Ozelots, die uns zu recht verachten und meiden. Bald werden wir uns ihrer wieder würdig erweisen, und sie werden uns nicht mehr scheel ansehen, sondern aufnehmen in ihre Mitte mit allen Ehren, die uns zustehen. Bis dahin ist es aber noch ein weiter Weg, den wir gemeinsam gehen müssen, und keine Katze sollte sich dem verschließen oder diese Intention gar boykottieren. Wir müssen zusammenhalten, auch wenn wir Einzelgänger sind, denn für diese

Sache lohnt es sich, uns zusammenzurotten und über unsere Katzenschatten zu springen. Die Katze ist die Zukunft, sie liegt in unseren Pfoten und wir dürfen sie nicht an die Menschen (oder Hunde) verschleudern. Die Menschen und die Hunde halten zusammen, aber davon dürfen wir uns nicht abschrecken lassen, wir werden immer mehr, denn wir sind fruchtbar wie die Karnickel.

Meine Frau ist heute übrigens mit einer neuen Frisur nach Hause gekommen, blauschwarz gefärbt und seidenweich glatt am Kopf anliegend, kurz natürlich. Ich war ganz begeistert und fuhr ihr mit den Pfoten gleich über den Kopf, aber das schien ihr nicht so zu gefallen, denn sie setzte mich ziemlich unsanft am Boden ab. Überhaupt scheint sie in letzter Zeit etwas gereizt zu sein, ich weiß nicht genau warum, vielleicht hängt es mit ihrem Freund zusammen, der immer seltener zu kommen scheint. So ein Idiot, als ob der eine Schönere finden würde. Er hat immer wieder von ihr verlangt, sich anders anzuziehen und zu stylen, was sie zum Glück nie getan hat. Was der sich eigentlich einbildet. Zwar hat sich ihr Stil irgendwie verändert, aber nicht so, wie er sich das vorgestellt hat. Er wünscht sich so ein tussihaftes Aussehen und eine Figur mit anständigen Kurven, während sie immer eleganter und vornehmer wird – und stromlinienförmiger. Jedenfalls soll mich das alles nicht kümmern, schließlich habe ich Wichtigeres zu tun, ich kann mich nicht auch noch um die Probleme dieser Menschin kümmern, auch wenn ich sie recht gern habe. Das ist außerdem ein Problem, das ich noch nicht gelöst habe. Was soll mit ihr passieren, wenn wir endlich die Macht übernommen haben? Ich will ihr nichts Böses antun, andererseits kann ich keine Ausnahme machen, wenn das alle Katzen tun würden, wäre ja alles sinnlos, und unser

Plan würde niemals gelingen. Ein echtes Dilemma, aber mir wird schon was einfallen.

Für heute abend habe ich eine Versammlung angesetzt mit den Nachbarkatzen, und die sollen dann ihrerseits Versammlungen mit ihren Nachbarkatzen abhalten, und so soll sich das fortsetzen, bis alle Katzen der Welt von der Revolution erfahren haben. Das kann eine Zeit dauern, aber wie gesagt, das macht nichts, wir haben genug davon, und es wird das Werk der ganzen Katzenheit sein und nicht das einer einzelnen, insofern kann es auch länger als unsere sieben Katzenleben dauern. Natürlich sollen auch unsere wilden Verwandten rechtzeitig davon erfahren und uns nach Möglichkeit unterstützen.

Es ist von äußerster Wichtigkeit, daß wir restlos alle Katzen überzeugen können und keine einzige, ich betone es nochmals, keine einzige sich entzieht. Aber warum sollte sich auch jemand entziehen, schließlich wollen wir eine schöne, neue Katzenwelt errichten, in der wir endlich das bekommen, was uns zusteht.

Ah, es läutet an der Tür, das ist sicher der Freund. Er kommt also doch noch. Meine Frau macht ihm auf, und jetzt sehe ich erst, wie sie sich hergerichtet hat. Total geschminkt mit einem dunkelvioletten Lippenstift und giftgrünem Lidschatten und überlangen schwarzen Wimpern. Weiß der Teufel, wie sie die zustande gebracht hat. Aufgeklebt sind sie jedenfalls nicht. So gut hat sie schon lange nicht mehr ausgesehen. Ich sehe, daß auch er ziemlich überwältigt ist, obwohl er eher auf dezentere Bemalung steht, glaube ich. Er hält ihr einen cremefarbenen Teerosenbuschen entgegen und eine Flasche Champagner. Was hat er bloß wieder angestellt? Er begrüßt auch mich und hält mir eine *Sheba*-Dose unter die Nase. So ein Prolet! Glaubt der, daß ich sie mit den Zähnen aufmache oder was? Meine Frau nimmt sie ihm aus der Hand und geht in die Küche damit. Er beugt sich runter zu mir, streichelt mich pflichtschuldig und macht komische Geräusche. Man merkt sofort, wenn jemand keine Hand für Katzen hat. Er ist ein Hundenarr, das erkennt man natürlich auch am Geruch. Sie kommt zurück mit einem Schüsselchen, in das sie das *Sheba* hineingetan hat. Natürlich nicht so affektiert und mit einem Petersiliensträußchen wie in dieser unsäglichen Werbung, die von einem völligen Ignoranten entworfen worden sein muß. Es muß doch schließlich jeder wissen, daß man Katzen mit Petersilie jagen kann! Und das kilometerweit! Na ja, Hauptsache das *Sheba* ist da.

Die beiden gehen ins Wohnzimmer, und ich komme nach, nachdem ich aufgegessen habe. Sie sitzen auf dem Sofa, sie sieht wirklich sehr elegant aus, während er gar nicht zu ihr paßt. Ich verstehe ehrlich nicht, warum sie sich keinen Besseren findet. Er grapscht auf ihrem Knie herum, und ich springe dazwischen. Er macht ein saures Gesicht, muß mich aber streicheln, weil er glaubt, daß meine Frau mich anbetet, und sie tut nichts, um seinen Eindruck zu korrigieren. Sie ist irgendwie besonders anschmiegsam, ihre Gereiztheit ist wie weggeblasen, und sie kuschelt sich an ihn und an mich. Ihre Haut ist ganz weich und samtig, wie ihre Haare. Sie scheinen sich gut zu unterhalten, trinken den Champagner, essen belgische Butterblätter. Ich schnurre, um ihr Wohlbefinden zu steigern, und damit sie meine Lieblingsspeisen nicht vergessen. Irgendwann ziehen sie sich ins Schlafzimmer zurück, und ich bleibe auf dem Sofa liegen, döse vor mich hin. Manchmal durchzuckt mich ein Gedanke, als ob ich etwas vergessen hätte, aber mir fällt nicht ein was, dann schlafe ich weiter. Im Hintergrund höre ich die üblichen Geräusche aus dem Schlafzimmer, die mich aber nicht stören, sondern mir angenehme Träume bescheren, denn sie erinnern mich an kleine Katzenkinder. Plötzlich scheinen sich die Geräusche aber zu verändern, sie werden zischender und lauter, und ich glaube, auch ein Fauchen zu hören, was ich aber wohl nur geträumt habe. Auf einmal reißt es mich aber endgültig aus dem Schlaf, ein gräßlicher Schrei und dann plötzliche, unheimliche Stille. Die Tür geht auf, und meine Frau kommt heraus, angezogen mit einem schwarzen Catsuit und lächelnd. Ein animalischer Geruch geht von ihr aus, der mich an etwas erinnert. Was ist heute nur los mit ihr, und was soll dieser Schrei bedeuten? Sie fährt sich mit der Hand über den Kopf und sagt mit sanfter Stimme:

– Wenn du ins Schlafzimmer gehst, weißt du, was los ist.

Seit wann verstehe ich denn ihre Sprache? Oder war das meine Sprache? Und warum kennt sie meine Gedanken, habe ich etwa laut gesprochen? Ich bin so verwirrt, daß ich, ohne weiter zu fragen, ins Schlafzimmer gehe und eine schreckliche Entdeckung mache. Der Freund liegt da mit aufgerissener Kehle, aus der schönes, hellrotes Blut fließt. Zuerst bin ich bestürzt, dann aber lecke ich das Blut aus der Kehle, es schmeckt ganz hervorragend, besser als das *Sheba* vorher. Es sprudelt wie eine kleine Quelle beständig aus ihm heraus. Ich weiß nicht, wie lange ich da stehe, Blut lecke und kleine Stücke aus dem Freund herausreiße, ich weiß auch nicht, wie lange sie schon hinter mir steht und mir zusieht.

– Hattest du nicht etwas vor heute abend? fragt sie.

Die Versammlung! schießt es mir durch den Kopf, und ich drehe mich zu ihr um. Aber woher weiß sie ...? Sie blickt mich aus grünen Katzenaugen an und sieht mir gefährlich direkt in die meinen. Ihr Catsuit ist verschwunden, ein glänzendes, schwarzes Fell bedeckt ihren Körper, und ein langer, dicker Schweif peitscht durch die Luft. Auch ihre Ohren sind schöner und spitzer als meine, überhaupt ist sie die schönste Katze, die ich jemals gesehen habe und riesengroß. Es ist klar, wer sie ist, und ich schleiche mit angelegten Ohren hinter ihr her in die Versammlung.

Jutta Treiber

DAS KATZENMONSTER

**** **Filia** und ihre Mutter **Bezi** leben mit der Menschin Monika in einer hübschen Wohnung im Salzburgischen. Bezi ist die unumschränkte Herrscherin über Filia, Wohnung und Monika.*

Ich habe immer gewußt, daß es Katzenmonster gibt. So richtig riesengroße, riesen-, riesengroße, mit einer seltsamen Stimme und komischem Kopffell. Meine Mutter Bezi hat mich ausgelacht, als ich einmal so etwas behauptete. Filia, meine Tochter, sagte sie zu mir – meine Mutter gibt gern mit ihren Lateinkenntnissen an – also, sagte sie, Filia, meine Tochter, du siehst Gespenster. (Als ob ich etwas anderes behauptet hätte!) Es gibt keine Monsterkatzen. Ich hatte auch nicht von *Monsterkatzen,* sondern von *Katzenmonstern* gesprochen, aber meine Mutter Bezi hatte wieder einmal nicht richtig zugehört. Wie so oft. Eigentlich hat sie mir nie richtig zugehört. Auch früher nicht, als ich klein war, und speziell nicht, wenn ich von meiner Angst gesprochen habe. Inzwischen habe ich es aufgegeben, ihr irgend etwas Wichtiges zu sagen. Ich beschränke mich auf das Wetter und auf Bezi-Mutters ureigenste Person. Darüber ist sie allzeit bereit zu sprechen.

Zugegeben, ich bin ein ängstliches Wesen. Ich mag es nicht, wenn es laut ist. Und ich mag es nicht, wenn etwas anders ist. Ich mag es immer gleich. So wie es ist, soll es jeden Tag sein. Aber leider ist es nicht jeden Tag gleich, und das macht mir angst.

Filia, du bist neurotisch, hat meine Mutter schon oft zu mir gesagt. Ich weiß nicht genau, was neurotisch ist, weil

Mutter es mir nicht erklärt hat, aber ich denke, neurotisch ist, wenn man will, daß immer alles gleich ist. Und wenn man Angst hat.

Na gut, bin ich halt neurotisch. Und Katzenmonster gibt es doch!

Eines der Katzengebote lautet: *Du sollst Vater und Mutter ehren, damit du lange lebest und es dir wohl ergehe auf Erden!* So wird das schon seine Richtigkeit haben, daß meine Mutter sich immer die besten Stücke zuerst aus der Schüssel schleckt. Was sie übrigläßt, gehört mir. Meine Mutter hat immer gesagt, ich bin heikel, weil ich so wenig esse.

Von meinem Vater weiß ich nichts. Mutter hat nie von ihm gesprochen. Es hat eine Zeit gedauert, bis ich draufgekommen bin, daß ich ja auch einen Vater haben muß. Du bist so naiv, hat meine Mutter gesagt. Also, was ich alles bin.

Er muß irgend so ein Streuner gewesen sein, ein Hallodri, der's mit jeder getrieben hat. Meine Mutter ist eines Tages aus der Wohnung entwischt und hat sich ein paar Tage nicht blicken lassen. Na, und da ist es passiert. Hab' ich gehört.

Ich war nicht das einzige Kind. Die anderen sind weggebracht worden, warum, weiß ich auch nicht. Ich hätte gern Geschwister gehabt. Dann hätte Mutter nicht immer nur an mir herumgenörgelt. Und ich hätte einen Verbündeten gehabt, mit dem ich über sie hätte schimpfen können. Und jemanden zum Spielen. Mutter tut immer so, als würde ihr das Spielen keinen Spaß machen. Als ob sie schon so alt wäre. Dabei war sie blutjung, als der Streuner … Also, sie müßte sich nicht so anstellen.

Ich kann keine Kinder kriegen. Hat Mutter gesagt. Sie haben irgendwas mit mir gemacht. Ich verstehe nicht, wie Mutter das zulassen konnte. Oft vergesse ich. Aber manchmal, wenn ich am Fenster sitze und hinunterschaue in den Hof und über die Wiese, die sich zum Wald hin streckt, dann packt mich ein so merkwürdiges Gefühl, ich weiß nicht, wie man das nennt, das ist so ein großes Weh, und dann denke ich an ein paar kleine Kätzchen in einem Korb, eng aneinander geschmiegt und blind, und dann kommt mir fast vor, als hätte ich das schon einmal erlebt. Dann wünsche ich mir so sehr, daß ich Kinder haben könnte. Eine richtige Familie. Wenn möglich, auch mit einem Vater. Aber ich würde mir keines meiner Kinder wegnehmen lassen. Ich würde jedem, der es wagte, meine Kinder anzurühren, Hände und Gesicht zerkratzen. Aber ich kann ja keine Kinder kriegen.

Außer meiner Mutter und mir lebt noch jemand in dieser Wohnung. Eine Menschenfrau. Wir lassen sie hier wohnen, weil sie eigentlich recht nützlich ist. Sie kümmert sich um alles und bezahlt die Rechnungen. Sie geht für uns einkaufen, sie putzt die Wohnung und unser Klo, sie kocht für uns und wäscht das Geschirr ab. Sie holt Holz und heizt den Kachelofen, damit wir es gemütlich warm haben. Sie kauft uns Spielsachen, und sie überzieht das Bett mit feinem Bettzeug, damit wir es beim Schlafen recht kuschelig haben. Wir lassen sie deshalb auch in unserem Bett schlafen. Und sie öffnet und schließt für uns die Balkontür, wann immer wir hinaus- oder hereinspazieren wollen. Sie bürstet uns und krault uns, das ist recht angenehm. Sie ist uns sehr ergeben. Sie tut alles, was wir wollen.

Nur manchmal glaube ich, daß die Menschin meine Mutter lieber hat als mich. Letztens habe ich gestoppt, wie lange sie Mutter gekrault hat und wie lange mich. Es waren zwanzig Atemzüge für Mutter und vierzehn für mich.

Aber in letzter Zeit hat sie sich etwas Gutes angewöhnt: Sie gibt mir extra zu fressen. Mutter wird ausgesperrt, und dann stellt die Menschenfrau – sie heißt Monika – mir meine Schüssel hin, ganz alleine, und dann kann Bezi-Mutter mir nicht die besten Stücke wegfressen.

Also, die Menschenfrau Monika ist in Ordnung. Wenn sie nicht so groß wäre und keine nackte Haut hätte, sondern ein Fell, dann könnte sie auch eine Katze sein. Sie hat ein Katzengesicht mit dunkelbraunen Katzenaugen. Und kurzes, schwarzes Kopffell. Vielleicht war sie in ihrem früheren Leben einmal eine Katze. Ich glaube an solche Dinge. Es heißt ja, eine Katze hat sieben Leben. Aber so etwas darf ich meiner Bezi-Mutter nicht sagen, sonst heißt es wieder: Filia, du bist neurotisch! Und das muß ich mir nicht jeden Tag sagen lassen.

Nur eines kann ich an der Menschenfrau überhaupt nicht leiden: Manchmal lädt sie andere Menschen in unsere Wohnung ein, ohne uns zu fragen. Ich mag es nicht, wenn andere Menschen hier sind. Schließlich ist das unsere Wohnung. Wenn Fremde da sind, tut Monika nämlich so, als ob das ihre Wohnung wäre. Dann will sie uns plötzlich herumkommandieren. Dann dürfen wir auf einmal nicht auf den Tisch springen und aus ihrem Frühstücksteller essen. Und dann erzählt Monika, wir würden sonst nie auf den Tisch springen und sonst nie aus ihrem Frühstücksteller essen, und was denn plötzlich in uns gefahren sei. Alles gelogen!

Und dann, das ist das Schlimmste, dann schlafen manche von diesen ungebetenen Menschen auch noch in unserer Wohnung. In unserem Bett. Und wir müssen auf das Klappbett ausweichen. Monika tut so, als ob dieses Bett ihr gehörte. Bezi-Mutter macht sich breit wie immer, und ich habe fast keinen Platz mehr. Ich schlafe in diesen Nächten sehr schlecht und spaziere in der Wohnung herum. Aber wenn ich zurückkomme, hat Mutter sich noch mehr ausgebreitet, und ich habe gar keinen Platz. Am nächsten Morgen bin ich wie gerädert. Dann sitze ich an meinem Fenster, schaue auf die Wiese und den Wald und bin sehr deprimiert.

Jedes Mal, wenn die ungebetenen Gäste wieder abreisen, atme ich auf und hoffe, daß es das letzte Mal war. Eine Zeitlang geht alles seinen gewohnten Gang, so wie ich es am liebsten habe. Doch kaum habe ich angefangen, das Leben ein wenig zu genießen, kommt der nächste ungebetene Menschengast. (Ich verstehe überhaupt nicht, warum man so etwas tut. Ich lade mir ja auch keine Katzen ein.)

Einmal – und seither weiß ich, daß es Katzenmonster gibt – war eine da, die sah auf den ersten Blick wie ein Mensch aus. Sie war ein Zweibeiner, aber sie hatte kein kurzes, schwarzes Kopffell wie die Menschenfrau Monika, sondern ein langes, graues, zotteliges. Das kam mir schon verdächtig vor. Aber daß sie in Wirklichkeit ein Katzenmonster war, konnte nicht einmal ich ahnen.

Es war der erste Tag nach dem Bettfaulenztag. Jeder siebente Tag ist bei uns Bettfaulenztag. Da steht Monika in der Früh nicht auf und geht nicht weg, wie sonst immer, sondern wir bleiben alle drei gemütlich im Bett.

Also, an dem ersten Tag nach dem Bettfaulenztag ging Monika wie gewohnt aus dem Haus. Und meine Bezi-Mutter, ich und das graue Zottelwesen blieben allein zurück. Ich stand vor der Balkontür und schaute hinaus. Keine Monika, die mir die Tür öffnen würde. Ich schaute durch das Glas der Balkontür und träumte ein bißchen vor mich hin, ich träumte, ich liefe über die Wiese, zum Wald hin, und ein rotfelliger Kater liefe hinter mir her, und wir balgten uns in der Wiese und … Ach, es war ein schöner Traum. Ich schloß die Augen und seufzte und schnurrte. Ich drehte mich selig im Kreis, tänzelte und strich mit dem Schwanz über den Boden.

Als ich mich umdrehte und die Augen aufmachte, stand es da: das Katzenmonster. Riesengroß, riesenkatzenmonstergroß, mit einem überdicken, schwarzglänzenden Körperfell. Noch nie in meinem ganzen Leben bin ich so erschrocken. Ich erstarrte zu meinem eigenen Porzellandenkmal, das Miauen blieb mir im Hals stecken, aber in meinem Inneren zitterte, raste und tobte es.

Das Katzenmonster kam langsam auf mich zu. Das Blut gefror mir in den Adern. Das Monster sprach zu mir, und dann öffnete es die Balkontür. Ich schaute kurz auf, da sah ich das graue Zottelkopffell. Und da begriff ich, daß sich dieses Monster vor Monika als Menschin getarnt hatte ...

So schnell bin ich noch nie auf den Balkon gerast. Ich versteckte mich in dem kleinen Holzschuppen neben dem Balkon, und als ich da hineinraste, kam das Monster hinter mir her, verfolgte mich mit ausgestreckten Händen. Wahrscheinlich würde es mich im nächsten Augenblick fangen und erwürgen.

Ich lief wie besessen im Holzschuppen hin und her, stieß den Wäscheständer um, der fiel dem Monster vor die Füße, worauf das Monster „Ach, Fili, du wirst auch nicht gescheiter!“ sagte und verschwand. Ich saß den ganzen Vormittag im Holzschuppen und wagte mich nicht hervor. Mutter ließ sich nicht blicken. Typisch! Immer, wenn ich sie am notwendigsten brauche, ist sie nicht da. Und natürlich hatte sie das Monster nicht gesehen. Und wenn ich etwas sagen würde, würde sie wieder behaupten, ich sei neurotisch.

Allmählich beruhigte ich mich. Das Herzrasen ließ nach. Ich wagte einen Blick aus dem Schuppen. Ich wagte einen

Schritt auf den Balkon. Ich wagte mich in die Wohnung. Das Monster war weg. Ich atmete auf.

Am Abend, als Monika heimkam, kam auch das Monster zurück. Es hatte sich wieder als Menschin getarnt. Aber ich ließ mich nicht täuschen. Das schwarze Körperfell des Katzenmonsters hing an einem Haken im Vorraum. Aber das schien niemand zu bemerken. So bin ich also die einzige, die weiß, daß es Katzenmonster gibt. Und daß sie sich als Menschen tarnen können.

Monika Vasik

SCHÖNE AUSSICHTEN!

**** **Kater Kobold**, geboren im Mai '96, schwarz-weiß gezeichnet, emsiger Mäuse-, leider auch Vogelfeind, gewährt seinen Menschen eingeschränktes Wohnrecht gegen liebevolle Pflege.*

Ich habe die Teller leergeleckt, einen nach dem anderen. Selber schuld, wenn sie alles auf dem Tisch liegenlassen: Schinken und Käse, Reste von Fisch und leckeren Wurstsorten, Delikatessen, die ich nur selten zwischen meine Zähne bekomme. Aber warum soll ich nicht auch etwas von diesem Festmahl haben? Ich weiß: Er wird sich wieder aufregen, einen seiner gefürchteten hysterischen Anfälle bekommen, wenn er sieht, wie gründlich ich meine Arbeit erledigt habe, und er wird seine Wut wie üblich an ihr abreagieren. Kann ich vielleicht etwas dafür, daß sie in ihrer Gier aufeinander auf mich vergessen haben? Ich muß schließlich auch schauen, wo ich bleibe, da niemand sich um mein Frühstück kümmert.

Wie leicht sie sich umstimmen läßt! Gestern noch hatte sie mir, wie schon so oft, die Ohren vollgesungen und geschworen, ihn niemals wieder sehen zu wollen. Ich hatte frohlockt. Sehr voreilig! Schon zwei Stunden später hatten ein paar erbärmliche Blumen ausgereicht, und alles war vergessen gewesen. Wenn er wenigstens ein wenig Schleierkraut, ein Stämmchen Asparagus zwischen dem Grünzeug versteckt hätte – meine Verstimmung hätte sich in Grenzen gehalten. Doch er hat noch niemals an mich gedacht.

Aus dem Schlafzimmer ist kein Laut zu hören. Scheinbar ziellos wandere ich vor der verschlossenen Türe auf und ab, schmiege mich an das kühle Fichtenholz, stoße kläglich jammernde Laute aus, die sonst nie ungehört verhallen. Nichts rührt sich. Es kränkt mich, daß sie mich aus unserem Reich aussperrt, ohne mit der Wimper zu zucken. Immer wenn er da ist, verliere ich meinen Platz in ihrem Bett, weil er Katzen nicht ausstehen kann. Wer ist zuerst hier gewesen? Habe ich nicht ein älteres, wohlerworbenes Recht auf den Platz an ihrer Seite? Zumindest nächtens in ihrem Bett? Doch nein, der Mohr hat seine Schuldigkeit getan, der Mohr kann gehen. Je eher, desto besser. Denn schließlich hat sie Ersatz für mich gefunden, wenn auch nur für ein paar Stunden, und hat schon auf meine treue Hingabe vergessen. Undank ist der Menschen Lohn! Wenn es ihr schlecht geht, weiß sie immer, wo ich zu finden bin. Und beim nächsten Streit wird sie mir wieder mein Fell mit Rotz und Tränen verschmutzen und froh sein, daß es mich gibt, während es mich Stunden kosten wird, die klebrigen Spuren zu beseitigen. Haben wir ihn denn gebraucht? Ich jedenfalls nicht. Und was sie an ihm findet, kann ich wirklich nicht nachvollziehen. Er hat unser ganzes Leben durcheinandergebracht, sich wie die Maus in die volle Speisekammer gesetzt und läßt sich nicht mehr vertreiben. Wie ruhig, wie einträchtig ist das Dasein ohne ihn verlaufen! Verlange ich denn etwas Besonderes? Ich möchte, daß sie mit mir redet, liebe den warmen, weichen Klang ihrer Stimme, wenn sie mich mit Koseworten lockt. Ich sehne mich nach ihren zarten Händen, die mir über das Fell streichen und mich hinter den Ohren kraulen. Ich stelle keine großen Ansprüche. Ein wenig Zuwendung, ein wenig Liebe ist alles, was ich mir wünsche. Was man von ihm nicht behaupten kann. Er will sie. Und zwar ganz. Ohne Zugeständnisse. Ohne Kompromisse. Hat dieser Egoist es denn verdient, daß sie sich opfert? Und mich dazu und alles, was uns verbindet? Für ihn ist sie doch nur eine von vielen, da bin ich sicher. Und sie erkennt nicht, daß sie für ihn uninteressant wird, sobald er sie für sich alleine hat. Er weiß sie nicht zu schätzen. Ich habe nur Adele!

Aber was nützt das Klagen, wenn sie sich immer wieder umschmeicheln und umgarnen läßt. Ich verstehe nicht, daß sie ihn wieder aufgenommen hat, nach allem, was er uns angetan hat. Die Spuren des letzten Streites sind noch deutlich zu sehen. Der Bluterguß an ihrem rechten Unterarm schillert gelbgrün, und auch die Kratzspuren im Gesicht haben kleinste Narben hinterlassen, die sie noch lange zeichnen werden. Bei mir hätte er nicht den Funken einer Chance. Eine Katze vergißt nicht. Doch Menschen sind leider schwach von Charakter, und Adele ändert ständig ihre Meinung. Es ist schwer, sich bei ihr auszukennen.

Zitternd kauere ich hinter dem Vorhang und traue mich kaum, darunter hervorzublicken. Meine Ohren dröhnen. Der Lärm ist unerträglich. Eben noch saßen sie turtelnd beim Essen, schäkerten und kicherten, während ich aus sicherer Entfernung darauf lauerte, daß ein Leckerbissen für mich abfiele. Und nun plärren sie sich wieder einmal an, weil sie aus irgendeinem Grund verschiedener Meinung sind. Ich weiß nicht, worum es eigentlich geht. Es ist mir auch gleichgültig. Warum können sie nicht leise streiten? Keiner nimmt Rücksicht auf mich.

Ich verhalte mich ganz ruhig, damit er mich nicht bemerkt. Nur ungern gestehe ich es mir ein. Aber ich habe Angst, daß er mir etwas antut. Er kann mich nicht leiden.

Seit Tagen ist Adele kaum ansprechbar. Er hat sich nicht mehr bei ihr gemeldet. Etwas Besseres hätte uns nicht passieren können, als daß er von selbst das Weite sucht. Denn sie hätte sicherlich noch einige Zeit so weitergemacht und nicht die Kraft gefunden, ihn endlich vor die Türe zu setzen. Ich habe Lust auf eine kleine Feier. Ich träume von zartem Hühnerfleisch. Kaninchen oder Ente wären auch nicht zu verachten. In Wirklichkeit muß ich schon froh sein, wenn sie nicht völlig auf mich und meine Mahlzeiten vergißt. Und sie gibt mir, was gerade im Haus ist: Dosenfutter. Ich bemühe mich redlich, sie auf andere Gedanken zu bringen, doch sie sitzt den ganzen Tag im verdunkelten Zimmer, stiert dumpf vor sich hin oder weint. Sie hat noch nicht erkannt, welche Vorteile wir aus dieser Situation ziehen können. Ich bin für klare Verhältnisse, für entweder – oder und nicht für ein Ja, das genauso gut ein Nein sein kann. Insgeheim zolle ich ihm sogar ein wenig Respekt dafür, daß er endlich eine Entscheidung herbeigeführt hat, wenn diese auch nur in einem feigen Sich-totstellen besteht. Immerhin: eine Entscheidung! Und ich weine ihm keine Träne nach. Besser ein Ende mit Schrecken, als ein Schrecken … Nur wenn ich sehe, wie sehr sie sich nach ihm verzehrt, wie sehr sie unter seiner Abwesenheit leidet, wünsche ich mir bisweilen, daß er zurückkommt. Ich will, daß sie fröhlich ist.

Es ist dunkel. Irgend etwas hat mich geweckt. Ich schleiche ins Schlafzimmer. Adeles Bett ist unberührt! Das hat sie noch nie gemacht. Gut, manchmal kommt sie spät nach Hause, ist an solchen Abenden auch immer besonders aufmerksam zu mir, als ob sie das schlechte Gewissen drückte. Doch normalerweise kann ich mich auf sie verlassen: Zweimal am Tag gibt sie mir etwas zu essen, frische Milch und meine Streicheleinheiten, und wir genießen diese intimen

Momente. Ob sie auf mich vergessen hat? Nein, unvorstellbar! Sie weiß, daß ich zu Hause sitze und auf sie warte.

Ich habe Hunger!

Hoffentlich ist ihr nichts passiert. Ich will gar nicht daran denken. Wer soll sich um mich kümmern, wenn Adele dazu nicht mehr in der Lage ist? Auf ihn kann ich mich nicht verlassen. Seit Tagen haben wir ihn nicht gesehen. Gott sei Dank! Sie scheint sich endlich mit den Tatsachen abgefunden zu haben. Wurde ja auch Zeit, daß wir unseren gewohnten Rhythmus wieder aufnahmen. Jeden Morgen geht sie zur Arbeit, und ich genieße die Mußestunden, die mir so lange verwehrt waren: Schlafen, ohne gestört zu werden, welch Genuß! Dafür freue ich mich um so mehr, wenn sie abends wieder nach Hause kommt. Ganz allein zu sein, ist auch nicht lustig.

Der Hunger treibt mich. Ich durchstreife die Wohnung nach etwas Eßbarem. Alles hat sie verräumt, nur eine alte Semmel liegt herum. Muß ich wohl damit vorliebnehmen, wenn ich nicht verhungern will. Schmeckt fade. Und diese Brösel überall, die meine Pfoten kitzeln. Fleisch ist mir schon hundertmal lieber. Jetzt noch ein Schluck schales Wasser. Brrr. Was gäbe ich für eine Schüssel warme Milch!

Adele ist noch immer nicht gekommen. Irgend etwas muß passiert sein! Besorgt setze ich mich ans Fenster und blicke auf die Straße. Vielleicht kann ich sie so früher erspähen.

Ich habe ihr nicht gestattet, mich zu streicheln, habe sie nur beleidigt angesehen und mich dann unter ihr großes Bett zurückgezogen. Hier bin ich sicher, hier kann sie mich nicht hervorholen. Auf allen vieren kniet sie, lockt mich, versucht, mich zu versöhnen. Da kann sie lange warten. So etwas darf man mit mir einfach nicht machen. Ich bin eingeschnappt! Aus und vorbei! Keines Blickes werde ich sie würdigen. Ich werde ihr nicht verzeihen, daß sie auf mich vergessen hat.

Sie hat bei ihm geschlafen! Ganz einfach! Und ohne dabei an mich zu denken! Sie kennt ihn erst so kurze Zeit, und er ist ihr bereits wichtiger als ich! Das kann ja heiter werden. Was wiegt unsere Beziehung, wenn irgendein Dahergelaufener mich so ungeheuer leicht aus meiner Position verdrängen kann? Und ich hatte geglaubt, wir hätten das Schlimmste schon überstanden! Meine Achtung vor ihr schwindet zusehends. Sich ihm derart an den Hals zu werfen, nach all den erlittenen Demütigungen! Einfach charakterlos. Wie ein Hund. Sie benimmt sich wie ein unterwürfiger Hund. Eine Katze würde sich diese Behandlung niemals gefallen lassen.

Ich rieche das frische Fleisch, das sie mir hingestellt hat. Doch ich kann warten. Ich fühle Genugtuung darüber, daß sie schuldbewußt ist. Sie sieht wenigstens ein, daß sie sich unrecht verhalten hat. Soll sie ruhig ein wenig weiter darben. Später werde ich mir das Essen holen, mich herablassen und aus meinem sicheren Versteck kommen. Dann, wenn sie endlich aufgeben wird. Schließlich habe ich meinen Stolz.

Adele sieht schlecht aus. Dunkle Ringe unter ihren Augen unterstreichen die Blässe des vertrauten Gesichtes, und die Oberlippe hängt eigenartig schief, als wäre sie geschwollen. Ich will gar nicht wissen, was letzte Nacht passiert ist.

Eigentlich tut sie mir leid. Doch ich muß hier unten bleiben, damit sie begreift, daß man mit mir so nicht umgehen kann.

Er ist wieder da. Völlig unvorhergesehen stand er vor der Türe, dämlich grinsend, mit dieser fadenscheinigen Entschuldigung auf den Lippen: Ihm wäre aus Versehen die Hand ausgerutscht, er hätte sie nicht verletzen wollen. Und Adele, die stundenlang ihre Lippe mit Eisbeuteln gekühlt hatte und nun endlich wieder ein wohlproportioniertes Gesicht vorweisen konnte, hat ihm nicht die Türe gewiesen, nein, sie hat gelächelt, sich gefreut, ihn wiederzusehen. Ihr ganzes Gesicht hat er mit Küssen bedeckt, und sie hat ihn wiedergeküßt. Richtig unappetitlich, diese Schleckerei. Unsereins macht so etwas nur, um sich zu putzen. Ich habe mich gleich verzogen und sitze nun allein in einer finsteren Ecke unseres Arbeitszimmers. Hier sieht mich wenigstens niemand. Meine Nackenhaare sträuben sich, wenn ich nur an ihn oder das Wiedersehen denke. Bei mir hat er ausgespielt. Ich glaube ihm kein Wort. Die nächste Auseinandersetzung wird nicht lange auf sich warten lassen. Aber ich kann nichts tun als zusehen. Hilflos.

Zwei Tage währte diesmal die Eintracht. Ich bin erstaunt. Ich hätte ihnen keine drei Stunden gegeben. Freilich: Ich muß zugeben, daß beide sich sehr bemüht haben. Sie haben viel miteinander geredet, diskutiert, debattiert, und es war kein lautes Wort zu hören. Nährboden für trügerische Illusionen. Selbst ich war versucht, an eine Wende, vielleicht auch einen Neubeginn zu glauben, wenn auch mit gemischten Gefühlen. Doch diese knisternde Spannung, die in der Luft lag, dieses gegenseitige Aufeinander-lauern hatte mich zur Vorsicht gemahnt. Außerdem mag ich es nicht, wenn ständig jemand da ist, vor dem ich auf der Hut sein muß. Blindes Vertrauen ist meine Sache nicht. Stolz kann ich behaupten: Ich habe wieder einmal recht behalten. Und? Was habe ich davon?

Ich sitze ängstlich zitternd unter dem Klavier und wünsche mich weit weg. Meine Ohren dröhnen, schmerzen. Welch bekannte Unwohlgefühle! Und doch kann ich meine Augen nicht abwenden, verfolge gebannt den Streit.

Dabei war alles so schnell gegangen, daß ich es zunächst gar nicht richtig mitbekommen hatte. Eben noch waren sie einträchtig auf dem Sofa gesessen, während ich mir mein Fell geputzt und sie nicht weiter beachtet hatte. Plötzlich erhob sich seine Stimme, ich habe erstaunt innegehalten und gerade noch gesehen, daß sie ihm eine Ohrfeige gegeben hat. Sie hat begonnen! Ich bin stolz auf Adele. Unverständlich, was sie derart in Wut versetzt hat! Ist auch einerlei. Sie hat es gewagt. Gib es ihm! Laß dir nichts gefallen! Er hat uns lange genug gestört. Sag ihm endlich, was du von ihm hältst! Könnt ihr nicht ein wenig leiser sein? Deine kreischende Stimme, sein durchdringender Baß sind Gift für meine Ohren. Mein Schädel brummt. Nein, nicht nachlassen! Du darfst nicht schon wieder den kürzeren ziehen! Auf mich brauchst du keine Rücksicht zu nehmen. Ich halte schon etwas aus. Merkst du? Er hört dir nicht einmal zu, wenn du mit ihm sprichst! Er läßt sie nicht ausreden, fällt ihr ununterbrochen ins Wort. Mir scheint, daß er sich ungerecht behandelt fühlt. Welch Anmaßung! Das dürfen wir uns nicht bieten lassen. Dieses stete Auf und Ab zerrt an meinen Nerven. Adele! Er hat ihr ein Büschel Haare ausgerissen, hält es in der Hand! Schau nicht so erschrocken, er hat es getan! Rühr dich und tu endlich etwas! Für das Entsetzen ist nachher noch Zeit genug. Das gibt es nicht. Er wirft sich auf den Boden, umklammert ihre Füße. Er bedeckt sie mit Küssen! Er ist ein Schwein. Ich würde ihn beißen, ja, ihn blind irgendwohin beißen. Aug' um Auge, Zahn um Zahn! Das ist die einzige Botschaft, die er versteht. Er weckt niedrigste Instinkte in mir. Du darfst nicht einlenken. Die Mitleidstour kennen wir schon. Wie oft bist du schon darauf hereingefallen und hast es hinterher bereut? Jetzt hart bleiben! Nein sagen! Ihn einfach vor die Türe setzen. Zum Kuckuck noch einmal: Das kann doch nicht so schwer sein! So einen wie den findest du allemal noch. Kein Mitleid! Du schaffst es!

Nicht!

Ich halte das nicht aus. Ich zittere am ganzen Körper, meine Haare stehen zu Berge. Ich glaube, ich werde krank.

Sie lenkt ein! Nein, ich habe mich geirrt. Vielleicht hat sie ihm nur gesagt, er möge aufstehen und sich nicht lächerlich machen. Ich hätte ihm das gesagt, wenn ich sprechen könnte. Er erhebt sich. Die plötzliche Stille ist gespenstisch. Ich werde unruhig, möchte am liebsten das Zimmer verlassen und mich irgendwo verkriechen, doch ich traue mich nicht. Was macht er denn jetzt? Ich wußte: man darf ihm nicht den kleinen Finger reichen. Er hat sie an den Schultern gepackt. Schüttelt sie! Laß Adele los! Du sollst sie loslassen! Er schleudert sie gegen die Glasvitrine! Ich muß ihr helfen. Ich werde mich gleich auf ihn stürzen …

Was ist das für ein Krach? Ich springe Hals über Kopf aus meinem Versteck, weiß nicht wohin, rutsche auf dem glatten Parkettboden, weg, nur weg von hier, stürze an den beiden vorbei ins Schlafzimmer, unter das Bett, drücke mich ganz eng an die Wand.

Mein Herz rast. Ich kann keinen klaren Gedanken fassen. Adele schreit. Ihre Stimme klingt eigenartig fremd. Laßt mich in Ruhe! Ich will meine Ruhe haben! Die Eingangstüre wird zugeschlagen.

Meine vorderen Pfoten schmerzen. Ich bin verletzt. Blut tritt aus meinen Ballen, tropft auf den Boden. Ich lecke daran. Es tut gut. Schmeckt eigenartig süßlich. Widerlich.

Ich sehe Adeles Füße, die hin und her gehen, sich meinem Versteck nähern. Sie ruft mich, sucht mich. Nun kniet sie nieder, das vertraute Gesicht taucht auf. Sie spricht mit mir. Sanft klingt ihre Stimme. Ich drehe mich zur Wand, will sie nicht sehen. Ich habe genug mit mir zu tun.

Sie seufzt, verläßt das Zimmer. Ich versuche, sie zu ignorieren und möchte ihr doch am liebsten hinterherlaufen. Meine Ballen brennen. Ich weiß nicht, ob ich noch auftreten kann. Sie wüßte, was man nun am besten täte. Sie weiß immer einen Ausweg. Aber ich kann nicht. Ich bin zutiefst verletzt. Ich folge ihr mit den Ohren, begleite sie Schritt für Schritt, während ich meine kleinen Wunden lecke. Sie räumt das Geschirr in die Küche, holt den Besen. Es klirrt und scheppert. Ich hatte nur diesen Krach vernommen, dieses ohrenbetäubende Splittern und ihren Aufschrei, der mir durch Mark und Bein gedrungen war. Blindlings war ich drauflosgestürzt, um mich in Sicherheit zu bringen, hatte die unzähligen, funkelnden, scharfkantigen Vielecke wohl gesehen, die weit verstreut im Wohnzimmer gelegen waren, sie aber nicht wirklich registriert, und war ohne zu zögern, ohne die mir eigene Vorsicht walten zu lassen, darüber weggelaufen und hatte mir die Pfoten zerschnitten. Was kann ich dafür, daß Adele sich nicht mit diesem Nichtsnutz verträgt? Warte, bis ich mich etwas erholt habe! Ich werde aus meinem Versteck stolzieren, dir meine Pfoten vor die Nase halten und deine Schuldgefühle wecken. Du sollst sehen, was ihr mir angetan habt. Doch glaube ja nicht, daß ich mich von dir berühren lasse, solange du keine Konsequenzen ziehst. Ich habe meinen Stolz, und ich bin nachtragend.

Das wirst du noch zu spüren bekommen. Eine Katze vergißt nicht.

Aus! Vorbei!

Sie hat sich entschieden! Endlich!

Ich kenne mich nicht aus, weiß nicht, wieso sie nun plötzlich diese „Beziehung“ beendet hat. Ich will es auch nicht ergründen. Vielleicht hat meine kühle Haltung, meine klare Ablehnung jeder Zuwendung ein wenig nachgeholfen, vielleicht auch nur ihr Entsetzen über meine kleine Verletzung. Einerlei. Hauptsache: wir sind ihn endlich los. Natürlich hat sie geweint, das tut sie immer. Ich habe mich an die Gefühlsduselei inzwischen gewöhnt, ihr sogar gestattet, mich zu streicheln, weil ich mich so gefreut habe. Zum ersten Mal seit jenem Tag. Doch ihre Tränen sind rasch versiegt. Es ist irgendwie anders als sonst gewesen. Sogar das Türschloß hat sie inzwischen auswechseln lassen. Ich habe gar nicht gewußt, daß er einen Schlüssel zu unserer Wohnung besitzt!

Ich liege neben ihr auf dem Sofa und bin glücklich. Immer wieder streicht sie sanft über mein Fell, krault mich hinter den Ohren. Diese vertrauten Gesten trösten mich über vieles hinweg – all das Entbehrte, die Sorgen der letzten Monate sind beinahe schon vergessen. Es ist, als wären wir einander neu begegnet. Heute ist sie schon zu Mittag nach Hause gekommen und wir haben ausgiebig gespeist: Schinken, Käse, ein hartes Ei … Sogar auf ihrem Schoß habe ich sitzen dürfen. Sie hat mich gefüttert und gestreichelt und wieder gefüttert. Wie früher halt. Ich rechne es ihr hoch an, daß sie mich so verwöhnt. Träge lungern wir herum, genießen es, uns gehen zu lassen, keine Angst mehr zu haben. Ich habe ihn ja nie gebraucht. Nichts als Ärger mit dem Kerl. Und sie ist nun endlich auch zur Vernunft gekommen. Bloß keinen Gedanken mehr an ihn verschwenden – es ist schade um die Zeit!

Ich erhebe mich, strecke und dehne meine Glieder, lege mich erneut auf ihren Schoß. Sie hat sich frisch geduscht und duftet nach dem Parfum, das ich so gerne habe. Herrlich. Völlig unverständlich, daß er diesen Duft nicht gemocht hat. Schon daran hätten wir erkennen können, daß er einfach nicht zu uns paßt. Ich habe ihn auch nicht riechen können.

Ah, ist das angenehm. Adele krault mich unter dem Kinn, auf meinem Bauch. Welch wohliges Prickeln strömt durch meinen Körper! Ich räkle mich unter ihren sanften Händen, schutzlos, lasse alle Vorsicht fahren. Ich gebe mich ihr völlig hin. Endlich kann ich mich wieder auf sie einlassen, auf ihre Liebkosungen, auf ihre Zuwendung, muß nicht auf der Hut sein, mich vorsehen. Ich vertraue ihr völlig. Mehr, mehr, ich kann nicht genug bekommen. Es ist so schön mit dir.

Es läutet. Erschrocken fahre ich hoch. Er? Was will er noch von uns? Ich lauere, bin auf dem Sprung, bereit, mich in Sicherheit zu bringen, mich zu verstecken.

Nein, das gibt es nicht! Eine fremde Stimme …! Ein Neuer! Sie umarmt ihn! Küßt ihn! Ich verachte sie.

Schöne Illusion! Daß ich ihr genüge! Kaum sind wir den einen losgeworden, wirft sie sich dem Nächstbesten an die Brust. Wie charakterschwach! Ich werde nicht von meinem Sofa aufstehen. Ich habe meinen Platz in dieser Wohnung. Das muß gleich von allem Anfang an unmißverständlich festgestellt werden. Noch einmal passiert mir das nicht. Er braucht gar nicht glauben, daß er so mir nichts dir nichts in mein Reich eindringen, mich verdrängen kann. Ich war zuerst da. Ich drehe mich um, wende ihnen den Rücken zu. Ich werde ihn nicht beachten. Mit den Ohren verfolge ich gespannt jede seiner Bewegungen. Redet er mit mir? Er nimmt neben mir Platz! Unverschämt. Er bedrängt mich, nein, er hält bloß seine Finger unter meine Nase, damit ich an ihm schnuppern kann. Riecht nicht unangenehm, der Typ. Doch ich bin nicht interessiert. Ich brauche ihn nicht. Ich bin keine streunende Katze, die froh über jede Zuwendung ist. Man hat schließlich auch seinen Stolz. Was macht er jetzt? Ich erstarre. Sanft gleiten seine Finger über meinen Kopf, rutschen hinter meine Ohren, massieren zärtlich meine Haut. Ich will weglaufen, nein, ich will dableiben, ich bin zerrissen, ich... Ah! Nein, nicht, ich lasse mich nicht von jedem berühren. Mach weiter, ja, jetzt etwas tiefer, genau da. Ich sollte vorsichtiger sein. Wir haben schon genug erlebt. Man darf sich nicht mit Haut und Haaren ausliefern. Schutzlos! Jetzt wieder hinter meinen Ohren, unter dem Kinn. Bitte! Er zieht etwas aus der Jackentasche. Es ist Fleisch! Wie das duftet! Er öffnet das Päckchen. Zarte, leckere Fleischstückchen, feinst geschnitten, liegen in seiner Hand. Nur ein wenig kosten. Ich kann nicht widerstehen! Es schmeckt vorzüglich. Ich beobachte Adele aus den Augenwinkeln, schuldbewußt, während ich Stück für Stück dieser Delikatesse hinunterschlinge. Sie will nicht, daß ich im Wohnzimmer speise, noch dazu auf dem Sofa. Sie lächelt. Da werde ein anderer klug aus ihr. Ich bin verwirrt. Sitzt einfach da, anstatt mit mir zu schimpfen. Sie ist glücklich!

Das letzte Stück Fleisch habe ich verdrückt. Ich bin satt. Ich erhebe mich langsam, lecke mein Mäulchen, strecke und dehne mich, dann stolziere ich aus dem Zimmer. Ich bemühe mich, meinen Bewegungen Würde zu verleihen. Nur keine Hast, schließlich bin ich der Herr im Haus. Hier ist Haltung angebracht. Ich muß allein sein und in Ruhe über alles nachdenken. Im Schlafzimmer lege ich mich auf die Bettdecke, putze mich. Träge Müdigkeit lähmt meine Glieder. Sollte ihr am Ende ein besserer Griff geglückt sein? Bisher hat sie nur Lümmel nach Hause gebracht, die sich nicht um uns bemüht, ja, sie nur ausgenutzt haben. Es wäre eine neue Erfahrung. Vorsicht! Er wirkt nicht unsympathisch. Doch der erste Eindruck kann täuschen. Was wissen wir schon über ihn? Man muß auf der Hut sein. Er hat sich gut eingeführt. Und jetzt muß man einfach abwarten und sehen, wie sich alles entwickelt, denke ich schläfrig. Aber ich fürchte schon jetzt: ich bin käuflich.

Christine Werner

UMS BARTHAAR ENTWISCHT

*** ***McMunz****, rassiger Findling unbestimmter Rasse, auch Bussel-schnutz oder Rotzi genannt; lebt als schwererziehbares Familienmitglied in menschlicher Obhut; Vater: getigerter Streuner vom Zentralfriedhof, bekannt unter „Deckstrolch", Mutter: Baby-Blue, ehemals diskrete Siam-Hauskatze, als Flietsche verstoßen, seitdem freilebende Werferin von Simmering.*

Ach, Baby, hast DU ein rauhes Fell und ganz ohne Seidenhaar! Bist ein Siamvieh und kein Mensch. Solche überzüchteten Stammesverwandten spuken unerlaubt als Phantome in meinem Kopf. Zum Verwechseln ähnlich, dein spärlich menschbehaartes Bein. Läufst glücklicherweise nur selten nackt umher. Da lob' ich mir deine An- und Ausziehhüllen, die Funkelei in der Dunkelheit. Brrr. Oder bei Tageslicht zischt es. Schon beim Gedanken daran kommt mir das Zittern. Den Ärmel fange ich am liebsten – nicht zu vergessen: das Hosenbein. Aber darunter! Sagenhaft. Sieht aus wie mein abgeschorenes Hinterteil im vorigen Sommer, das über Nacht zur Stachelsteppe verkam. Seitdem du mir an die Flöhe gegangen bist, reizt mich deine Lederhaut aufs unangenehmste, Ehrenwort! Ich lasse mir einreden, wenn sich diese Biester wieder eingenistet hätten und so juckten, wie sie damals gejuckt haben, weißt du noch? Du liebe Güte, war das ein Theater. Eine richtige Tragödie. Ihr Menschen – ich bitte um Verzeihung, das muß einmal gesagt werden – ihr habt einen wunderlichen Orientierungsbegriff. Als wäre das der Weltuntergang, ein, zwei, drei Flöhe! Es fehlt euch an Instinkt! Am Wesentlichen! Schleppt uns beim geringsten Anlaß in dieses stinkige Haus, wo einem angeblich geholfen werden soll. Eine schöne Hilfe ist das! Das hat noch kein Kater gesehen, daß sich EUEREINS verpacken, verschnüren, einsperren und abtransportieren läßt. Kaum, daß ich ein Bein heben will – schon im Ansatz, beim ersten Zucken – werde ich der Unreinheit verdächtigt. Was nützt euch das, kiloweise Gerüche an mir zu verteilen und – anstatt sie gefälligst zu entfernen – verdünnt ihr das Zeug mit Wasser. Ekelhaft. Ihr macht mir die doppelte Arbeit! Komme kaum mit der Wascherei nach. Was halten denn meine Geschwister davon? Ich verstehe ja nichts von den Unsrigen, habe auch keinen Zugang zu den Kollegen. Läßt mich schließlich keiner hin. Wo gibt's die eigentlich? Von Katzen ganz zu schweigen. Interessieren mich nicht den Rattenschwanz einer Bohne. Tussenschlamperln. Hab' sie in der Nase, im Kopf ... Gespenster ungewissen Aussehens, die mich das Kribbeln lehren wollen. Alles Schimäre. Verwirrt den Verstand.

Ach, jetzt hat es mich wieder überkatert. Das war ein Fehler. Man soll sich nicht an dein unverhülltes Bein schmiegen. Bekommt einer direkt einen Niesanfall. Na gut, wenn die Blutsauger Überhand nehmen, dann ist einem das schon recht, so ein zusätzlicher Kratzbaum. Dafür würde sich deine Hornhaut bestens eignen. Gscht, gscht!, heißt es dann, wehe dir! Da frage ich dich allen Ernstes: Wozu HAST du ein rauhes Bein? Spielst dich gleich auf – dein berühmt-berüchtigter Anfall – bloß weil ICH etwas will, von dem DU nichts verstehst. Gnade mir, ich komm dir zu nahe mit der Pranke. Was willst du eigentlich? Mir die Krallen ziehen? Manchmal gehst du einem ganz schön auf die Nerven. Versteifst dich immer gerade auf das Gegenteil. Da sieht man, wie unterentwickelt du bist. Würde es dich sonst derart verwundern, daß in den meisten Fällen ICH den Sieg davontrage? Irgendwie KOMME ich jedenfalls zum Recht. Mit Tricks kenne ich mich aus. Wenn du wüßtest, wie befriedigend meine kleinen Triumphe sind! Ich bin wirklich stolz auf mich. Zwei funkelnagelneue Teppiche versaut, deine Lieblingsschuhe und den selbstgezüchteten Blumenstock. Na, was sagst du? Den Wohnzimmervorhang habe ich bereits im Visier. Bei der geringsten Kleinigkeit, die du dir erlaubst, muß er dran glauben. Selbst ihr, Herrscher über Kater und eure Kinder, werdet nicht bestimmen, ob ich mir was denk'. Ja, ich habe WIEDER etwas Gemeines gehört. Das flüstert mir dein Tonfall: Du willst mich zwei Wochen alleine lassen? Mit diesem Grobian? Der mir ständig auf den Schwanz steigt? Kommt EINMAL pro Tag, um mich zu füttern und wundert sich, daß ich in meiner Gier zwischen seine Beine laufe. Wenn er diesmal wieder so beharrlich mein Kistchen ignoriert, pinkel ich ihm in die Hosenstulpe. Und DU hast einen Bettvorleger gehabt, oder einen Nierenwärmer. In dein Bett wird der Frost einziehen. Komm nur zurück und tu falsch. Mein Schatzilein, Putzilein, Herzibinki! Da hat sich's ausgeschnurrt. Bring lieber eine Großpackung Heftpflaster mit. Deine Drohungen machen mir angst, zugegeben, ich hasse die Zeitung, den Knall. Aber nur ein bißchen. Fragt sich, wie es DIR ergehen wird, wenn die neue Sitzgarnitur zur Fransenbank mutiert ist. Was siehst du mich so an? Manchmal lege ich eben die Ohren zurück. Kann nicht alles schön sein, was ich denke. Ja, ja. Bitte ein Stück weiter rechts, ja, so ist es gut. Ich will jetzt auf deinen Schoß springen, mir ist kalt. Wie bitte? Da hört sich alles auf. Zuerst Lust machen und dann weglaufen. Ach SO ist das! Freßzeit! Das lasse ich mir einreden. Schrecklich, schrecklich, es überkommt mich, hilft mir denn keiner! Schön brav sein und warten. Nimmt mir denn nie jemand die Ewigkeit aus dem Sinn? Pfui Teufel, das zieht sich. DU mit deiner typischen Langsamkeit. Man sollte dich anschieben, du Mensch. Hopp, hopp, mach schon! Wie lange dauert das noch! Tagtäglich dieselbe Prozedur. Was treibst du? Kannst du nicht EINMAL ohne Gschistigschasti das Fleisch in die Schüssel geben? Wozu dieser Kasten gut sein soll, der jedes Mal kreischen muß, bevor ich zulangen darf? Dir ist scheinbar gleichgültig, ob ich mir die Zunge verbrenne. Schuld daran muß der Kasten sein. Ja, ja, manches werde ich nie begreifen. Weißt du, was ich von dampfenden Fressereien halte? Dir geht erst ein Licht auf, wenn ich den Matsch durch die Gegend schieße. Wer nicht verstehen will, muß putzen. Das ist eine lehrreiche Tätigkeit für euch.

Wird's bald? NEIN! Ich werde verrückt. DAS kannst du dir behalten! Allein der Geruch verursacht mir Brechreiz. Sieht aus wie ausgekotzter Menschenfraß. Widerlich. SELBER sich mit Hähnchen vollstopfen und an MICH unbrauchbare Reste verteilen. Riech ich's doch! Da oben! Der MIR zugeteilte Gestank deckt den Hühnerbratenduft NICHT zu. Dir werde ich helfen. So schnell kannst du gar nicht schauen, und dran bin ich am Herd. Das geht mir schon stundenlang an die Nase. Nur meine gute Erziehung hat mich zurückgehalten, aber das soll dich ruhig täuschen. Jetzt sind wir zufrieden, nicht wahr? Hast deine Schuldigkeit getan. Wohin des Weges? Mir soll's recht sein, leg dich nur aufs Ohr, hältst die kleinste Anstrengung nicht aus. Ich werde sicherheitshalber so tun, als wollte ich die Straße beobachten und aufs Fensterbrett steigen. Der unschuldigste, wohlerzogenste Kater bin ich. Ich will gelobt werden. Hm? Sieht wieder keiner. Um so besser. Bleib, wo du bist.

Laß mir meine Ruhe und mein Hühnchen. Womöglich fällt dir etwas ein, kommst nochmals herein, mußt etwas holen, hast etwas liegengelassen, brauchst eine Schlafhilfe ... bei dir ist alles möglich. Mmmh, wie das duftet! Ich halte es fast nicht aus. Niemand da? Lieber noch ein Weilchen warten. Bist ja unberechenbar, was die Vorsicht betrifft. Schläfst du erst fest, habe ich alle Zeit der Welt. Ein Ausbreiten wird das werden, eine ganze Wohnungsausbreitaktion. Keine einzige störende Menschenseele, wenn der Hühnerbügel von mir geschleudert und gejagt werden wird. Dafür lohnt sich's, dafür liebe ich das Leben, und wie ich es liebe, anbete, anschnurre, vergöttere!

So.

Hops! Und hier entlang, hops. Jaaaaa!

Am herrlichsten ... sehr weich, das Fleisch ... am herrlichsten ... mmmh, der Gipfel, die höchste Sprossenwand, der oberste Regalpfosten, IST DAS AROMA. Hups, das drückt im Hals. Wieder zu schnell geschluckt. Chrr, chch, heraus damit! Wunderbar, diese freie Entscheidung. Auseinander mit dir, Hühnerhautschwarte! Wozu hat man Krallen – die schärf' ich mir danach am Einkaufskorb. Hoppala! Wirst du dableiben! Dort hängt üblicherweise das Küchentuch! Nicht schlecht! Ein richtiger Volltreffer. Da hab' ich dich! Wofür DIE eine Leiter brauchen! Benützen ihre Streckfähigkeit nur für Knopfgeräte. Überhaupt haben die für alles ein Gerät. Gerade gut zum Ignorieren. Ohh! Die Miniaturausgaben! Hab' ich etwa die Zeit durcheinandergebracht? Gleich wird einer den Schlüssel ins Schloß stecken. Der Größere gehört zwar nicht zum Haus, kommt aber immer mit. Sind sprunghafte Quälgeister. Alles, was mein Katerverständnis ist: Von JEDEM brauch' ich mich nicht auf den Arm nehmen lassen. Bildet sich ein, mir gefiele das.

Bin ja kein Schoßhund! „Siehst aus wie ein Kuscheltier“, hat er gesagt. Von dem laß ich mir gar nichts sagen. Von dem nicht. Bricht einem die Knochen in seinem Überschwang. „Z, z, z! Was haben wir denn da? Bussi, Bussi!“ Eine Riesenfrechheit erlaubt sich der. Benimmt sich, als wäre er hier zu Hause und verbreitet seine fremde Ausdünstung. Stundenlang hängt das in der Luft. Mach' ein Nickerchen, wach' auf, denk': Zu so später Stunde noch immer nicht fortgegangen ... Von wegen! Weg ist er, und verseucht noch nachträglich den Raum.

Flucht! Vorsicht, Rutschgefahr, um die Ecke, hinein, und zur Sicherheit in den Wäschekorb. Wo, wo, wo, na, WO ist denn der liebe Kater? Hat sich IN LUFT AUFGELÖST.

Unüberhörbar. Die plärren, daß sogar einer toten Maus der Gehörgang platzt. Wenigstens ihre Wäsche riecht halbwegs neutral. Ist KEINE Selbstverständlichkeit. Darüber könnte ich ein Lied singen, nachtfüllende Jämmerlichkonzerte miauen. Was ein ordentlicher Mensch sein will, der wechselt seine Gerüche wie ein Kater das Winterfell. Bloß der Rhythmus ist beliebig. Beliebig und ohne Sinn und Zweck. Pardon, das war nicht meine Absicht. Ein paar Fäden gezogen ... tja, wenn auch ein Loch gerissen wär' – ist das meine Schuld? Such' ja nicht zum Vergnügen das Weite. Kein Auskommen, manchmal, im freien Gelände. Wäsche ist schon was Feines. Erstens wärmt es mich, zweitens dämpft es das Geschrei, drittens macht es mich unsichtbar. Jeder muß sehen, wo er bleibt im täglichen Kampf um sein Recht. Zeit für ein Schläfchen. Soll die Katastrophe hereinbrechen – in meiner Höhle kann's mir egal sein, die hab' ich gehörig markiert. Noch einmal drehen, das harte, runde Ding vergraben, au! ... Gut so. Auf ein Kuscheliges. Gleich hab' ich mich. Bye, bye, mein liebes Mißtrauen. Ich pfeif' auf dich, auf euch … nun schlaf schön, Süßer, Bester, gehörst dir ein Stündchen allein … und pst.

Ellen Widmaier

MEIN LETZTER SOMMER MIT VENJA

**** **Schnute** alias **Tigerrute** heißt die (heilige?) Streunerin vom Piliongebirge. Ihren Namen verdankt sie jener kleinen Freundin, die eines Tages in ihrem Revier auftauchte, einer weißen Kieselbucht des Ägäischen Meeres ...*

Hier auf dem heiligen Pilion ging es schon immer etwas merkwürdig zu. Meine antiken Vorfahren hatten ein gut nachbarschaftliches Verhältnis zu den Löwenfrauen, den Berg- und Quellnymphen, und die wilde Artemis, unsere Schutzgöttin, kannten sie noch persönlich, bevor sie ins Exil ging. Götter nahmen problemlos Tiergestalt an, man wußte nie, mit wem man gerade zu tun hatte. Auch unsere Zentauren sollen angenehm im Umgang gewesen sein. Ich meine nicht die brutale Vergewaltigerclique; diese Linie war damals bereits degeneriert, zu sehr vom Pferd auf den Menschen gekommen, Theseus hat ja dann mit ihnen aufgeräumt. Mein Respekt gilt der Linie des Chiron, der so weise war, daß man von weit her in seine Berghöhle kam, um sich Rat zu holen. Vielleicht erklärt sich daher die starke Anziehung, die Pferde- und Maultiermist auf mich ausüben, selbstverständlich nur in getrocknetem Zustand, ich verabscheue feuchte Exkremente und diejenigen, die sie überall herumliegen lassen. Dieser Spleen, mich ab und zu im Mist zu wälzen, sollte weitreichende, um nicht zu sagen tragische Konsequenzen haben. Doch ich will nicht vorgreifen.

Ich bin hier geboren, in der Gegend des Platanakia. Ein Bergidyll mit frischen Quellen und üppiger Vegetation auch im Hochsommer. Der Südhang meines Reviers läuft aus in eine versteckte, kleine Bucht, weiß gebleichte Kieselsteine bedecken den Strand, tiefblau funkelt das Ägäische Meer. Das hat sich herumgesprochen und zieht die Touristen an – ach, was gibt es doch für himmelweite, beziehungsweise abgrundtiefe Unterschiede zwischen den Zweibeinern der Gattung Mensch …

Mein erstes Lebensjahr war beklagenswert, doch will ich nicht jammern, mein Schicksal war nicht besonders originell und würde Sie langweilen. Ein gemütliches Wohnzimmer, ein Nickerchen auf dem Sofa habe ich nie kennengelernt. Glauben Sie mir, es war nicht meine freie Entscheidung, mich als Halbwilde durchzuschlagen. Inzwischen habe ich mich daran gewöhnt und bin stolz auf meine Fähigkeiten. KatzenkennerInnen würden mir Scharfsinn, schnelle Auffassungsgabe und Erfindungsgeist bei Problemlösungen bescheinigen. Ich würde mich gut machen als Champion, doch wurde ich bisher nicht zur Weltausstellung eingeladen, man achtet zu sehr auf Äußerlichkeiten.

Obwohl ich mein Revier nie verlassen habe, bin ich allem Neuen gegenüber sehr aufgeschlossen. Jahrelang habe ich unvoreingenommen die Fremden beobachtet und von ihnen angenommen, was mir gut erschien. Schnurren zum Beispiel, dieses wunderbar zufriedene Gefühl in der Nähe einer menschlichen Hand oder gar bei ihrer Berührung, hat mir meine kleine ausländische Freundin beigebracht. Natürlich verfügte ich über die entsprechende Atemtechnik schon vorher, aber was ist Technik ohne Gefühl, es ist wie Kauen ohne Geschmacksnerven – nein danke. Wenn es eines Tages so weit mit mir kommen sollte, verkrieche ich mich endgültig in mein Baumloch.

Venja war es auch, die mich taufte. Ich hatte ja nie einen Namen gehabt. Selbstverständlich benutzte sie kein Wasser bei der Zeremonie, sie war immer äußerst feinfühlig und respektvoll mir gegenüber. Es war im zweiten Sommer. Sie ließ mich nicht aus den Augen, als sie mich eines Abends ein Stück auf dem Eselspfad den Hügel hinauf begleitete (damals wahrte ich noch einen gewissen Sicherheitsabstand). Die Gewürzkräuter erfüllten die Luft mit ihrem Aroma. Als wir an meinem Minzenstrauch vorbeikamen, konnte ich nicht widerstehen. Ich tänzelte um ihn herum. Venja fand das lustig. Ihre Freude war ansteckend, ich bot ihr eine Performance mit possierlichen Hüpfern und einwärts gedrehten Sprüngen, schnüffelte den berauschenden Duft des Krauts, schnappte immer wieder nach den trockenen Stielenden und wäre Venja fast um ihre gebräunten, warmen Knöchel gestrichen. „Du Minzmieze“, rief sie. Sie griff mit beiden Armen in den Strauch, streifte Blüten und Dolden von den Stengeln, warf sie hoch über mir in die Luft und verkündete:

„Ich taufe dich mit Wundersamen
auf den wunderbaren Namen
Sandfloh, Fellchen, Tigerrute
Ach, du Heilige Schnute!“

Den Sandfloh verzieh ich ihr. Sie war sehr kreativ, nicht nur im Erfinden von Spielen und Nonsens-Sprüchen, auch im Zeichnen und Malen. Von dem Tag an hieß ich „Schnute“.

Ob meine Schnauze wirklich heilig gesprochen werden kann nach all dem, was am Ende in der Bucht passiert ist, das überlasse ich Ihrem späteren Urteil.

Ich will der Reihe nach berichten, doch haben Sie Nachsicht, Disziplin ist nicht meine Sache.

Sie kamen zweimal im Jahr, zu Ostern und in den Sommerferien. Er hatte dem alten Jorgo die Bucht abgekauft, drei Dutzend Olivenbäume inklusive, die meisten trugen nicht mehr, den Rest durfte Jorgo weiterhin ernten. Der Strand ist zwar öffentlich, aber die Bucht von Land aus nur schwer erreichbar, und so verfügte er über ein quasi privates Ferienparadies.

Sie kamen im Schlauchboot, mit lautem Motor. Von meinem strategischen Beobachtungsposten, auf der zweiten Astetage meines Olivenbaums, gut getarnt im silbriggrauen Blattwerk, wo stets eine leichte Brise fächelt, hatte ich alles unter Kontrolle – nein, hatte ich nicht. Sie bauten in meinem Revier ihre Zelte auf, und ich konnte es nicht verhindern.

Venja teilte die Begeisterung der Erwachsenen gar nicht. Ihre zarten Fußsohlen brannten auf den heißen, groben Kieseln. Im Wasser hatte sie keinen Spaß, auch nur Steine, und sie konnte nicht schwimmen. Ich verstand das sehr gut, ich schaue mir das Meer auch lieber vom Land aus an, obwohl ich theoretisch schwimmen kann. Die Fischer hier gehen ihr Leben lang nicht ins Wasser, obwohl sie alle schwimmen können. Sagen sie zumindest.

Die Hitze machte Venja zu schaffen. Ihre Mutter fuhr häufig mit ihr in die benachbarte Bucht, dort gibt es einen Sandstrand. Venja konnte sich abkühlen und lernte bald schwimmen. Jetzt konnte sie nichts mehr halten. Sie tummelte sich im Wasser, erkundete den Strand mit seinen bizarren Stein- und Muschelformationen, die Felsen, alle Einzelheiten des Geländes (kein Bruchteil von meinen Kenntnissen, natürlich); sie war ein munteres, aktives Kind. In den Ruhephasen war sie ernst, die Mutter las ihr oft vor. Ein Mädchen in ihrem Alter kam mehrere Wochen zu

Besuch. Obwohl ich Venja mochte, zögerte ich lange, bevor ich mich zeigte.

Er war mir von Anfang an suspekt, ich kann nicht erklären warum, es war reine Intuition. Von früh bis spät nuckelte er an seiner Pfeife. Er gab sich locker, freundlich, hilfsbereit und hatte gute Einfälle. Er baute Venja eine Schaukel mit Blick aufs Meer, brachte ihr bei, wie man schnorchelt und nahm sie zu den Bootsfahrten mit, ließ sie sogar ans Steuer. Er kochte und brutzelte gern. Venja war etwas pingelig, wie man so sagt, Gemüse mochte sie nicht, aber an seinen gebratenen Tintenfischen fand sie großen Geschmack. Sie hatte ihn offenbar zu ihrem Ersatzpapa erkoren.

Ich gebe zu, er war ein Blender, nicht leicht zu durchschauen. Schon gar nicht von einem Kind.

Ich hatte mich schon mehrmals herangepirscht, um die Versorgungslage zu erkunden. Als Venja mich das erste Mal sah, hatte sie keinerlei Angst, obwohl ich mich in lauernder Drohstellung präsentierte. Es war ein heißer Tag, die Sonne knallte, meine Pupillen waren senkrechte Schlitze und blitzten wie gefährliche Messer. Das schien sie nicht zu beeindrucken.

„Da kommt mein Tigerbaby“, flötete sie, als sei ich seit Jahren ihr Schoßkätzchen. „Du kannst bestimmt was zu trinken gebrauchen.“

Das war gar nicht so falsch.

Sie ging an ein Blechregal, holte ein Schälchen und öffnete den Kühlschrank, den sie in einem Bretterverschlag aufgestellt hatten (der Generator brummte Tag und Nacht und vertrieb alles Kleintier – diese Leute brachten jedes Mal die ganze Infrastruktur meines Reviers durcheinander). Venja goß Milch – jawohl, echte H-Milch – in die Schale, drehte den Wasserkanister auf, verdünnte die Milch und brachte sie auf die richtige Trinktemperatur. Ach, meine kleine Freundin, sie war damals kaum acht Jahre alt und schon so klug und einfühlend. Ich konnte das gar nicht genug würdigen, ich war anfangs sehr mißtrauisch. Sie stellte mir das Schälchen ein paar Meter weiter weg ins Gebüsch, dort konnte ich gefahrlos dem Luxus des Genusses frönen.

Er kam kurze Zeit später, sah, daß der Kanister tropfte und meckerte mit ihr herum, gab das aber als wohlgemeinte Belehrung aus. Sie senkte schuldbewußt den Kopf auf ihr Zeichenpapier.

„Ist ja schon gut", sagte er, „gib mir ein Küßchen, es ist alles wieder gut."

Das war es nicht, was sie wollte, trotzdem drückte sie ihm einen Kuß auf die verschwitzte Backe, die er ihr aufdringlich vor die Nase hielt.

Mir gegenüber heuchelte er Sympathie, um ihr zu gefallen, in Wirklichkeit verabscheute er mich. Er war ein Hundetyp. Er erwartete Dankbarkeit, Demut, den Dackelblick, wenn Sie wissen, was ich meine. Wenn Venja nicht hinschaute, warf er die in Öl gebratenen Fischschwänze, eine wahre Delikatesse, in den Müllsack. Venja hatte durchgesetzt, daß sie in meinen Freßnapf gehören. Ratten und Mäuse würden angelockt, hatte er behauptet. Er tat immer so, als wüßte er genau Bescheid, der Angeber! In jenem Sommer gab es Maulwürfe, aber kaum Mäuse im Revier, von Ratten ganz zu schweigen. Dafür gab es viele Schlangen, und ich hielt ihnen so manche vom Leib.

So begann meine Freundschaft mit dem Kind. Aber dann fuhren sie ab, und ich wußte nicht, ob ich sie je wiedersehen würde.

Immerhin, der Bussard hatte sich verzogen während der sechs Wochen, die sie lärmend die Bucht bevölkerten. Das wirkte sich günstig auf meine herbstliche Speisekarte aus. Auch den Winter überstand ich gut. Eleni und Dimitri, die etliche Jahre im Ausland gearbeitet hatten, kehrten nach M. zurück und legten den Stall für das Maultier trocken. Dort verbrachte ich so manche kalte Nacht. Wenn sie mich erwischten, fluchten sie, aber es war nicht echt. Sie duldeten mich. Früher hatten sie mich mit Holzscheiten verfolgt oder Steine nach mir geworfen. Vielleicht haben sie selbst in der Fremde wenig Interesse und Freundlichkeit erfahren und deshalb Milde und Toleranz zu schätzen gelernt.

Der zweite Sommer begann mit den Sitzungen für meine diversen Porträts. Die ersten beiden Wochen war die Stimmung gut, später lag etwas Bedrückendes und Schwüles in der Luft. Venja hängte jede neue Zeichnung von mir – sie benutzte Wachsmalstifte oder Pastellkreide – weithin sichtbar an die Tür des großen Blechschrankes, als könnten die Bilder ihr Trost und Kraft geben und ein drohendes Unheil abwenden. Aber der Reihe nach ...

Morgens waren wir oft allein. Sie saß im Schatten am großen Tisch, wo die Mahlzeiten immer eingenommen wurden, und hatte ihre Utensilien ausgebreitet. Ich saß oder lag nicht weit davon entfernt zusammengerollt unter einem Salbeistrauch, halb schlafend, mit einem inneren Auge die Szenerie überwachend, nichts entging mir. Sie kam manchmal zu mir und studierte ihr Objekt aus der Nähe. Sie porträtierte recht gut meine großen, schräggestellten Augen, graugrün bis hin zu Olive, der obere Rand verläuft mandelförmig, unten sind sie rund geformt. Meine Ohren zeichnete sie eindeutig zu groß, ästhetisch betrachtet nicht sehr schmeichelhaft, aber vom Nützlichkeitsstandpunkt aus akzeptabel. Sie verpaßte mir Haarbüschel im Ohr, die konnte ich bei der Hitze gar nicht gebrauchen. Beim nächsten Bild korrigierte sie sich. Und meine Schnurrhaarkissen! Ich bin von schlanker, geschmeidiger, aber muskulöser Gestalt, genau wie Venja, und die dicken gepolsterten Bäckchen paßten nun mal gar nicht zu mir. Das Stärkste war, daß sie, um die Farbe und Form meiner Fußballen zu studieren, einfach meine Pfote nahm und sie umdrehte. Ich war so perplex, daß ich mich nicht wehrte. Sie hatte einen sanften Griff und ihre Hand duftete, ja, das war unser erster körperlicher Kontakt, ich verspürte eine große Zärtlichkeit für sie und ließ es zu, daß sie mich streichelte.

Kurz darauf kam er. Er störte, das war offensichtlich, sie arbeitete sehr konzentriert und war fast fertig mit dem neuen Bild, da patschte er ungefragt mit seiner Pranke auf ihren nackten Oberarm und fragte, ob sie mitkomme in die Felsen. Zum Klettern. Mir war aufgefallen, daß er in diesem Sommer, wenn die Mutter nicht dabei war, anders mit Venja umging. Venja antwortete nicht. Er ging den Pfad hinauf zu der Plattform, wo das Zelt stand, in dem Venja mit ihrer Mutter nachts schlief.

Mein Gehör ist doppelt so gut wie das dieses zweibeinigen Lügners und seiner Gattung. Mich konnte er nicht täuschen.

„Venja möchte gern in die Felsen", sagte er zu ihrer Mutter, die auf einem Handtuch lag und las. „Willst du die Pfirsichmarmelade kochen oder mitkommen?" Dabei küßte er sie auf den Hals.

„Soll ich?" fragte sie zögernd. „Lieber nächstes Mal. Seid vorsichtig. Venja soll die Turnschuhe anziehen."

„Die Kletterschuhe", sagte er beflissen, „die haben wir doch nicht umsonst gekauft."

„Die meine ich“, antwortete sie lächelnd, „du bist ein Pingel.“

In gespielter Verzweiflung sagte er: „Ach ja, immer mein fürsorglicher Drang. Und was ist der Dank?“

Sie lachte, stand auf, ging ein Stück den Weg hinunter und rief in unsere Richtung: „Viel Spaß, mein Schatz. Und paß gut auf, wo du hintrittst.“

Ich folgte den beiden lautlos in sicherer Entfernung. Ich kenne die Felsen gut. Vor Jahren hatten wir eine sehr schlechte Mäusesaison, auch die Fischer putzten ihre Netze in einer anderen Bucht und ließen nichts für mich am Strand zurück. Damals war ich gezwungen, in einer Felsenhöhle Wildtauben zu jagen; Aufwand und Ergebnis standen leider in keinem ökonomisch vertretbaren Verhältnis.

Sie waren schon ein ganzes Stück gegangen. Weit und breit kein menschliches Wesen. Das gefiel mir nicht. In diesem Sommer hatte er einen Zaun hochgezogen, um Bootstouristen fernzuhalten. Die Freunde, die die Ferien mit ihnen hier verbrachten, waren für einige Tage auf die Inseln gefahren. Venja war sehr gut im Klettern. Auch tiefere Felsspalten schaffte sie mit großer Geschicklichkeit. Doch dann hob er sie über einen Vorsprung, ließ sie auf der anderen Seite nicht mehr aus den Armen, setzte sich, das Kind auf dem Schoß, und begann, ihre Waden zu streicheln, gab vor, sie massieren zu wollen, knetete ihren Nacken, küßte sie plötzlich, erst auf den Nacken, dann bog er ihren Kopf zu sich herum und küßte sie auf den Mund. Aber kann man das Küssen nennen? Eine unkontrollierte Gier ging hinweg über den zitternden Mädchenleib. Ich war jetzt knapp hinter ihnen, mein Rückgrat flach auf den Felsen geschoben, setzte ich reflexartig zum Sprung auf seinen Nacken an, begriff aber im letzten Moment, daß sein Halswirbel ein paar Nummern zu groß für mich war. Was die Technik betrifft, bewundere ich den Bussard. Haben Sie einmal beobachtet, wie er sein Beutetier mit einem gezielten Schlag seines Hakenschnabels köpft? Aber auch er wäre in diesem Falle machtlos gewesen, das tröstete mich ein wenig. Ich fauchte. Mein Fell sprühte Funken. Erschrocken drehten sie sich um. Venja sah mich und begann zu weinen, sie schlotterte vor Angst.

„Ich will zurück“, sagte sie. Er stand auf, strich ihr T-Shirt glatt, und sie machten sich auf den Weg.

Diesmal hatte ich Schlimmeres verhindert, aber ich wußte, ich konnte sie nicht schützen. Hier in der Gegend gibt es Seidenwürmer. Sie liefern Ware für die feinen Leute. Die Würmer lassen sich mit Maulbeerblättern füttern und spinnen ihre dichten Kokons. In gewisser Weise war er so ein Wurm. Er ließ sich von ihr füttern, verschlang alles, was sie ihm notgedrungen gab, und wickelte sie ein in sein korruptes Gespinst. Ich spürte, daß sie nicht die Kraft hatte, sich aufzulehnen. Irgendwie liebte sie ihn oder das, was sie sich wünschte: einen väterlichen Freund, Familie, Harmonie. Und der Mutter, nichtsahnend, erging es vielleicht ähnlich.

Einmal war ich selbst Mutter. Man nahm mir die Jungen weg und ertränkte sie. Später hatte ich noch eine Totgeburt, das war alles.

Einige Tage darauf hatte ich ein seltsames Erlebnis.

Nirgendwo sonst gibt es so viele Nachtigallen wie hier auf dem Pilion, behaupte ich. Im Juni und Juli singen sie Tag und Nacht ohne Ende. Ihre schmelzenden Schluchzer, die sich mit dem leisen Gemurmel der Wellen verbinden, konnten mich nie betören. Ich bin nicht wählerisch, was Vögel betrifft. Wenn ich satt bin, interessieren sie mich nicht, zum Spielen suche ich mir lieber ein Nest mit jungen Geckos unter einem Stein.

Ich hatte Hunger an diesem Abend. Ich lauerte am Fuße einer Platane und wollte mir eine Nachtigall genehmigen. Ein Rattenfilet wäre mir lieber gewesen, aber wahrscheinlich hatten sie mal wieder Gift gelegt. Mein Schwanz zuckte erregt, ich schlug meine Krallen in die mürbe Rinde, da traf es mich wie ein Schlag. Ein klagender, weicher Ton direkt über mir. Ich glaubte, Venjas Stimme habe sich im Baum verirrt. Meine Krallen machten schlapp, meine Läufe waren wie gelähmt. Ich verzog mich. Der Geschmack an Nachtigallen ist mir damals für immer vergangen.

Der September kam und mit ihm der Aufbruch. Am letzten Abend ging der Mond auf über der Bucht, als Venja noch packte. Ich schlich mich an ihr Zelt und schnurrte. Sie hörte mich und ging ein Stück mit mir den Hügel hinauf. Wir saßen im Mondlicht, ich rieb meinen Kopf an ihrer Hand. Sie hatte ein schmales Lederriemchen um ihr Handgelenk gebunden. Den Geruch des Leders, vermischt mit dem Geschmack von salziger See und Venjas ganz eigenem Duft, werde ich nie vergessen. Ich suchte ihren Blick und gab ihr von meiner Kraft, die ich auf dem Weg gesammelt hatte.

Die darauf folgenden Osterferien sind mir nur noch in blasser Erinnerung. Ich hatte eine schlechte Zeit.

Gleich zu Anfang beleidigte er mich. Sie saßen am Tisch und aßen, als ich mich in einiger Entfernung blicken ließ, ihnen jedoch keine Beachtung schenkte. Venja zeigte in meine Richtung und beschrieb gekonnt die unnachahmliche

Eleganz meines Ganges: Mein Rücken wiegt sich rhythmisch hin und her wie bei einer Wildkatze. Sie überlegte laut, ob es mir wohl gefallen könnte, meine Heimat zu verlassen und ihre Hauskatze zu werden. Er winkte ab.

„Katzen sind doch alle gleich", sagte er. „Schaff dir eine junge an, die du dir erziehen kannst."

Venja wandte indigniert den Blick ab (auch darin war sie mir ähnlich). Die Mutter mischte sich ein. Es kriselte jetzt öfter zwischen ihnen.

„Venja hat etwas anderes gefragt", sagte sie zu ihm.

Schlechte Stimmung. Ich verzog mich. Die Zikaden waren unerträglich an diesem Mittag. Es sind ja typischerweise die männlichen Exemplare, die diesen nervtötenden schrillen Zirpton absondern. Wenn ich eine erwischen kann, ist kurz Ruhe. Dann geht es um so heftiger wieder los – die reinste Sisyphusarbeit.

Ich hatte Lust, jemanden zu ärgern.

Bei Maria, der Frau des neureichen Immobilienhändlers, der die Woche über in Volos lebt, liegt ab und zu ein verfilzter Perserkater im Fenster. Sie behauptet, er wäre besonders intelligent. Bestimmt ist er von Parasiten befallen. Im Herbst fängt er sich regelmäßig einen Husten und röchelt vor sich hin. Ich machte mich auf den Weg dorthin. Er lag tatsächlich auf seinem weichen Sofakissen auf der Fensterbank. Ich schlich mich an, mein Blick wurde stechend, dann sprang ich hoch und fauchte ihn an. Ich wollte nur den Schrecken in seinem dümmlichen Pekinesengesicht sehen.

Kurze Zeit später wurde ich krank. Ein übler Darminfekt hatte mich erwischt. Ich lag viele Tage und Nächte zusammengerollt in meinem Baumloch, mußte dann mit äußerster Kraftanstrengung in einen verfallenen ehemaligen

Schafstall umziehen, weil es dauernd regnete; ich dachte, es ginge zu Ende.

Irgendwann schaute ich wieder bei Venja vorbei. Sie hielt sich vor lauter Schreck die Hand vor den Mund, als wäre ich zu einer skelettierten Geistererscheinung mutiert. Sie kümmerte sich rührend um Schon- und Aufbaukost, dünstete frischen Fisch kurz an, vermischte salzlosen Reis mit Hackfleisch und etwas Auberginenmus; schnell kam ich wieder zu Kräften. Ich wurde sehr anhänglich in dieser Woche. Fast beschlich mich Wehmut, als der Tag der Abreise nahte.

Der Rest ist schnell erzählt.

Es war mein letzter Sommer mit Venja.

Sie waren kaum angekommen, da wurde sie krank. Erbrechen, Durchfall, Fieber. Die Mutter wich Tag und Nacht keine Stunde von ihrer Seite. Er trug das Kind den Hügel hinauf, so schwach war sie. Sie fuhren mit ihr zum Arzt. Der verordnete strenge Diät. Angeblich ein Virus.

Langsam ging es ihr wieder besser. Ich schlich mich zu ihrem Zelt, tagsüber nur ein Moskitonetz, und schnurrte in diskretem Abstand vor ihrem Ohr. Sie flüsterte mir liebe Worte zu, lobte meine Lernfähigkeit und Treue, für eine halbwilde Streunerin alles andere als selbstverständlich.

Es wurde beschlossen – einige Freunde waren angekommen –, eine Wanderung nach T. zu machen. Er baute ein Haus in diesem Sommer und wollte nicht mitkommen. Venja blieb mit ihm und einem Pärchen, das sein Zelt in der Nähe des Strandes aufgebaut hatte, zurück. Noch vor Sonnenaufgang zogen sie los. Sie sagten, daß es spät werden könne, und nahmen Taschenlampen mit.

Ich will nichts auslassen bei der Schilderung dieses denkwürdigen Tages.

Wie Sie wissen, wimmelt es von Kleinsterregern im Pferdedung. Für eine Katzenwäsche war nicht mehr die Zeit, ich mußte los. Als ich auf dem Kamm angelangt war, von wo der Eselspfad in die Bucht hinabführt, spürte ich einen stechenden Schmerz im linken Hinterballen. Ein Disteldorn, ziemlich tief. Ich verlor kostbare Zeit. Auf halber Strecke hatte ich es geschafft, ich leckte und preßte ihn heraus. Es war inzwischen dunkel geworden.

Ich wußte sofort, daß etwas nicht stimmte. Von weitem schon hörte ich ein schwaches Wimmern und Stöhnen aus Venjas Zelt.

„Laß mich doch, ich bin so müde." Das war ihre Stimme. Als ich näherkam, roch ich seinen schleimigen Altmännergeruch, und ich wußte, was passiert war.

Ich war die einzige Zeugin. Das Pärchen saß eng umschlungen am unteren Ende des Strandes. Niemand würde ihn je zur Rechenschaft ziehen. Und kein Gericht würde seine Gutachter bei mir vorbeischicken, um sich Rat zu holen wie in den alten Zeiten.

Er stand auf, zog seine Hose an und öffnete den Reißverschluß des Zeltes. Ich lauerte ihm auf. Was hatte er vor? Er ging auf die Büsche zu. Als er breitbeinig pinkelte, war mein Moment gekommen. Ich setzte zum Sprung an und schlug meine Krallen in seine Wade. Er schrie auf. Drehte sich um. Ich sprang zurück, wollte aber, daß er mich sah, meine funkelnden Augen fixierten ihn.

„Verdammtes Biest", fluchte er.

Dann stapfte er zum Blechschrank, um Watte und Tinktur zu holen. Er fand nicht, was er suchte. Vielleicht war er betrunken. Er trollte sich und verschwand in seinem Zelt.

Eine Woche später war er tot. Tetanusinfektion. Unzureichender Impfschutz. Die letzten Tage hatte er in einem Spital verbracht.

Auf unserem heiligen Berg halten wir doch irgendwie alle zusammen, hätte ich fast gesagt. Doch das würde mir eine Absicht unterstellen, die ich so nicht hatte. Und Tetanuserreger gehören nicht unbedingt zu meinen Freunden.

Venja weinte viel. Es bekümmert mich noch heute, daß ich sie nicht trösten konnte. Dann brachen sie ihre Zelte ab und verschwanden.

Ob sein Tod tragisch war? Nein, sage ich. Für antike Tragik fehlte ihm das Format. Tragisch war, daß ich meine kleine Freundin verlor und nichts mehr für sie tun kann. Die Bucht wurde verkauft. Ob ich Venja noch einmal wiedersehe? Ich gehe in mein zwölftes Jahr und werde allmählich müde. Neulich habe ich einen Zahn verloren. In meinen Hinterläufen zieht es schmerzhaft, wenn die Winterstürme sich ankündigen und die salzige Feuchtigkeit den Hügel heraufzieht. Zu gern würde ich mir ein Lächeln aus ihren schrägen, schmalen Augen fangen und Witterung aufnehmen, ob sie traurig oder glücklich ist.

Ist sie das nicht dort unten? Meine Augen beginnen zu schwimmen.

CATBIOS

Ricarda BILGERI, geboren 1929, 40 Jahre lang als Diplomkrankenschwester tätig, ein unehelicher Sohn, seit 1989 Pensionistin; lebt in Vorarlberg; zahlreiche Veröffentlichungen in Anthologien; Hörspiele, Theaterstücke; *Kinderlandverschickung*, Roman; *Habe die Ehre*. Texte, 1995; *Die Verdrängung*, Roman, 1998; Preise und Stipendien.

Monika-Katharina BÖSS, geboren 1950 in Bingen-Büdesheim, schreibt Prosa, Erzählungen und Romane.

Jana A. CZIPIN, geboren 1969 in Krems/NÖ; Studium der Publizistik und Geschichte, Institutsreferentin an der Universität Wien und Webcontent-Managerin, seit 1992 journalistische und literarische Veröffentlichungen in Literaturzeitschriften, Magazinen, Anthologien und im Internet; Buchpublikation: *Hotel Sacher: Lyrik und Prosa*, September 1999, Walzwerk-Verlag, Berlin; Längere Reisen nach Südostasien und Mittelamerika, Moderatorin des Bereiches Literatur in der Wiener Online-Community BlackBox; http://members.blackbox.net/Angelika.Czipin

Maja DONCSECS, geboren und aufgewachsen in Basel/Schweiz, wohnt seit der Heirat 1956 – immer noch mit demselben Mann – in Wien; zwei Töchter, ein Sohn und vier Enkelinnen sorgen für Turbulenzen und Schönwetterphasen; schreibt v.a. humorvolle Texte, veröffentlicht in Anthologien und ist seit 1988 Mitglied der Arbeitsgemeinschaft Autorinnen.

Maleen FRIESE, geboren 1970 in Schwerte/Ruhr, studierte Geschichte und Pädagogik in Bochum und Dortmund. Lebt mit Kater Willy als freie Fernsehredakteurin in Dortmund.

Ursula HAAS, geboren in Usti nad Labem/Tschechien, studierte Germanistik, Geschichte und Pädagogik in Bonn. Sie lebt in München und arbeitet hier als freie Autorin in den Genres Lyrik, Erzählung, Roman, Theaterstück, Essay und seit 10 Jahren besonders auch als Librettistin. Sie schreibt Opern- und Konzertlibretti wie *Freispruch für Medea* (UA Hamburg 1990/1995) und die Oper *Medea* (UA Opéra Bastille, Paris 2002) für den Komponisten Rolf Liebermann; für Adriana Hölszky *Flöten des Lichts* und für Paul Engel das Libretto zur Kammeroper *Boehlendorff*. Den Erzählertext des Bassa Selim zu Mozarts *Entführung aus dem Serail*, konzertant, für D. Fischer-Dieskau und Bruno Ganz (1999/2000 München, Lucerne). Die multimediale Theaterperformance *Das Kind, die Toten und ein Hund* kam 2003 in Boswil/Schweiz ebenso zur Aufführung wie ihre politischen Texte *Du bist!*, die September 2003 beim *Rheinland-Festifall* mit den Videos von Beat Toniolo auf den Rheinfall von Schaffhausen projiziert wurden. www.potessa.de

Angelika HACKER, geboren 1964 in Wien, Tätigkeit als diplomierte Landschaftsplanerin; seit 1997 Studium der Germanistik und Vergleichenden Literaturwissenschaft in Wien; Mitglied der Arbeitsgemeinschaft Autorinnen; ihr erster Einzelband mit Kurzgeschichten ist in Produktion.

Margarethe HERZELE, geboren in St. Veit/Glan, wohnhaft in Wien. Mit ersten Preisen abgeschlossenes Studium an der Akademie der Bildenden Künste in Wien; Museumsankäufe; verwitwet, vier erwachsene Kinder; ehemals freiberufliche Tätigkeiten als Malerin und Mitarbeiterin diverser Tageszeitungen, heute vorwiegend als Schriftstellerin tätig; eine Romantrilogie ist in Arbeit; Beiträge in zahlreichen Anthologien in Europa, Indien, Australien, USA; 8 Einzelveröffentlichungen, darunter *0 Glanz des wilden Mondes*, Wiener Frauenverlag 1989, und *Margarethe Herzele, Autorenporträt 3* (Lyrik und Zeichnungen), Podium Verlag 2001.

Sabine KNOLL, geboren 1966 in St. Pölten/NÖ, Studium der Publizistik und Theaterwissenschaften; Mitarbeit bei diversen Printmedien, u.a. NÖN, seit 1987 Mitarbeiterin im ORF; schreibt Lyrik und Kurzprosa; Veröffentlichungen in Zeitschriften und Anthologien; Buchpublikationen: *Die Dorn-Methode – Verblüffend einfache Selbsthilfe gegen Rückenprobleme* (Mosaik bei Goldmann 2003), *Reisen ins Licht – Geschichten aus anderen Welten* (SSE – Solaris Spirituelle Edition 2004). JungautorInnen-Preise (Land NÖ, Erste Österreichische Sparcasse).

Beatrix M. KRAMLOVSKY, geboren 1954 in Steyr/OÖ. Studium der Anglistik und Romanistik in Wien, seit 1974 Veröffentlichungen von Essays, Short Storys und Lyrik in der „Presse“, „Hamburger Zeit“, ORF. Bilderausstellungen in Wien und den Niederlanden. Verheiratet, zwei Kinder. Lebte von 1987 bis 1991 in Berlin-Ost. Seit zehn Jahren Hauptwohnsitz bei Wien. Neben freischaffender künstlerischer Arbeit in der Erwachsenenbildung tätig, Tutorien und Workshops an Schulen und ausländischen Universitäten und Akademien. Zahlreiche Texte in Anthologien,

Zeitschriften sowie im Rundfunk (zuletzt „An einem Abend", Erzählung in *Orte*, Schweizer Literaturzeitschrift, 2004/135) sowie Einzelpublikationen, zuletzt der Kriminalroman *Auslese* (St. Pölten, 2002).

Ilse KRÜGER, geboren in Zwettl/NÖ, seit 1946 in Wien, eine Tochter, drei Söhne. Bis 1994 als kaufmännische Angestellte tätig, seit 1994 Studium der Psychologie und Philosophie; Mitglied der Arbeitsgemeinschaft Autorinnen. Veröffentlichungen im ORF, in Literaturzeitschriften und Anthologien; Buchpublikationen: *Unschuldige Kinder*, Erzählungen, Wien 1995 und *Faltenkatzen*, Erzählungen, Wien 1995; zahlreiche Preise.

Birgit LANGER, geboren 1970 in Wien, verehelichte Ellmauthaler; lebt in Wr. Neustadt. Studium der Germanistik und Sprachwissenschaft, Mag. phil. Selbständig. Veröffentlichungen in Literaturzeitschriften und Anthologien. Anerkennungspreis des Landes NÖ für Literatur 1992. *Im Aug' des Orkans. Gedichte*, Krems 1995. *Aufwind. Phantasiestücke*, Wien 2001.

Helga LAUGSCH, geboren 1955 in München und als freie Autorin, Lektorin, Referentin, Dozentin, Postlerin und Köchin dort geblieben. Promovierte an der LMU über den Matriarchatsdiskurs. Einzelveröffentlichung: *Nachtgeschichten*. Edition Aramo, 2001. Zahlreiche Erzählungen in Anthologien. Schreibt momentan an zwei Romanen. 1996 Erster Preis im Weiland-Prosawettbewerb „SchreibZeit"; vorgeschlagen für den GEDOK-Literatur-Förderpreis 2004. www.blaueblumen.de

Ingrid LAVEE, geboren 1940 in Wien; lebte 1968-1992 in Israel; Studium der englischen Literatur an der Universität London. Verheiratet, ein Sohn. Schreibt Romane und Kurzgeschichten. Österreichisches Staatsstipendium für Literatur 1995/96. Ihr Roman *Rafaelas Geschichte*, München 2001, ist inzwischen auch auf Hebräisch erschienen.

Mirjam MÜNTEFERING, geboren 1969, lebt als Autorin und Hundetrainerin in der eigenen Hundeschule im Ruhrgebiet. Sie schreibt auch Kurzgeschichten, hat inzwischen 10 Romane veröffentlicht, u.a. *Flug ins Apricot* (1999) und *Apricot im Herzen* (2001), beide im Milena Verlag. Zuletzt erschien *Wenn es dunkel ist, gibt es uns nicht* (Piper). Als Hundenärrin mit ambivalenter Haltung zu Katzen geboren, ohne ihnen je wirklich widerstehen zu können.

Silvia NEMENZ, gutbürgerliche Kindheit im Wien der Hula-Reifen und Petticoats; Mittelschule im Mief der 60er, Stipendium an einer amerikanischen Uni im Mittelwesten, um nichts weniger miefig, verstärkt allerdings die Lust auf Verlassen des elterlichen Nestes. Nach der Matura Auszug in eine Wohngemeinschaft, Aufregungen der späten StudentInnen- und frühen Frauenbewegung. Studium, vorwiegend Dolmetsch (Englisch, Russisch). Mitaufbau eines selbstverwalteten Druckereikollektivs und Ausbildung als Reprofotografin; Mitarbeit beim Wiener Frauennotruf, diverse sehr unterschiedliche Jobs, zuletzt im Team einer Behindertenwohngemeinschaft. Derzeit wieder gierig auf Neues – vielleicht endlich wieder einen Frauenkrimi schreiben?

Hannelore NICS, geboren 1938, verheiratet, vier Kinder, bis 1998 Lehrtätigkeit als AHS-Professorin für Deutsch und Englisch; schreibt Lyrik, Prosa und Theaterstücke, zuletzt hauptsächlich Kurzgeschichten und Erzählungen; diverse Schulaufführungen; Lyrikbändchen: 1996 und 2002, Erzählband in Vorbereitung, Veröffentlichungen in Zeitschriften und Anthologien; Anerkennungspreis des Landesverbandes Niederösterreich für Schulspiel, Jugendspiel und Amateurtheater, 1996.

Johanna NOWAK, geboren 1921 in Wien, Lehrtätigkeit an der Sonderhauptschule für sehbehinderte Kinder; begann in der Pension zu schreiben; Veröffentlichung von Prosa in Zeitschriften, Anthologien und im ORF; Einzelpublikation: *Gehorsam*, Roman, Wien 1994.

Bärbel RÄDISCH, geboren 1942 in Wuppertal; lebt in Bremen, arbeitet in einer Arztpraxis; schreibt Lyrik und Kurzgeschichten, derzeit Arbeit an einem Roman; Veröffentlichungen in Zeitschriften und Anthologien.

Ditta RUDLE, geboren 1939 in Wien. Tätig als Kulturjournalistin, Autorin (Wiener Frauenverlag/Milena, Ullstein, Pichler, Aramo), Seminarleiterin am Institut für Kulturkonzepte; Webmeisterin der Onlineausgabe der Illustrierten Neuen Welt (www.neuewelt.at). Kinder (3) und Katzen haben längst die Wohnung verlassen.

Dorothea SCHAFRANEK, geboren 1938 in Wien, Dekorateurin, seit 1964 selbständige Werbegestalterin. Schreibt Lyrik und Kurzgeschichten, hat in zahlreichen Anthologien und Zeitschriften Texte veröffentlicht; 1983 Theodor Körner Preis für Literatur. 1991 Lyrikzyklus: *Lieb-*

ster meine Sinne wechseln das Sprungtuch, in der bibliophilen Lyrikkassette *Die fremden Länder, mein eigenes Leben*; 1992 Erzählungen: *Lichtnarben* (Wiener Frauenverlag); 2002 Lyrik: *Lichtflutsog* (Edition va bene).

Anneliese SCHODL, geborene Marx im Jahre 1941 im zerbombten Wien, Matura 1959, 15 Jahre Bankanstellung, verheiratet, 1 Tochter (1971), freie Autorin, Beiträge in Anthologien (*Doppelklick* 5), mehrere abgeschlossene Arbeiten, darunter Kinderbücher und zahlreiche Kindertheaterstücke; Theaterpädagogin und Arbeit mit Theatertherapie mit „verhaltensgestörten" Kindern; seit 18 Jahren Leiterin der 1. Niederösterreichischen Kindertheaterschule *Mamas Mottenkiste* in Wiener Neudorf, Regisseurin im Amateurtheaterbereich.

Evelyn SPERBER, geboren 1938 in Hamburg, Volontariat bei der Hannoverschen Presse, Redakteurin, freie Journalistin; Studium der Sozialpädagogik; Besuch verschiedener Schauspielseminare, viele Bühnenauftritte; schreibt Kurz- und Langprosa, Theaterstücke; Veröffentlichungen in Anthologien, in der Tagespresse und in Literaturzeitschriften.

Sabine SPITZER-PROCHAZKA, geboren 1968 in Wien, verheiratet, Tochter Katharina, geb. 2000; diplomierte Sozialarbeiterin und Psychotherapeutin in Suchthilfe-Einrichtungen und in freier Praxis. Veröffentlichungen von Kurzgeschichten in Anthologien und Literaturzeitschriften.

Linda STIFT, geboren 1969 in Wagna, studierte Germanistik, Philosophie und Tschechisch; Autorin und Lektorin, lebt in Wien. Veröffentlichungen in Anthologien und Zeitschriften; Rezensionsveröffentlichungen in der Wiener Zeitung und im Standard; „Weihnachten für Fortgeschrittene", Anthologie (Hrsg., gemeinsam mit Martina Schmidt, 1999).

Jutta TREIBER, geboren 1949, Studium der Germanistik und Anglistik an der Universität Wien, unterrichtete von 1972 bis 1988 am Gymnasium in Oberpullendorf, seit 1976 Mitarbeit im Kino Oberpullendorf, seit 1988 freiberufliche Autorin. Zahlreiche Einzelpublikationen (Kinderbuch, Jugendroman, Lyrik), Beiträge in Anthologien, Preise im In- und Ausland, zuletzt Leserstimmenpreis 2002, Lesungen im In- und Ausland, Übersetzungen ihrer Bücher in 15 Sprachen. www.juttatreiber.com

Monika VASIK, geboren 1960 in Wien, Medizinstudium; schreibt Lyrik und Kurzprosa; Veröffentlichungen in zahlreichen Anthologien und Literaturzeitschriften; Lise-Meitner-Literaturpreis 2003.

Christine WERNER, geboren 1954 in Wien; Schriftstellerin, Netz- und Aktionskünstlerin. Publikationen: *Meine Schuhe eingraben* (Lyrik aus Österreich, Baden/Wien 1996), Roman *Eine Handbreit über dem Knie*, historisch-zeitkritischer Roman *Wien ist nicht Chicago* – beide Resistenz-Verlag Linz/Wien, satirische Prosa *fern & weh – Ein Reisefieber* (Klagenfurt/Wien, 2002), mehrere Dramen, Anthologien, literarisches Kabarett, Lesungen u.a. in New York, Hörspiele, Tonträger, Literatur- und Dramatikerpreise, Literaturstipendien, Mitglied der GAV, des Linzer Autorenkreises, der österreichischen DialektautorInnen, des Vereins HALT-BAR – Förderung der zeitgenössischen Kunst.

Ellen WIDMAIER, geboren 1945 im Saarland, Studium der Germanistik, Philosophie und Sozialwissenschaften. Lebt als freie Schriftstellerin in Dortmund; zahlreiche Veröffentlichungen in Anthologien sowie im Rundfunk und Fernsehen. Einzelbände: *Eis im Schuh*, Zürich/Dortmund 1992; *Im Schatten Wind*, Gedichte, deutsch und englisch, Westport/Dortmund/Bern 1995; *Die Nacht der schönen Frauen* (Hrsg.), Dortmund 1997; *Zunge auf Zunge.* Kettengedichte (mit Ralf Thenior u.a.), Düsseldorf 2001; *Saar-Emscher-Kanal* (Hrsg.), Dortmund/Saarbrücken 2002. 2004 erscheint im Gollenstein Verlag *Sprechverbote. Eine Grenzgeschichte.* Verschiedene literarische Auszeichnungen.

DIE HERAUSGEBERINNEN

Foto: Elke Krueger

Sylvia Treudl, geboren 1959 in Krems/NÖ und **Socke Treudl**, geboren 1994, ebenfalls in NÖ (irgendwo); erstere studierte mühsam an der Universität Wien (Politikwissenschaft) und promovierte 1984, zweitere studierte von Anfang an das Leben, brauchte nie einen akademischen Titel und suchte sich mit traumwandlerischer Sicherheit das aus, was für sie gut und richtig ist (hofft die erstere).

Sy Treudl arbeitete von 1985 bis 1997 als Lektorin, Herausgeberin und Verlegerin im MILENA Verlag, gibt literarische Anthologien heraus, veröffentlichte mehrere Erzähl- und Lyrikbände und ist seit 2000 als Mitbegründerin und Mitbetreiberin des Unabhängigen Literaturhauses Niederösterreich ULNÖ tätig. Sie rezensiert Bücher, schreibt Kolumnen und fallweise journalistische

Artikel. Zuletzt (2003) veröffentlichte sie ein Hörbuch (mit musikalischer Unterstützung der Musikerinnen Cordula Bösze und Monika Drasch) unter dem Titel: *Zitat: Bachmann, Ingeborg. Durchaus ist die Wahrheit zumutbar,* Edition ARAMO.

So Treudl macht seit Beginn der Lebensgemeinschaft mit Sy Treudl eine kreative Pause und ist einfach jeden Tag ein Gedicht. Anfänglich misstrauisch, hat So Treudl sich mit zunehmender Begeisterung dem Ehemann der Sy Treudl zugewandt und betrachtet ihn mit Zuneigung und nicht bloß als Dosenöffner. Sockes wesentliche Beteiligung am Zustandekommen dieser Anthologie soll gebührend gewürdigt werden.

NACHWORT

Abseits von RatgeberInnenlektüre, Gesundheitsbüchern für die Katz, Yoga-Anleitungen für Katzen, Krimis von Katzen, Erziehungstipps (eine besondere Form der Geschmacklosigkeit) und Geschichten über Katzen existiert eine besondere Möglichkeit der Kommunikation, die nicht über ein Medium – in unserem Fall das gute, alte, charmante Buch – funktioniert, sondern auf einer besonderen Schwingung zwischen Zwei- und VierbeinerInnen basiert. Sogar die AufrechtgeherInnen können, so sie nicht völlig abgestumpft von ihrer etwas eigenartigen Lebensart sind, wenigstens die simplen Grundbegriffe dieser „Sprache" erlernen. Feindifferenzierungen sind nur für Sensible zu dekodieren, und selbst bei diesen ist es oft erstaunlich, wie begriffsstutzig sie sein können. Das Drama des begabten Menschen beginnt mit der Traumatisierung durch den Sprachgebrauch: Aufgrund des Erwerbs und des Ausbaus dieser Fähigkeit zu sprechen, die allgemein maßlos als Ikone des Menschseins überbewertet wird, verkümmern nahezu sämtliche anderen Sinne und Talente. Jede Katze kennt zum Beispiel die banale Situation, die sich ergibt, wenn der/die zugehörige LebensmenschIn nachts aus dem Bett in Richtung seines Kistchens taumelt, den eigenen, vertrauten Weg nicht mehr findet, sobald das künstliche Licht nicht arbeitet – und im Vorzimmer dann noch über die in tiefe Meditation versunkene Katze stolpert. Irgendwie rührend und auch ein bisschen arm, denn sie tun es nicht aus Böswilligkeit, ihre hilflose Entschuldigung, „Verzeih, ich hab' dich nicht gesehen", muss als wahr hingenommen werden. Endlos ließe sich die Reihe vergleichbarer Situationen und Muster fortsetzen – aber das haben die KollegInnen in ihren literarischen Würfen ohnehin getan. An dieser Stelle soll auch nicht Klage geführt werden gegen eine Gattung, mit der wir nun bereits seit Jahrtausenden auf bestimmte Art verbunden sind. Wir haben es so gewünscht, und so wir wollten, wäre es unserer Art auch gegeben, diesen Zu- und Umstand wieder zu entflechten: Wir sind RäuberInnen geblieben, auch wenn wir uns das Leben einfacher machen (können). Diejenigen von der Sorte Mensch, die uns wahrhaft lieben, versuchen auch, uns den gebührenden Respekt zukommen zu lassen und unsere wahre Natur zu verstehen. Dieses Bemühen verdient seinerseits Achtung, sollte uns aber niemals korrumpieren. Auch wenn wir uns dem Lebensmuster unserer MenschInnen angepasst haben, weil es unserer Bequemlichkeit dient, oder weil es manchmal keine wünschenswerte Alternative gibt, sollten wir unserer Natur treu bleiben: Auch im vertrautesten Umgang mit den Zweibeinigen, selbst wenn wir Bauch und Kehle zeigen, und die Geborgenheit keine Lüge ist, sollten der schnelle Schlag mit der Pfote, die blitzschnelle Reaktion, das feine Hören stets als Möglichkeit präsent sein, sonst verdummen und verkümmern wir.

In der Lebensgemeinschaft – vor allem mit den Menschinnen – müssen wir uns auch im Klaren sein über die Tatsache, dass wir Verantwortung tragen: Wenn sie traurig und melancholisch sind, dann brauchen sie uns besonders, und wir sind in den düsteren Momenten, von denen viele ab und zu heimgesucht werden, das Beste, was ihnen geblieben ist.

Im Allgemeinen sind MenschInnen uns treu, versorgen uns einigermaßen verlässlich und verehren uns in dem Maße, auf das wir als Kinder der Bastet ein Anrecht haben. Wenn wir schlecht behandelt oder verstoßen werden, ist das zwar unverzeihlich, zum andern muss aber die Eigenverantwortlichkeit aufgerufen werden – denn dann haben wir schlecht gewählt! Selbstverständlich soll aber dieser Einwurf keinesfalls MenschInnen entschuldigen, die manchen von uns eines unserer Leben zur Hölle machen.

Im vorliegenden Band können nun Katzen und Kater in ihren Zungen reden, legen ihre Biographien und Phantasien offen, betrachten die Welt mit Katzenaugen, was bedeutet, dass auch die kleinste Regung der anderen wahrgenommen, beobachtet und interpretiert wird.

Ich habe das Projekt von Anfang an gutgeheißen und unterstützt.

Ich wünsche mir eine Vielzahl von LeserInnen – jene, die von uns nicht genug bekommen können, jene, die uns mit dummem Misstrauen und feindseligen Vorurteilen begegnen und auch jene, die in uns bislang nichts anderes gesehen haben als nützliche MäusejägerInnen.

Nur durch das Wissen umeinander und den Versuch zu verstehen kann das Leben gelingen und dem Spaß wie der beschaulichen Entspannung Raum gegeben werden.

Ich glaube nicht, dass Sy Treudl noch etwas hinzuzufügen hat. Ich jedenfalls wäre jetzt einem Schälchen Futter anschließendem Fellbürsten durch meine Menschin nicht abgeneigt.

Wien, im August 1998
Socke Treudl

Ich stelle befriedigt fest, dass dieses Buch die Jahre seit der Erstauflage inhaltlich hervorragend überdauert hat und finde es sehr anständig, dass es nach der Jahrtausendwende in neuem Fell weiteren LeserInnen vorgelegt wird. Meine persönlichen Lebensumstände haben sich wesentlich verändert – zum Positiven, wie ich zugebe, wenn es auch manchmal nicht einfach ist, zwei Aufrechtgehende zu Katzendisziplin anzuhalten. Die doppelten Bürsteinheiten, den eigenen Garten im Weinviertel und die mit Katzenliteratur gut ausgestattete Bibliothek, die für mich eingerichtet wurde, sind es aber wert, ihnen adäquate Aufmerksamkeit zu widmen. Möge es allen Katzen und Katern wohl ergehen und das vorliegende neue Buch viele neue FreundInnen finden.

Socke Treudl
Wien und Mitterretzbach, im März 2004